Photo by Meredith Brockington

那天，磨坊一片安靜祥和，充滿裁切木頭的香氣。那一刻我就知道，祕境餐廳找到了新家。——艾琳・法蘭奇 Erin French《下廚找回自由》

THE LOST KITCHEN | post card

下廚找回自由

「祕境餐廳」主廚的人生故事

FINDING FREEDOM

A Cook's Story; Remaking a Life from Scratch

Erin French

艾琳·法蘭奇 著　謝佩妏 譯

獻給祕境餐廳的女人們……

我失散多年的姊妹，你們的優雅、堅毅和綿延不絕的愛是我永遠的後盾。

目次

第一部　希望

1. 培根和冰淇淋 008
2. 西米露和小貓 016
3. 我們衝，我們被寵 025
4. 餐館裡的日日夜夜 032
5. 烘肉餅的回憶 041
6. 哈雷魔音 049
7. 美夢成真 055

第二部　完整

8. 最好是藍的 062
9. 成為人母 070
10. 自食其力 078
11. 木屑和光滑的地板 086
12. 不凋花號和炸雞 101
13. 避風港？ 115
14. 重重焦慮 123

第三部　展望

15. 三角形磚樓 130
16. 酒杯響，燭影搖 141

17. 勞力，勞心，勞神 148
18. 爭吵，衝突，崩潰 157
19. 十九道階梯 169
20. 七十二 183
21. 該走了，小姐 190

第四部　解脫

22. 緬因州的黯淡一日 202
23. 誰救了誰？ 208
24. 前往蝙蝠洞！ 214
25. 苦甜布朗尼 224
26. 坑與路 233

第五部　自由

27. 三葉草 250
28. 接納 258
29. 重新開始 263
30. 沃爾多郡的娘子軍 269
31. 一個女人的覺醒 279
32. 草莓色的房子 285
33. 獨一無二的家 291

致謝 299

第一部 希望

Hope

1. 培根和冰淇淋

現在是下午三點十分，一天中我最期待的時刻。每到這個時候，老爸餐館的用餐人潮終於散去，我總算能放下廚房的工作，稍微喘口氣，享受我非常需要的片刻寧靜。過去四個小時，我煎了至少兩打漢堡肉，炸了同樣多籃的蛤蜊，送出一打肉餅特餐，中間還做了好幾份培根生菜番茄、義大利火腿和蛋沙拉三明治。

忙翻天的午餐尖峰時段過去後，煎檯終於清空；油炸鍋閒下來，依然熱燙但平靜；夾單檯冷清空蕩，沒有任何單子。這時候我才能坐下來很快填個肚子，或去上五個小時以來第一次的廁所。但這也是廚房裡唯一能事先準備明天一樣忙死人的早餐時段要用的炸馬鈴薯和培根的空檔。放在工作檯上重達十磅的培根不耐煩地瞪著我。我從大袋子裡抓起一大把肥滋滋的培根，一條一條放上老舊廚房正中央的大煎盤，排成四長排。每條培根煎到有點焦又不會太焦，然後夾進兩張褐色紙巾中間吸乾熱油，再繼續拿出培根排成四排，重複兩次、三次、四次……每天都覺得永無止境。熱油飛濺，把我的手腕燙得一點一點。我忍不住縮起身體，雖然現在早已習慣。逼出的豬油有股味道，那味道彷彿滲進我的每根頭髮，衣服上的每條絲線，身上的每個毛細孔，讓我全身上下都是培根味。天啊，我多想馬上好好沖個熱水澡，但那少說也要再過七個小時。有更多培根等著我去煎，更多馬鈴薯等著我切塊，還有一整個該死的晚餐時段等著我。

把最後一批培根放進紙巾吸油之後，我把煎檯的四個旋鈕往右轉，切掉底下的母火。然後拿起刮刀，像使用橡皮刮板那樣把一攤攤熱油集中到煎檯邊緣，再把冒著煙的液體剷進左下角的不鏽鋼集油盒。煎檯終於乾淨了，夾單檯上也還空著。很好！我走去廚房前方角落的雙淇淋機，按下控制桿，看著軟綿綿的香草霜淇淋彎彎曲曲落進我手中的甜筒。要捲出漂亮的甜筒雙淇淋可不簡單，但多年練習下來我已經變成專家。而且你還得知道大、中、小的差別。這很重要，馬虎不得。相信我，我因為把甜筒捲得「太大」被我爸訓過不只一次。

「你乾脆把這個鬼地方送人算了！」他怒吼：「要我說幾次？小的捲三次，中的捲四次，大的捲五次。你要我怎樣？做白工嗎？一、二、三！三圈是小的！四圈是中的，五圈是大的！懂嗎?!」他的怒火如此猛烈，如此不必要，但這就是他的作風。爸對我缺乏耐心早就不是新聞。

相反的，我妹妹妮娜每天放學就帶吸毒的朋友來餐館，從冰淇淋吧端出百匯冰淇淋和香蕉船請他們吃，一群人為了吸笑氣還弄壞好多餐館裡的奶油罐，只會給爸找麻煩。但或許是因為她年紀比較小，爸對她比較寬容。或者對我的失望已經耗盡他全部的力氣。

我終於能在餐館後面坐下來午休。我往上下顛倒的牛奶箱一坐，腳靠著空空的塑膠麵包架，舔著冰涼、美味、一二三圈捲得完美無缺的小支香草霜淇淋。我坐的地方離廚房夠遠，能透透氣，又不至於聽不見聲音，前面要是有人點餐，廚師檯傳來按鈴聲，這裡也聽得到。

我還記得第一天踏進這間餐館的情景。那年我才五歲。有天早上去幼稚園途中，媽媽開著家裡的老富豪轎車轉進一條平常不會走的路。車子開上沒鋪柏油的寬闊停車場，顛上顛下越過幾個坑，然後在我們經過很多次的小餐館前停下來。餐館位在諾克斯嶺的頂端，前面山牆上的醒目招牌寫著：山頂餐館。還有：這附近最美味的餐點，褐黃兩色的字已經褪色。

我對突如其來的停留感到困惑，從後座問媽媽：「我們來這裡幹嘛？」

「上學之前我們來看看爸爸。從現在開始他要在這裡工作。這間餐廳變我們的了。我們買下它了！」語氣中有藏不住的興奮，我跟妹妹一時說不出話。兩人睜大眼睛，然後開心地尖聲問：「什麼？我們有自己的餐廳？」我們腦中彷彿同時浮現免費的漢堡、薯條、奶昔和雙淇淋，想吃多少就有多少。兩人興奮地跳下車衝向前門，用力要把門打開，但高大的玻璃門比想像還重，開啟的速度遠遠比不上我們的心臟怦怦狂跳的速度。使盡全力把門拉開時，綁在門把上的一串鈴鐺叮叮咚咚響，通知大家我們來了。進了門，新的環境映入眼簾，看得我們目瞪口呆。眼前是一長排人造木雅座，桌上擺著紙餐具墊和簡單的餐具、紅色的番茄醬塑膠罐、粉紅色糖包，還有一疊疊各種口味的小果醬。炒洋蔥和煎培根的味道搔著鼻子。我們右邊是一個高高的早餐吧，前面一排木頭高腳椅，吧檯上的玻璃罩底下放著滿滿的麵包糕點。幾個客人坐在吧檯前，靜靜啜著閃亮的咖啡色馬克杯裡的咖啡，一邊吞雲吐霧。他們看了我們一眼就又回頭繼續吃盤子裡的肉末馬鈴薯加蛋。看到他們嘴裡和菸灰缸飄出的一縷縷輕煙，我驚奇不已。煙飄向頭上的石棉天花板，尼古丁把天花板燻黃，圖形跟底下早餐吧的輪廓一致，可見來的都是多年的老主顧。

一個親切的女服務生過來招呼我們。她穿著石洗牛仔褲，淡紫色T恤，白色皮革高筒運動鞋，還有黑色的花邊圍裙。一頭濃密的棕色捲髮綁得又高又緊（想必噴了Aqua Net髮膠），睫毛塗了厚厚的藍色睫毛膏，耳後夾著一枝原子筆，上了髮膠的頭髮把筆牢牢固定。

「哈囉，我是薇拉，你們一定是傑夫的女兒吧？」她活潑地跟我們打招呼，蹦蹦跳跳跑過來。但我們甚至還來不及點頭回應，早餐吧後方就傳來奶奶的叫聲。熟悉的聲音把我們的注意力拉過去，只見她慈祥和藹的臉龐從一片煙霧中浮現。

「孩子們！」她開心地喊，示意我們去吧檯後面找她。我們跑過去，書包在背後盪啊盪，眼睛還是張得很大。奶奶緊緊抱住我們，溫柔地在我們頭上各親一下。

「來吃甜甜圈配牛奶。」她把我們帶到後面。我們穿過木頭彈簧門，走進廚房，爸爸就在那裡。他站在一個巨大的不鏽鋼煎檯前，腰上綁著白色圍裙，手握一支大鍋鏟，毫不費力地把好大一片金黃鬆餅拋到空中，一邊吹著輕快的口哨。每次翻面，還沒煎的那面一碰到熱鍋就會嘶啦啦響。我超愛的。他瞥了我跟妹妹一眼，我們都吃驚地看著他，嘴巴開開，看到都呆了。眼前的男人是我們的父親，我們卻認不太出來。他笑得好燦爛，藍色眼珠瞇成一直線，幾乎看不出是什麼顏色，金褐色鬢角隨著笑容拉開，露出一口白牙，唇上的小鬍子跟著晃動，嘴巴仍不停吹著口哨。那一刻，他的喜悅如此強烈而鮮明，感染了每個人。看見他這樣開心、完整，既難得又不可思議。他彷彿在告訴每個人：「看看我！熱愛生命的我！」但其實他一句話都沒說。那一幕溫暖了我的心。「我不知道爸會做菜。」妮娜說，從頭到尾目不轉睛看著爸，眼睛睜得跟小鹿一樣大，眨都沒眨。

廚房空間很大，我看見爺爺站在更遠處的大油炸鍋前忙碌。他的黑框眼鏡沾到油汙，眼鏡滑到鼻尖並奇蹟似的停在那裡。他也大聲地吹著口哨，眉開眼笑。他吹的旋律跟爸爸的旋律合而為一，在煎檯和油炸鍋之間來回飄送。我們看見他從油鍋裡撈出一、二、三……總共六個滾燙的甜甜圈，放進奶奶耐心端在旁邊、上面鋪了烘焙紙的盤子。他轉向我們，白色圍裙上沾到蛋液和麵糊，先扶了扶眼鏡才給我跟妮娜一個飛吻，然後往熱油鍋裡丟進更多生麵團，並重新吹起輕快的旋律。

奶奶端著剛炸好的甜甜圈站在我們前面。我們各自抓起一個，一咬，嘴裡冒出熱氣。暖到心裡的感覺，外脆內軟的口感，肉豆蔻和香草的細緻香氣，還有甜而不膩的調味，那是我這輩子吃過最美味的食物，搭配冰涼的鮮奶冷卻嘴裡的溫度。那一刻我們全家都好開心。充滿詩意又浪漫的一刻。這個神奇的地方究竟是什麼地方？我邊咬第二口甜甜圈邊想。

「這是我們的餐廳。」爸大聲說，臉上容光煥發。從那一刻起，我就愛上了這個地方。

十二歲那年，爸把我拉進餐館工作。那個星期天早晨至今我還記憶猶新。我起了個大早，又緊張又興奮，因為這是我第一天要去爸的餐館打工。跳上副駕駛座之後，我不耐煩地按喇叭催促媽媽。

「媽，快點！」我從車窗喊她。

「來了來了！」她邊喊邊走出門，坐進駕駛座然後發動車。「我巴不得你快拿到駕照。」她說，一臉疲憊也有點煩躁。

「我才十二歲吔，才剛要存錢買腳踏車。」我翻了翻白眼。

多年前的我之所以自告奮勇要到爸爸的餐館幫忙，主要是因為我需要錢買腳踏車，再大一點是為了賺錢給我的福斯Rabbit加油，或是買珍娜·傑克森的卡帶。我在廚房裡一路往上爬，學會廚師該會的所有基本技巧。包括怎麼把漢堡肉煎得顏色粉嫩的三分熟；怎麼煮蛋（全熟蛋、太陽蛋、半生荷包蛋、炒蛋、水波蛋、水煮蛋）；怎麼烤雞並把骨頭剔除乾淨（我們每次都會把許願骨[1]留下來曬乾，之後我跟妹妹就

1 譯注：雞前胸的Y字骨，兩人各拉住一邊骨頭，誰折斷的骨頭比較大塊就能許個願望。

會用來比賽看誰能許下願望）；怎麼在蛤蜊、扇貝和魚蝦上面撒麵包粉再炸得恰到好處；怎麼拿捏美乃滋、醋、鹽和奶油的完美比例。我在廚房學會了時間的掌控和一心多用。一邊顧煎檯上熟度各自不同的半打漢堡肉或組合雞肉蛋沙拉三明治，一邊用微波爐加熱燉菜和留意油炸籃，諸如此類我得同時負責的各種工作。被獨自丟在廚房時，少了我爸在一旁解答我的疑難雜症，我學會了善用——還有依賴——自己的直覺，去品嚐、測試並找出正確的手感。這些年來（逼不得已）累積的經驗，漸漸把我打造成一個廚師。

九年後，我終於能夠在廚房裡獨當一面，但同時也付出了代價。很快吃個冰就得回去再輪十二個多小時的班就是明證。甜筒在夏天的高溫下很快融化，我趕不上香草雙淇淋滴下我的手和圓滾滾的肚子的速度。我二十一歲，單身，懷孕九個月，正努力熬完長達十六個小時的工作日。我好累，身體又不舒服，而且很氣我爸。他把他的餐館丟給我管，自己跑去附近的鄉村市集擺攤賣酥炸洋蔥花，想趁勞動節的週末假期大撈一筆。這種賺大錢的機會他絕不會錯過。每年他都能賣出好幾百磅炸洋蔥，抱著裝滿現金的垃圾袋回家。但我還是想不通他怎能這樣對我。「要是我要生了呢？」我問他。「我不在乎，」那天在電話上他用毫不掩飾的冷漠口氣回答我：「要是這麼剛好，你就他媽的把店關了。」我懷孕對他來說不但是一大累贅（因為我去生小孩就不能來工作），也讓他臉上無光。有天下午，他對西斯科[2]的業務員大小聲：「你沒看到我現在一個頭兩個大嗎？」手指著正在角落的沙拉區工作的我和我的大肚子。他也曾經對我們農場上的母貓表達同樣的鄙夷。牠們是沒有用處的動物，遲早肚子會被搞大，不再認真抓老鼠，只會浪費糧食。

我想鎖上門，回家洗澡睡午覺，但我沒有。吃完甜筒之後，我洗個手就又回到廚房。還得備明天的料，再加上我隨時會生，最好提前做好準備。炸馬鈴薯得先弄好，還有培根。

2 Sysco，美國的食品供應商。

2. 西米露和小貓

緬因州的自由鎮，人口七百一十九人，是你前往更大的都市時會經過的地方。一派鄉村景致，農田和密林交錯，是個什麼都沒有的小鎮。鎮上只有一間教堂、一間附設兩臺加油機的小雜貨店，還有一家一天只開幾個鐘頭的冷清郵局。小鎮中央有座古老的木造磨坊，山迪溪從它底下流過，裡頭空蕩蕩，好像隨時會倒塌。很久以前這座磨坊是小鎮的支柱，靠溪水推動水車，把小麥和玉米等穀粒磨成粉。後來它變成了鋸木廠和木工廠，製造木材、木瓦，鏟子和螺絲起子的木把。六〇年代工廠逐漸沒落，之後就荒廢了。溪水奔流而過，翻下瀑布，將它遺忘。它慢慢傾頹褪色，成了我童年記憶中一堆搖搖欲墜的朽木和花崗岩。

每年七月四日國慶日，我跟妹妹都會穿上去年表演穿的舞衣上街遊行，經過那座古老的磨坊。禮拜天我們到山上的公理會教堂上主日學校。冬天到自由湖冰釣，在透明的冰上滑冰。自由湖的湖水最後會流進山迪溪，溪水從老磨坊底下流過，把它的碎片殘瓦沖走。這片淒涼的廢墟危險地斜向一邊，生鏽的金屬屋頂經年失修早已變形，看上去好像只要一陣強風就能把它吹倒。只有本地青少年會笨到走進殘破的老屋裡探險，在牆上塗鴉和小便，或撿起石頭從碎裂窗戶上漆黑的玻璃缺口往外丟。這棟建築代表了自由鎮對我的所有意義：繼續留在這裡，你就會腐爛。這裡沒有太多出人頭地的機會。從小到大沒人說破，但大家心裡有數：想做一番事業就得離開這裡，自由鎮不是可以實現夢想的地方。窩在沃爾多郡不會有出息，待在自由鎮別想過優渥的生活。老磨坊發出呢喃細語，幽幽提醒你要是待下來會有什麼下場：跟我一樣變成沒人疼沒人愛、東倒西歪的垃圾堆。如果你生在自由鎮，多半也會死在這裡，在這中間不管你做了什麼，都不是太重要。

從一條坑坑疤疤的黃土路走到底，就是我們住的老舊木造農舍，離小鎮中央的磨坊只有三哩路。周圍有二十六英畝大的田地和樹林可以盡情玩耍。無數個夏天，我跟妮娜從早到晚在一望無際的田野間奔跑。兩人都光著腳，上半身穿白色棉質背心（送來時是三件組，連同緞帶和胸前別的蝴蝶結），下半身是媽媽到沃特維爾的傑西潘尼百貨買給我們的刷白牛仔短褲。天氣晴朗的七月下午，我們會去爸的菜園從藤蔓上偷摘清涼爽脆、表皮刺刺的小黃瓜，就地啃起來，一邊做每天的例行工作：一隻接一隻抓起植物上的馬鈴薯甲蟲，再丟進裝了汽油的玻璃罐裡淹死。我們跟隔壁農場的男生一起在房子周圍用泥土蓋水壩，在漆樹林裡用樹枝精心打造堡壘。還會爬樹，蒐集被丟棄的鳥巢，抓池塘裡的青蛙和蝌蚪。我們把蝌蚪養在透明罐子裡，看著牠們長大，再小心翼翼放回農場的池子，好讓牠們長成想像中強壯又活潑的成蛙。我們在田野中央放聲高唱《小美人魚》裡的歌，好像地球上只剩我們兩個人類。我們到路邊向每天大概會經過的六輛車兜售新鮮雞蛋和香草。下雨天就在穀倉的乾草堆裡爬來爬去，搭建乾草包堡壘，幫可憐的貓咪打扮，或是清理兔籠（如果媽逼我們的話）。生活簡單，純樸，髒兮兮但很踏實。樂趣無窮。

那時候我們養過各種動物，包括小馬、大馬、雞、鵝、騾馬、兔子和狗，還有穀倉貓，多到數不清的貓。起先只有一隻，鎮守在穀倉外面，負責把老鼠阻擋在外。「養貓抓老鼠」是我們家的座右銘。後來那隻貓很快懷孕，結局可想而知。貓開始快速繁殖，跟……兔子一樣。有好幾次，我們在穀倉後面的溫暖乾草堆裡驚喜地發現一、兩窩剛出生的小貓。我們循著細小的喵喵聲尋找小貓，有時要花好幾個小時才找到毛茸茸擠在一起的貓咪寶寶，一隻隻眼睛像小細縫，還沒張開。發現時我們欣喜若狂，那就像你想像得到最刺激的復活節彩蛋尋寶遊戲，黑的、黃的、黑斑點的都有。可愛、迷人又討人喜歡的小毛球。媽媽善良又明理，會讓我們養到小貓張開眼睛、能吃小貓飼料為止。那表示我跟妮娜已經跟每隻小貓有了深厚的感情，過了可以把牠們隨便送人的階段。我們用厚紙板和麥克筆做了一個「免費小貓」的牌子，每次母貓又生下一窩小貓，就心不甘情不願地把牌子掛在信箱上。我們幫小貓取了南瓜、熊貓和麗滋之類的名字，希望爸媽會讓我們留住我們最喜歡的一隻。這種時候我們會抓起小貓千乞求萬拜託，拉高聲音跟爸媽獻寶。

「媽，你看這隻，裡頭最可愛的就是牠！沒看過比牠更漂亮的小貓吧？」

「可是爸，這隻很聰明吔！你看！你叫牠牠就來，牠認得自己的名字。留著牠準沒錯。」

能留住牠們的機會很渺茫，但我們知道幫公貓拉票的成功機率最大。穀倉貓不會被抓去結紮。結紮很花錢，而且大人說公貓其實不算寵物，而是人類的好幫手，任務是消滅齧齒動物。公貓受寵是因為牠們不會生小貓。相反的，母貓就是一大累贅，只會帶來麻煩。我爸清楚表達過很多次他對這個殘酷事實的看法，這跟他對自己小孩的看法沒有太大不同。

我破壞了他的計畫，因為我是女生，是一大累贅，只會帶來麻煩。這樣的結果讓他措手不及，一時之間難以接受也無心幫我取名，隨便從《華頓家族》（*The Waltons*）影集裡挑了一個女生名字就了事。我爸是他們家族唯一的男丁，上有姊姊，下有妹妹，延續香火在他心中變成一大重擔。他父親為了傳宗接代的事給了他很大的壓力，他卻生出兩個嬌滴滴愛玩貓的金髮女兒。媽媽跟我說過醫生宣布她生了個健康的女寶寶時，爸爸和爺爺臉上的表情——滿滿的沮喪和失望，之後兩人還喝得酩酊大醉，多半是因為難過，而不是為了慶祝。她一個人被丟在病床上，身體還在出血。我總覺得我爸把那份失望積壓在心裡很多年，每當我或妮娜調皮搗蛋時就會爆發。他會跟我們說，當女生算我們幸運，因為「如果你們是男生，我現在就會揍你們。」那些話跟拳頭一樣傷人。

沒錯，我們是嬌滴滴愛玩貓的金髮女生。而那些輕柔、可愛到令人讚嘆的小貓教了我跟妹妹很多事。我們從小貓身上學到脆弱，學到如何照顧弱小無助的生命，學會如何愛和歡笑。每次得送走牠們，甚至看著牠們死去時，我們也學會了如何哭泣和哀悼。

十歲那年，我看著爸把我最愛的小貓麗滋放進枕頭套，然後走向穀倉，準備把牠放進裝滿水的五加侖醃菜桶裡淹死。麗滋在寂靜的黃土路上被車撞，已經活不了也無藥可救，但我還是難以理解為什麼把可憐的麗滋弄死對牠才是仁慈。爸從隔壁的酪農身上學會這種對待生命（或死亡）的方式。康納先生家的穀倉貓繁殖得太快，所以時常要「維持農場上的生態平衡」。他會在裝穀粒的麻布袋裡裝滿剛出生的小母貓，整袋浸入裝滿水的水槽，把小貓淹死，任由母貓在一旁繞來繞去，喵喵叫個不停，急得快發狂，因為牠知道牠的小孩都在麻袋裡。爸從康納先生那裡得到靈感，也用同樣的方法來對付我的貓。我沒辦法看，沒辦法站在旁邊，沒辦法理解背後的道理，但也無法阻止他。我不斷哀求他，發現沒用之後就跑開。

我哭著跑進後面的原野，躲進高大的秋麒麟草叢，希望跑走就能趕走痛苦。我撲進高大的草叢大力揮舞手腳，像在雪地上畫出雪天使一樣，其實只是想發洩有生以來第一次感受到的猛烈情緒。空氣中的能量出現了變化。雖然是夏天，豔陽高照，卻給人黯淡灰沉的感覺。我望著天空，田野上的乾草香將我圍繞，跟在穀倉的乾草堆裡發現麗滋跟牠的一窩兄弟姊妹那天一樣。我了解爸為什麼得這麼做，可憐的麗滋血肉模糊又痛苦不堪，但我不懂這算什麼。為什麼麗滋一開始要被車撞？如果真的有上帝，為什麼祂要對脆弱無助的麗滋這麼殘忍？什麼樣的上帝會做出這種事？這一切全是狗屁。上帝就是殺死小貓的凶手。可惡的混蛋！

隔天去公理教會上主日學時，這個想法不斷折磨我。大家唱聖歌時我低聲唱著自己的歌，偶爾偷渡幾句給上帝的話，彷彿祂真的在聽。我看到周圍每個人都坐在長椅上，跟著我心中認定的百分百謊言一起唱：「榮耀歸於上帝，大業已經完成」。我沒辦法「起來吧，把榮耀歸於上帝！」最後我再也壓抑不了怒火，徹底失控，對著所有人大喊：「上帝不是好人！」祂無情又冷血，奪走世界上柔軟又可愛、溫柔又美好的事物！我的壓軸好戲是把洋裝掀起來以示抗議，對著所有人露出我的粉紅色褲襪和內褲。畢竟我才十歲，一時衝動亂說話，所以一說完我馬上衝出去，不想看到大家的反應。

禮拜結束後，媽媽來接我跟妹妹。主日學老師跟她告狀，我躲在停車場邊的草叢裡拔著勿忘我草。妮娜也闖了禍，她站在暖氣通風口上方，讓洋裝飛起來，全教會的人都看到她的小褲褲。上禮拜我們就因為不只一次吵架而被記黑點。我們在一起好像就是沒辦法不吵架，就算在上帝的注視下也不例外。我拿給媽媽一把藍色小花，希望能減輕即將到來的打擊。只見她滿臉通紅，原本就薄的嘴唇繃得緊緊的，用極度不認同的眼神瞪我一眼。那一眼就讓我清醒過來，因為媽媽很少發怒。她一句話都不用說，我就知道她氣炸了，而且很有可能也覺得丟臉。她用眼神示意我「上那輛該死的車」。那天我跟妮娜因為抗議上帝、跟對方拌嘴和公然露出內褲而被踢出主日學校，而且悔改之後才能再回去。回程的三哩路，車上一片安靜，媽顯然很不高興。但她從沒逼我們再回主日學校。或許是因為我們的失控行為丟光了她的臉，或許是因為她也認為上帝什麼的全是謊言。她從不禱告，從沒從頭到尾聽完一場布道或提起天上那個傢伙，不知為什麼卻希望我跟妹妹試試看我們能接受到什麼程度。老實說，我覺得她只是把耶穌當作用來慶祝節日的藉口，利用特別的節日做一頓豐盛的晚餐，留下美好的回憶。

我從未停止詛咒上帝見死不救，任憑我們農場上的動物死去，但那也帶給我意想不到的安慰，讓我難得有機會窺見爸爸的內心，發現原來他還有另外一面。把麗滋放進醃菜桶那天，我第一次看到爸流眼淚。還有一天，我們家的老杜賓犬在附近的水池跟我和妹妹玩完拋接球就倒了下去，爸到後面樹林挖洞把牠埋了。那天他流下了眼淚，之後甚至傷心得在沙發上躺了兩天。記得當時我心想，爸愛那隻老狗有可能勝過愛他的兩個女兒。某一年九月下旬的下午，本地獸醫趁入冬之前來幫家裡一匹上了年紀的矮種馬結束生命，那天爸哭得很慘。他走去後面的牧場，隱藏自己的情緒，但我遠遠聽到他的啜泣聲發出的回音。我躲在穀倉後面，從破舊瓦牆的一角探頭偷看他在遠方的身影，親眼目睹他嚎啕痛哭，憤怒地對天空、對上帝（我自己的想像）揮拳。看見他那麼悲傷我也為他心痛，同時也覺得害怕，因為他看起來那麼脆弱、激動、不堪一擊。這些都不是我會跟這個不好惹的男人聯想在一起的特質。爸很少讓我們看到這麼激動的一面，因為從小他就被灌輸男人應該壓抑情緒，情緒化就代表軟弱。

我對爸的了解，來自於他來去餐館之間在家短暫停留的時間。多年前買下並經營至今的餐館耗盡了他所有的精力。他一星期有六天五點就起床（我們都還在睡），上山到餐館先把煎檯的火打開、把咖啡煮好，準備在六點迎接第一批客人。晚上打掃完餐館回到家已經快十點，早就過了我們的睡覺時間，只夠他睡個覺，醒來後又得全部重來一遍。曾經帶來欣喜雀躍的小餐館，如今卻活活將他壓垮，害他的內心和靈魂變得枯竭。工作時的笑容和口哨聲變成了咒罵聲和一罐罐啤酒。我親眼看到這個地方帶給他的生命莫大的喜悅，同一個地方如今怎麼會扼殺了他內心所有的喜悅？

我日漸看清，他永遠不可能成為我不只一次偷偷渴望的那種慈父。他永遠不可能是那種會把你高高舉起、親你的臉頰、緊緊抱住你、說他很愛很愛你的那種爸爸。相反的，他陰晴不定，脾氣暴躁，你永遠不知道他什麼時候會爆怒。發火時他瞪大眼睛，臉色漲紅，金髮倒豎，脖子上爆出青筋，嘴裡幹聲連連。有時候灌了半打百威啤酒，或是三、四杯加了通寧水和萊姆片的絕對伏特加之後，他看起來會心情好一點，但有時候反而更生氣。他不會擁抱人，對人說好話，或送人禮物表達關愛。一年有兩次他會把一張全新的五十元鈔票放進簡單的白色信封送給我們，一次是生日，一次是聖誕節，那是他最慈眉善目的時候。

主日學風波的那天晚上，我們一家人圍坐在餐桌前吃爸爸做的肉餅。餐桌上一片沉默。我跟妹妹是因為悲傷，心裡還在為心愛的小貓死掉而難過。媽媽是因為無奈，我猜她還在為我們下午的舉止生悶氣，但也可能是看到爸爸煮晚餐時灌了半打啤酒。我知道把貓淹死對爸爸也是一種折磨，我猜想他喝酒是為了麻痺悲傷。然而每吃一口，餐桌上的氣氛就緩和一點。淋上醬汁的肉餅口感軟嫩，搭配鹹度適中的鬆軟馬鈴薯泥，味道如此熟悉。吃完時，家常晚餐帶來的溫暖把冷冰冰的沉默變成了微微的滿足。媽媽做了西米露當甜點，又軟又奶的香草口味珍珠是我們心靈的慰藉。我跟妹妹都唏哩呼嚕吃得很開心，再怎麼傷心難過的事都能拋到腦後。什麼都改變不了我的小貓死掉或上帝沒血沒淚的事實，但一個十歲小孩的委屈不滿也僅止於此。當時我還不知道未來還有什麼更大的委屈在等著我，也不知道我對家人的信任會漸漸瓦解。那個時候只要肉餅和西米露，就能撫慰我受傷的心。

3. 我們衝，我們被寵

爺爺奶奶都是土生土長的緬因州人，他們是我看過最認真工作的人。我從小在爸爸的餐館裡長大，看著爺爺跟爸爸一起應付忙碌的早餐時段，奶奶賣力洗碗直到早餐結束有人硬把她從洗碗槽前拉走，她才肯休息。他們是我心目中的偶像。奶奶個性凶悍，毅力過人；從小大人就這樣教她，長大之後她也把這種敬業精神灌輸給子女，還有子女的子女。爺爺奶奶不但認為認真工作的人值得尊敬，甚至是一種光榮。想要得到收穫，就要付出努力。他們雖然是勤儉持家的北方人，偶爾還是會拿自己拚了老命賺來的錢揮霍一下。兩人每次都開一輛坐起來很平穩的林肯汽車，後座很大，我跟妹妹可以隔得很開，就算手伸長也碰不到對方，所以能把吵架的機率降到最低。我們坐在滑溜溜的皮革座椅上滑過來滑過去，聽著鄉村歌曲；爺爺愈開愈快，里程表從英里切換成公里，從後視鏡看見我們興奮得尖叫，以為車子正以每小時一百英里的速度飛奔。「你們兩個可別去跟爸媽告狀。」他會逗著我們說，嘴裡發出賽車的聲音，讓我們覺得自己很特別，還有點叛逆。他對我們的愛既深厚又真誠，未曾埋怨兩個孫女無法為他延續香火。那一類情緒他只留給我爸，在我們面前從不表現出來。

爺爺奶奶很寵我們，會請我們吃媽媽不准我們吃的東西。我們都發誓會保密，但其實媽媽都知道我們的祕密。有時候是一碗彩色棉花糖麥片，或是糖霜夾心餅乾。家裡的冰箱隨時都會凍著一盒果凍布丁冰棒，每支上面都結了一層薄冰，我喜歡用牙齒把冰仔仔細細咬掉再吃底下冰冰涼涼的奶凍，好讓幸福的感覺延續更久一點。我會先吃巧克力口味再吃綜合口味，然後把我不愛的香草口味留給妮娜。有時爺爺奶奶會開車載我們去市區的Shop 'n Save超市，放我們在冷凍食品區挑選自己想吃的微波餐——媽媽不准我們吃，她喜歡我們吃家裡煮的，只有燉牛肉需要用到豌豆時才會去冷凍區採買。在日光燈打亮的玻璃櫃前跑來跑去，每次我都會有點罪惡感，但讚嘆的心情還是居多。我拿了一個角落的炸雞和馬鈴薯泥，另一個角落的玉米，還有走道中間黏糊糊只烤半熟的巧克力布朗尼（有時候是櫻桃派）。那裡還有雞塊配糖醋醬的快樂兒童餐、熱騰騰的油炸蘋果派，醫院旁邊的冰淇淋店有賣甜筒淋上一層脆脆的櫻桃醬。還有我們最愛而且百吃不厭的中國菜。爺爺喝蛋花湯，奶奶吃甜豆炒牛肉，我跟妮娜吃兩人份的拼盤，這樣我們看到桌上有火會很激動，兩人都吃一樣也不會吵來吵去。爺爺會頑皮地舀起一大湯匙中式辣芥末醬整個放進嘴裡，假裝辣到嘴巴著火，眼睛突出來，嘴巴噴出想像的煙霧。每次都逗得我們哈哈大笑，永遠玩不膩。吃完飯他會唸出我們抽到的幸運籤，給我們幾個銅板丟進潺潺流動的噴泉裡許個願，出門前再從收銀檯上的碗裡抓一把薄荷糖塞進我們的口袋。那些時光帶給我們由衷的喜悅，也讓我跟妹妹覺得自己受到疼愛。

爺爺身材胖嘟嘟，人很慈祥。他幾乎隨時隨地都在吹口哨，吹的不是他小時候就知道的曲子，就是他當場亂編但聽起來純熟又完整的旋律。他還會唱歌詞押韻又搞笑的歌，對我們來說好像都太成熟，惹得我跟妹妹咯咯偷笑，這時奶奶就會責備他，大喊一聲「傑克！」，從眼鏡後面白他一眼，但嘴角帶著笑意，因為她知道爺爺確實很搞笑。爺爺的廚藝也很厲害。他會在大塊肉排上撒蒜粉和胡椒，把肉烤得恰到好處，外層焦香內層酥嫩。牛肋排、烤牛肉、慢烤豬肉也是。他會用粗大的手指抓起一大塊生麵糰丟進沸騰的燉雞濃湯裡，做出軟得剛剛好的圓滾滾湯糰。他做的熱狗無敵好吃，用鑄鐵鍋加一小塊奶油和一把甜洋蔥末下去煎。麵包烤熱但裡面仍然濕軟，熱狗上面鋪焦糖洋蔥和姑婆前一年做的酸甜黃瓜醬。但我最愛的是他做的鹹牛肉料理。低溫慢煮的醃牛腩鮮美多汁，層層油脂香腴可口，搭配跟肉一起煮的胡蘿蔔、馬鈴薯和甘藍菜，是什麼都比不上的美味。我們會把馬鈴薯和胡蘿蔔一起搗碎，加些一向放在餐桌中間的奶油，然後撒些鹽和胡椒。爺爺的蛋料理也是一絕，各種煮法都難不倒他，不管是水煮蛋、水波蛋、炒蛋、煎蛋他都很行。他會用叉子把幾個半熟水煮蛋搗碎，鮮橘色的蛋黃噴出去跟蛋白混在一起，然後在上面放一大湯匙奶油再撒些鹽和胡椒。我們很快學會什麼東西加上奶油、鹽和胡椒都會變美味。星期六早上我們會拚命把溏心蛋往肚子裡塞，飽到肚皮朝天。

當家作主的顯然是奶奶。她負責管好爺爺，在他說話或做事有失妥當時輕聲責備，這種情況經常發生。爺爺偶爾會做壞事，例如偷抽雪茄，或拿出他藏在爸媽農場糧倉裡的皇冠威士忌偷喝（晚年大家才想通他為什麼那麼喜歡餵馬）。嚴肅歸嚴肅，奶奶也很風趣，反應又快，可以短短幾秒就讓我跟妮娜捧腹大笑。而且她力大無窮，能搬得動比她高大一倍的人才搬得動的東西。爺爺奶奶都很愛家人，常去看住在附近的親戚，也把我們一起帶去幫貝西姑姑把她做的芥末薑黃泡菜裝罐，或是幫忙做她很受好評的酸黃瓜。爺爺奶奶會開車載我們姊妹去兜風，到處逛逛看看，發現新地方或重遊舊地。我們常在古老的墓園旁停下來，拿出親戚墳墓角落放的工具開始修剪草皮，順便種株當季盛開的天竺葵。我們會去看奶奶的爸爸的墳墓（在她出生前一個月過世），還有爺爺奶奶埋葬他們的第一個小孩的地方（是女兒，八個月大就死於脊柱裂）。這些親戚我跟妹妹都不認識，但我們從這些墓地得知了家族歷史的片段。有一次看到奶奶很難得地流下眼淚，我才發現這個我視為偶像、以為什麼都打不倒她的女人，其實就像一般人，也會受傷。那時我太小，難以體會她的心有多痛，但我知道失去小孩絕對比失去小貓痛苦一千倍。而我出生那天爺爺之所以那麼失望，或許只是想起第一個小孩，而且是女兒，如今就埋葬在我腳下。那些古老墓園之旅在我們幼小的心靈激起許許多多疑問。

「奶奶，死掉的人長什麼樣子？」我緊張地問。「很像睡著了，睡得很沉、很安詳。」她語氣輕柔，臉上帶著溫暖的笑容，安撫了我內心的不安，所以我又追問了一、兩個當下想到的嚴肅問題。等到奶奶回答完我們所有關於生死的疑問，墓園也打掃完畢之後，通常會有甜筒或油炸點心等著我們。多半是為了讓我們忙著大快朵頤，這樣嘴巴就沒空問更多問題。

我們也常在途中造訪爺爺奶奶小時候覓食的地方。大多數物資有限的緬因州人都是這樣長大的，從此變成一種習慣，之後一代傳過下一代，變成一種家族儀式。春天布滿苔蘚的林地會冒出嫩蕨菜，夏天是鹿蹄草，把葉子含在嘴裡嚼，味道像清新無比的野生冬青樹。還有一定會看到的水金鳳，奶奶會把它放進玻璃罐再鋪上金縷梅，收在廚房碗櫃底下，以防有人碰到毒漆藤起紅疹。有一天奶奶把我拉到院子，拿起刀子開始割一叢看似牛蒡的植物又長又厚的莖，我還以為她瘋了。牛蒡我很熟，因為有次我被家裡的老矮種馬甩下背（那年我七歲，在家中農場後方的牧場穿著泳衣沒上鞍就騎馬玩，算我活該），直直摔進一叢牛蒡裡，所以一輩子都忘不了。小小圓圓長得像薊的球形花像魔鬼氈黏在我泳衣上，我的一頭細金髮也弄得亂七八糟。只不過奶奶割下的不是牛蒡，而是一種更神奇的植物。奶奶把一枝莖切成兩半，一半給我，叫我試試看。我拿著外紅內綠富含纖維的長莖咬了一口，結果愈嚼愈酸，酸到我整張臉皺起來，最後忍不住吐出來。奶奶笑彎了腰，她故意的，早就料準我會有這種反應。接著她把另一半莖連同一小碗糖拿給我，示範先沾一下砂糖再放進嘴裡吸。味道完全不一樣！酸酸甜甜的味道是我從沒嚐過的滋味。那天晚上我們用那株大黃烤了派，用酥油做傳統派皮。從那天起，我下定決心要到牧場上尋找那種植物的蹤影，希望是自己一直把它誤認成牛蒡。果然讓我在牧場邊發現了一小叢，而且後來我才驚覺周圍都是毒漆藤。幸好家裡廚房碗櫃底下就有解藥。

爺爺奶奶很愛我們，那種愛跟父母對子女的愛不同，他們從我們身上得到的愛也不同於從子女身上得到的愛。那是種很特別的連結，有時候我甚至覺得爸爸看在眼裡很不是滋味。我擁有他跟他父親沒有的緊密關係。爺爺不會跟他有說有笑、唱歌給他聽或用食物寵壞他。他對爸爸很嚴格，期望又高，有時也不在身邊陪伴他度過難關。爸爸怨恨的父親不是我深愛的爺爺，他眼中的父親也不是我眼中的爺爺，有時候我甚至懷疑我們說的是不是同一個人。

爺爺奶奶一起經營一家蛋雞場（所以我們這些年才吃了那麼多蛋），有一陣子還在貝爾法斯特的大街上開了一家小雜貨店兼賣三明治。退休之後他們自然而然到爸開的餐館幫忙早餐時段，煎蛋、翻鬆餅、照顧小孩樣樣來。但這一切都是爸爸之前在爺爺奶奶的店工作換來的成果。雜貨店的工作把我爸變成製作三明治的高手，最後更讓他成為一名廚師，因為那時候他一天要做好幾百個三明治餵飽附近河邊雞肉加工廠的員工。每天下午他們會穿著沾上雞血的白色上衣來店裡排隊，拿起義大利三明治、菸、汽水和洋芋片。經營小雜貨店很辛苦，什麼事都得自己來。但爺爺奶奶只會這種工作，也以自己的工作為榮，所以他們一心想把這種營生方式教給小孩。他們在六〇年代晚期買下雜貨店，在那裡養大兒女，我爸負責在後面廚房拋甩新鮮的披薩餅皮，姑姑蘿達負責替客人點餐、管收銀機和幫忙簿記工作。蘿達偶爾是會摸走一包「濃原味」萬寶路沒錯，但逼得爺爺奶奶不得不關門大吉的是偷偷幹走啤酒的爸爸。有些可疑的朋友會來找他，奶奶很看不慣。她嗅到這些年輕人有些不可告人的祕密。果真沒錯。後來她聽說貝爾法斯特這個小鎮出現了一個販毒集團。爺爺奶奶很慶幸能把兒子帶離這個小鎮。他們在八〇年代初賣了雜貨店，希望就此終結奶奶感覺到正在醞釀的麻煩事。爸爸需要重回正軌，搬到窮鄉僻壤的古老農舍可以讓他整天忙著修這個補那個，甚至自己做小生意，說不定能成功轉移他的注意力，擺脫麻煩。爺爺一路吹著口哨來到了自由鎮，心想兒子自由放縱的生活就要被各種責任塞滿。但表面下，我猜他心裡對於全家人為了避免兒子學壞不得不做的犧牲，多少有點埋怨。

4. 餐館裡的日日夜夜

在餐館裡長大不是件太壞的事。有很多可以大飽口福的機會，比方等校車時來份剛炸好的肉豆蔻甜甜圈，一杯Swiss Miss熱巧克力，搭配奶油槍擠出來的一圈鮮奶油。或是放學後自己做一杯熱巧克力醬聖代。週末早上當爺爺問你早餐想吃什麼，絕對是問真的。「想吃什麼啊？來份雞蛋三明治？還是炒蛋加德州土司？還是半生荷包蛋加鹹牛肉薯塊？白麵包、全麥麵包還是黑麥麵包？」菜單落落長，任君挑選，除非有什麼料剛好快用完，正在等貨送來。我跟妹妹想吃什麼都行，只有少數規矩要遵守，比方「拜託汽水機盡量節省喝」之類的。

但取之不盡的美食也並非完全免費，背後的代價就是，這間餐館挾持了我爸。長期把精神耗在餐館，表示我們沒有太多時間跟他好好相處。餐館的存在讓我們很難親近他，或許也讓他更有藉口不跟我們親近。工作榨乾了他的精力，他很常不在家，在家時也因為長時間輪班而脾氣火爆、筋疲力盡。到了週末他剩下的精力已經不多，很難變成樂於陪小孩玩耍的父親。我們在他身邊都踮著腳尖走路，盡量避免惹他生氣。喝酒是預料之中的結果，他每天都會喝一罐又一罐啤酒或是一杯又一杯伏特加通寧。

不可預料的是他喝了酒之後會變成什麼樣子。他或許會放鬆下來，露出輕鬆愛玩的一面，也有可能酒精反而掀起他的怒火，使他發起脾氣，在家破口大罵。他沒喝醉酒的時候我們小心翼翼，他喝醉酒我們也小心翼翼，永遠不知道什麼時候會爆炸，怎麼樣都不想變成他的出氣筒。

爸早就認命，接受自己一輩子只能困在緬因州這個小地方。他也曾努力讀書，但大學沒讀完就退學，重新回到他唯一知道怎麼做的事：工作。在他爸媽開的雜貨店廚房裡每天做好幾百個義式臘腸披薩和義大利三明治。在那裡他學會廚房的很多基本工，最後也變成一個厲害的廚師，最拿手的就是披薩餅皮。他可以把麵糰高高拋到半空中，待麵糰落下再用拳頭把它撐大，形成完美的新鮮麵皮。他也從他爸媽身上學會做小生意，從管理收銀機到叫貨、點貨都難不倒他。爺爺奶奶把他訓練得很好，認真工作好幾年之後，他已經準備好要自立門戶。能擁有自己的店是一種驕傲。這表示他終於能獨立自主，不再需要活在父親輕蔑的眼光下，甚至說不定終於有機會讓他父親以他為榮。天知道他試了一次又一次，但好像不管做什麼都沒用。高中時他是橄欖球和籃球校隊的明星球員，但父親為了顧店很少去看他比賽。他一直想好好對待父親，但不知道為什麼，父親為他設的標準似乎永遠高不可及，比姊姊和妹妹都高出很多。男人就應該力求表現，出人頭地，闖出一番事業，而且無論如何都不能示弱。一天在餐館揮汗工作十六小時，如今對他已經是常態。經營餐館又要養兩個小孩，幾乎是不可能的任務，但我爸媽盡他們所能在兩者之間取得平衡。早上上學前，媽媽先把我跟妹妹放在餐館等校車再去上班。她一直在幾個小鎮外的一家公立學校教特教班。放我們在餐館下車對她比較方便，就像送我們去課前和課後安親班（還包三餐！），只不過我們去的是油膩膩的小餐館，不是跟學校有關的才藝班。那段時間也是我們跟爸爸互動的機會，即使他對我們的存在似乎無感。我們很識相，知道餐館正忙時最好別擋路，免得被痛罵一頓。爸爸會幫我們弄早餐，我們跟本地人一起坐在吧檯前大口嚼著英式瑪芬和培根，一邊等他幫我們做午餐的三明治。只要我們沒妨礙他，讓他好好工作，對他來說就不是累贅。我跟妹妹知道要自己收盤子，盡量把桌面清乾淨。早餐時段爸還很清醒，但並不表示他脾氣比較好或比較有耐心。不管早中晚他都過勞，從早餐、午餐到晚餐都壓力沉重。坐上校車時我們全身都是炸油味和菸味，但我們早就麻痺。

我在學校從來不是風雲人物，但每次從袋子裡拿出專業水準的長條形義大利三明治，就會變成大家羨慕的對象。柔軟的長條白麵包，中間夾火腿片、起司片、番茄、洋蔥、青椒、酸黃瓜和黑橄欖，撒上鹽和胡椒還有少許油，然後用亮亮的保鮮膜緊緊包住。爸花了很多心思做這些三明治，我吃得出來。味道總是剛剛好，橄欖不會太多，鹽和胡椒適量，番茄切得一絲不苟，油只有幾滴讓三明治保持濕潤而不濕軟。即使只是日復一日做著平價餐館的食物，他的味覺還是很靈敏，我也獲益無窮。爸知道簡單的美味該是什麼味道。那是他與生俱來的本能，對他來說自然而然，這種隱而不顯的天分這些年來或許應該得到更多讚賞才對。他做的食物讓我從心裡感到溫暖，只是當時我年紀太小還不懂。那就像一種情感，就像愛。有時候一份潛艇三明治就像在代替爸爸從沒給過我們的擁抱。

放學後，校車會把我跟妮娜再載回老餐館的停車場。到了下午三點，午餐與晚餐忙碌時段間的空檔風平浪靜。等到單子全都清空，隔天早上要用的培根都煎好，炸馬鈴薯也預先煮熟後，爸爸會趁幾個小時的空檔到後面辦公室叫貨或點鈔，旁邊他用鋁箔紙隨便包一包幫助收訊的小電視放送著肥皂劇。我們肚子餓了又正在發育，看到煎檯乾淨又溫熱，我跟妹妹就會在安靜的廚房裡玩起來，自己動手做下午的點心。簡單的烤起司三明治就很讚，或者我們會抓起一把薯條丟進空轉的油炸鍋。有時候是霜淇淋撒上七彩糖或紅通通的櫻桃醬，如果我們想的話。霜淇淋機任我們使用，抽屜裡還有滿滿的配料。接著，趁沒人注意時，我們會從收銀機抓起一把二十五分硬幣。之前我們就發現只要按下鍵盤上的NS（非銷售）鍵，抽屜就會吐出來，變出好多零錢。所以午後我們會在空蕩蕩的餐館消磨好幾個鐘頭，把二十五分硬幣投進桌上型的小精靈遊戲機裡，練習操控搖桿的技術，努力想打到最高一關。硬幣都用完之後，我們就會到後面的安靜雅座寫功課，等媽媽下班來接我們回家。如果那天特別累（經常發生），她不想煮飯，我們就會待到晚餐時間，從菜單上點想吃的餐點。或許是一份熱雞肉三明治，又厚又軟的白麵包中間夾著裹了厚厚一層滷汁的現烤雞肉，旁邊配上馬鈴薯泥、一勺罐頭蔓越莓醬和豌豆，那是我們的最愛。如果那天是肉餅日，我們就忍不住要來一塊，那是爸的拿手菜，上面淋有紅糖番茄醬，旁邊一大顆熱騰騰的烤馬鈴薯，附一小塊奶油和一坨酸奶，最後加上幾朵花椰菜。雖然沒有坐在同一張桌子，但我們仍然用屬於我們的獨特方式共進晚餐。

大部分我們都在外面的露臺上吃晚餐，那裡放了一張野餐桌，本來是要讓員工午休用的。坐在外面可以遙望遠方的玉米田和山脈，很放鬆，因為隔絕了晚餐尖峰時段的混亂場面，只隱約聽到油炸鍋嘶嘶沸騰和櫃檯鈴叮叮響的聲音。但我們之所以坐外面，主要是因為對媽媽來說坐在餐廳裡壓力太大。看到年輕的女服務生清桌子慢吞吞、沒及時送上飲料，或沒有在主餐之前先上麵包和奶油，這些會把她逼瘋，很難袖手旁觀，只想跳起來幫忙；通常結果也是如此。每次快接近一三七號州道，停車場映入眼簾時，她就知道今天晚上會有什麼結局。如果停滿了車就表示她的漫長一天還沒結束。她不能眼睜睜看著爸忙得焦頭爛額，點菜單迎著抽風機吹出的風飄颻，所以就在一身正式的上班服外面圍件乾淨的白色圍裙加入他，幫忙顧油炸區或在他旁邊烤東西，盡可能不讓油噴到褲襪和卡其裙。忙碌的廚房壓力超大，從爸媽臉上就看得出來。兩個人都臉色通紅，滿頭大汗，在大冰箱和工作檯之間匆忙來去，迅速端出一盤盤熱騰騰的食物，每完成一份餐點就大力敲手搖鈴。

我跟妹妹找到了方法轉移注意力、避開混亂場面，也避免無聊到發慌。每天在餐館消磨那麼多時間，很容易被無聊吞噬，所以我們會到後面的原野奔跑，在高大的玉米田裡玩躲貓貓，有時還會偷摘幾條又嫩又甜的玉米生吃，翻垃圾箱找紙箱蓋城堡或給家裡小貓住的貓屋，或是去爬後面的老櫻桃樹，把牛奶塑膠箱塞在比較高的樹枝之間卡緊，這樣就有地方可以坐下來慢慢吃成熟的櫻桃。有時候我們會爬到露臺底下，從好像永遠不會消失的神祕飲料罐堆裡撿啤酒罐（一個能換五分錢）。偶爾還會跟英格拉漢家的女兒回家一起玩耍，他們的爸媽在對街開農機行。爸媽忙完就會來帶我們回家，順便送他們一份熱披薩謝謝他們讓我們來玩。有時候我們等得不耐煩，時間愈來愈晚，因為渴望自己的被窩，餐館和周圍環境便漸漸失去神奇魔力。

但一星期裡有一天跟其他天都不一樣。餐館只休禮拜二。只有這一天爸才能擺脫廚房的壓力，暫時喘口氣。星期二他踏進餐館只是為了到大冰箱搜刮食物，拿些食材為我們做一頓美好豐盛的晚餐。有時候是在院子烤肋眼牛排，搭配跟洋蔥和奶油一起包進鋁箔紙放在炭火上烤的切片馬鈴薯和胡蘿蔔，最後再撒上新鮮蝦夷蔥。有時候是大海來的新鮮龍蝦，是他用很便宜的價格跟朋友買來的。爸會把龍蝦放在大鍋子裡用鹽水燙熟，和菜園現採的玉米、一大盤成熟的切片番茄，擠上美乃滋和現磨的黑胡椒一起上桌。星期二很特別，家裡充滿了美食佳餚，爸又在家，偶爾還會很難得看到他心情很好。

但最棒的是冬天，當山上的風雪太大太冷，餐館只能關門休息的時候。廚房和餐廳都冷到讓人受不了，煎檯上方的抽油煙機又把暖氣都吸光，光付暖氣帳單都會吃不消。冬天最冷的時節，爸成了家裡的大廚。因為風雪和緬因州的低溫被困在家，他多出了時間在家用他在廚房安裝的營業用瓦斯爐打理全家人的三餐。這個瓦斯爐有四個大鑄鐵爐和一個內嵌的小煎檯。放學回到家，迎接我們的是香噴噴的味道和從溫暖的廚房飄出來的開心口哨聲。看到爸變回普通人和原來的他，感覺很新奇。他下廚是因為打從心裡熱愛下廚。有時候是簡單的烤雞（我跟妹妹都會搶著吃脆脆的皮），搭配撒上肉豆蔻和一小塊奶油的烤南瓜，還有馬鈴薯泥和豌豆。或是烤鱈魚，裡頭塞了海鮮、麵包粉、檸檬和蒔蘿混合而成的餡料。或是用甜椒和碎牛肉炒一盤什錦菜配大蒜奶油麵包。爸還會做一大鍋新英格蘭式水煮晚餐，花一整天燉醃過的牛腩和馬鈴薯、胡蘿蔔、甘藍菜和大頭菜，上桌時簡單附上芥末和一罐醋沾著吃，那是他小時候晚餐桌上的主食。到了捕蝦季節，我們放學回家就會看到廚房檯上堆滿薄薄的蝦殼，空氣中瀰漫著海鮮餐廳的鮮味。爸會花好幾個小時剝掉色彩斑斕的蝦殼，取出粉紅色的鮮美蝦肉下油鍋幾秒炸到酥脆，讓我們沾他自己調的雞尾酒醬吃。剩下的蝦殼裝進小夾鍊袋冷凍，冬天用來燉湯。

偶爾也會出現特製晚餐。遇到節日，家裡的廚房整個早上都熱鬧滾滾，四個爐子同時上場，烤箱裡也在低溫烤著肉。感恩節是傳統的火雞；聖誕節是塗上一層現成鵝肝醬再包上酥皮去烤的威靈頓牛排；復活節是插上一枝枝丁香下去烤的帶骨火腿，淋上爺爺做的傳統葡萄乾醬。每次都少不了用火腿骨下去熬的去皮豌豆湯，可以一連喝好幾天。如果爸的心情大好，就算不是特別節日他也會下廚做些特別的料理。家裡的廚房給了他遊戲和實驗的空間，或許也讓他有機會做些永遠不可能在平價小餐館裡賣的高級料理。有時晚餐桌上會出現牛肋排，照他父親教他的方法，在大片肋眼排上抹大蒜粉和神祕香料，放進烤箱低溫慢烤一整天，淋上肉汁，和吸飽肉汁的熱騰騰約克夏布丁一起上桌。有時他也會奢侈一下，買特價羊排回家料理，旁邊放一小匙薄荷醬讓我們沾軟嫩的羊肉。偶爾他甚至會大費周章地製作菜單，列出一道道菜。這種時候我們不會在廚房吃，而會移到旁邊通常只有節日、特殊日子或冬天的禮拜日吃烤豬肉大餐才會用的飯廳。

至今我還記得一次尤其特別的晚餐。爸受到電視節目的啟發，覺得自己應該在廚房發揮創意。他一邊看著名廚艾默利．拉加西（Emeril Lagasse）在廚房裡忙東忙西，一邊在一張格線紙上寫筆記。列出清單之後他出門採買，把食材事先一一備妥，很不像他平常的作風（爸很擅長做菜，但更擅長把廚房弄亂）。先上桌的是幾道開胃小菜，我跟妹妹滿臉問號地挑著認不出是什麼的小份量食物。這是什麼？湯的味道很陌生，沙拉不像平常的沙拉，我們都把不喜歡的料挑出來。接下來是主菜，一大片粉紅色魚肉，上面鋪一片檸檬和幾束新鮮的蒔蘿。爸啜著他給自己和媽媽倒的紅酒，等著我們的反應。晚餐桌上出現紅酒就表示這是一頓特別的晚餐，就像節日才會出現的特別料理。我感覺得到我們的反應最好也要很「特別」。

「這是什麼？」我跟妹妹都有點緊張地問。爸用白酒、新鮮香草、韭蔥、月桂葉和胡椒粒調成的風味滷汁把鮭魚排煮到剛剛好五分熟，旁邊用新鮮柑橘和酸豆做成的醬汁類似塔塔醬。我先是被魚的油滑口感嚇了一跳，跟我們從小到大吃的口感清爽的白身魚很不一樣。這種魚的奇怪味道令我難以下嚥。我看看坐在對面的妹妹臉上的表情，就知道自己不是唯一這麼想的人。但我之所以忍不住反胃，把魚吐到盤子上，是因為咬在嘴裡嘎扎嘎扎響的細小魚骨。繼我之後，妹妹也吐出嚼了一半的粉紅色魚肉，媽媽則是禮貌地把魚骨從嘴裡挑出來。

看見我們的反應，爸爸開始臉色漲紅。他很火大，也清楚讓我們知道。我們竟敢把他從採買、備料到烹煮一手包辦的晚餐吐掉！他為這頓飯投入了那麼多時間、精力和愛，看見我們竟然把粉紅色魚肉吐在盤子上，他直接把我們的反應解釋成不知感恩。他為我們付出了真心，我們卻把他的一片真心吐在餐盤上。看到他那麼受傷、那麼憤怒讓我很難過，但我無論如何都吞不下那片魚。憤怒變成受辱的感覺，桌上一片低氣壓。爸命令我們把魚吃完，說除非把盤子裡的食物全部吃光，不然我們就不准離開餐桌。我跟妹妹嚎啕大哭，眼淚噴濺到嚼過的魚肉上。爸氣得衝出去，把他的那盤魚丟進水槽，丟下我們兩個孤伶伶地坐在飯廳裡。媽媽怯怯地站起來收拾殘局。我們慚愧地用手摀住臉，兩個人都哭得淚眼模糊。妹妹舉起叉子努力要再吃一口卻又吐出來。還是吞不下去。

之後爸爸埋頭看電視，邊把一瓶紅酒喝光，等他終於氣消之後，媽媽輕聲趕我們上床睡覺。從此之後，爸就嚴正聲明我們姊妹沒把那頓晚餐吃完是自己沒福氣。「那可是高級料理！」爸不服氣地說：「只是你們年紀太小，不懂得欣賞。真是暴殄天物。」

5. 烘肉餅的回憶

到我十二歲那年，餐館已經變成了我的第二個家。我待在餐館的時間跟待在家裡、學校或任何地方的時間一樣多，對那裡早已瞭若指掌。我知道每個碗盤擺放的位置、所有食材的歸宿、每臺機器怎麼運作、紙餐墊怎麼擺，甚至還會操作收銀檯。收銀檯的抽屜每天都會放進七十二點五元美金（兩張十元，兩張五元，二十五張一元，二十五分、十分、五分和一分硬幣各一串）。如果下午三點左右有兩個無聊的女孩摸走一把二十五分硬幣，很容易就看得出來。我對於到玉米田裡玩躲貓貓、爬樹或用紙箱蓋貓屋已經沒那麼感興趣。雖然小精靈遊戲我永遠玩不膩，但還是需要在課前和課後困在餐館裡的時間找些新樂子，因此我開始更留意食物的事。

從小在餐館長大，難免會耳濡目染。即使看不到也摸不到，它依然滲入你的內在，直到烙印在你的肚子上，然後是你的心，我跟妹妹都是這樣，無論我們想不想要。說浪漫也是，說神奇也對，當然還有愛。能用一盤食物觸動一個陌生人的心，餵飽他們，喚醒他們的感官，同時帶給他們滿滿的喜悅，那種親密感讓人忍不住心嚮往之。而且這一切只能藉由食物達成，這就是餐廳如此令人醉心的原因。日復一日在餐館裡消磨時間，那股吸引力已經內化為我的一部分，不管我喜不喜歡都一樣。有時我恨死了這個地方，因為它奪走了我爸，把他變成一個隨時隨地都繃緊神經、暴躁又易怒的人。但它也讓我看到爸爸最好的一面——上進，富有創意，為美食癡迷。無論我再怎麼怨恨，也阻止不了內心對這家平價餐館油然而生的愛和悸動。

打從第一天踏進這裡，這家山嶺上的小餐館就悄悄鑽進我的心。它促使我開始從不同的觀點——食物、服務——看這世界。開餐廳是一種照顧他人的方式，跟我的本質和我內心的渴望剛好不謀而合。身為女兒，我想讓爸媽開心、以我為榮。身為女孩，甚至長大成為女人之後，想用食物滋養別人的生命也是我的本能。就算在家，我玩的遊戲仍舊離不開餐廳。十一歲時，我已經會去翻冰箱和櫥櫃，或到後面的菜園尋找食材，看晚餐要煮些什麼給媽媽和妹妹吃。假如讓我找到義大利麵和番茄醬，那天晚上就是「義大利之夜」。我會把一張白紙對折，這樣打開來就像菜單，前面寫上我為想像的餐廳取的名字（比方：路易奇）。桌上鋪紅色格紋桌巾，再擺上一對燭臺。我會學爸用奶油和蒜粉做大蒜麵包，或在潛艇堡淋上美味醬汁再包進鋁箔紙放入烤箱。我是主廚，妮娜是服務生，我們聯手為媽媽提供無微不至的服務，看到她從頭到尾樂在其中就會開心不已。「餐館之夜」的菜色是烤熱狗和焗豆；「素食之夜」是菜園裡的蔬菜做成的簡易沙拉。每次都會附上我跟妹妹用鉛筆寫的飲料單，列出我們認為適合我們唯一的客人的各種飲料，而且剛好就是我們冰箱裡現有的飲料（牛奶、果汁、酷愛[3]、葡萄酒，或是櫥櫃底下後方的貝禮詩奶酒）。我跟妹妹會穿上乾淨的圍裙，用鋪了紙巾的托盤為媽媽送上餐點和飲料。用餐結束我們會期望她在桌上放點小費，就像在真正的餐廳一樣，如果沒有，她就應該負責洗碗。

某個週末在餐館，我的扮家家酒遊戲轉眼成真。我從後面辦公室把盤子拿去水槽裡放時，爸爸正在努力餵飽週末早餐的人潮。他把我叫過去，只見檯面上滿是蛋殼、麵包屑和用來裝飾之後剩下的一片片柳丁。爸不是那種邊做邊收的廚師。

「你幫我把這裡清乾淨，我就給你五塊錢。」他說。

好啊，我心想。五塊錢吔！對十二歲的小孩來說是一筆大數目。

爸繼續去準備排在夾單檯上的點餐，把蛋打在煎檯上，把不同種類的麵包丟進烤箱。我圍上乾淨的白色圍裙，抓起綁帶，在小孩尺寸的腰上繞了好幾圈。我用濕抹布把蛋殼掃進手裡，將白色美耐板工作檯上的麵包屑清乾淨，疊好散落的切片柳丁，再把置物臺旁邊箱子裡的小包裝果醬重新排好。抹去濺到臺上的鬆餅麵糊和蛋黃之後，我按照指示把香腸肉餅從冰箱拿出來，同時不忘隨時留意我爸的動靜，試著猜測他會往哪裡移動，免得擋到他在煎檯和工作檯之間的移動路線。一進一退很像在跳舞，只不過中間多了火焰、高溫和熱油。

工作到尾聲時，他從後口袋拿出一張白花花的五元鈔票給我，果真說話算話。拿

3 Kool-Aid，一種沖泡式飲料。

到報酬的感覺很好，但能在廚房幫上忙也是，而且還是幫我爸的忙。這是他第一次給我獎勵，也是我向他證明自己能幫上忙的唯一機會；從那天起，我的存在對他變得更加重要。他喜歡周圍有個人用幾塊錢就能叫來幫他收拾殘局，而我一點都不介意。他把我當小孩一樣對待，而且是他的小孩，不是嬌滴滴的女生或女兒。即使跟他在一起的時間都在工作，那也是他給我的時間。而且如果我能趕上他的速度，說不定之後他還會給我更多，外加以五元鈔票的形式表達的一點點尊重。

久而久之我學會跟上他的步調，在餐廳忙碌不堪時從旁支援他，幫忙他加緊速度處理不斷湧入的點菜單。後來我終於畢業，晉升到烤麵包階段。爸教我用糕餅刷沾一下碗裡溫溫的液體替代性奶油，塗在每塊剛煎好的麵包上，再把麵包切成三角形，然後放在熱騰騰的雞蛋和炸馬鈴薯旁擺整齊。跟在他旁邊看他工作，我也學會了他的小訣竅，例如怎麼做每道菜上面裝飾的柳丁圈，還有怎麼喊出點菜單上的餐點：

2OE，BAC，HF，W＝兩個半生荷包蛋，培根，炸馬鈴薯，白土司！

2OM，SAS，HF，WH＝兩個半熟荷包蛋，香腸，炸馬鈴薯，全麥土司！

早餐時段結束後，我會把工作檯擦乾淨，刮掉煎檯上的碎屑，清除焦掉的炸馬鈴薯，把雞蛋碎屑掃進底下的集油盒。十二歲大的我覺得有資格觸碰熱騰騰的烤架是件很大人的事。爸爸的信任讓我為自己感到驕傲。

十三歲生日那天，我爸宣布我的年紀已經不再適合打屁股這種處罰方式。那很像轉大人的感覺，我不客氣地在妹妹面前炫耀，提醒她別惹到我，因為她還得再熬兩年。這也表示我再度晉級，可以幫忙午餐時段了。前一年清蛋殼和塗奶油的工作只是一種訓練，跟午餐要做的事比起來輕而易舉。早餐只要顧煎檯、烤箱，偶爾還有瓦斯爐上的一鍋燕麥粥。午餐呢，卻是截然不同的挑戰。煎檯更熱，油鍋滾滾冒煙，披薩烤箱啟動，檯面上擺出更多食材和配料。午餐菜單是早餐的四倍多，從炸物、漢堡、燉物到披薩，應有盡有。掌握時間就是一切，一心多用是必要。

從油炸區開始是一個很好的起點。因為聚焦在一個小範圍，只要專心調麵糊，給不同海鮮撒上麵包粉，把從冰箱拿出來的現成雞翅直接丟進油鍋就行了。爸很仔細教我應該怎麼做，他想看到完美的成品，也期望我交出完美的成品。要是我搞砸，他就會面紅耳赤、氣急敗壞地說：「該死。現在我示範一次給你看，就這麼一次。」或是：「老天啊，我沒時間再示範第二次，拜託你仔細看好。」或是：「你在幹嘛，想害我失業嗎？老子拚了命工作不是為了免費大放送。你蝦子給太多了！」要是我做得很好，他反而沉默不語。我得到的獎勵只有看著熱騰騰的餐點被送出去。知道自己達到爸的標準已經足以讓我自豪，而知道餐館裡有個陌生人正吃著我做的食物，那感覺棒透了。經過反覆練習，我開始像女王一樣主宰油炸區，快速炸出一籃籃金黃剔透的海鮮、炸雞、薯條和洋蔥圈。過程中，爸的叮嚀變成我的內心獨白：

扇貝和魚蝦先過蛋液再沾麵粉；蛤肉跳過蛋液直接沾預拌粉，不用太多，以免結塊，沒人喜歡麵衣又厚又油。

黑線鱈昂貴，綠青鱈便宜。完整蛤蜊肉是黃金，不要糟蹋了黃金。用手指輕輕把蛤蜊拉成小圓狀，進油鍋後就會展開，看上去更大。

手勢要輕巧，輕輕來回甩動，讓多餘的裹粉掉落，不然，之後裹粉進了油鍋，會黏住加熱元件——你不會想看到油鍋爆炸的慘狀，但至少我不會被打屁股。

不要炸過頭。海鮮只要炸二十到三十秒就大功告成。想著金黃色，而不是咖啡色。

把油炸籃從油鍋裡拿出來前先大力甩一下，這樣能讓海鮮清爽不油膩，也可避免海鮮黏在籃子底部。

一炸好就要趁熱上桌，沒人喜歡涼掉黏糊的蛤肉。食物一炸好就要死命按鈴，服務生才會跑過來端。

要是他們跑得不夠快就大聲喊人。食物就是金錢。

用一盤你用心料理、親手準備的食物餵飽跟你素昧平生的陌生人，看到他們咬下第一口，舌頭嚐到食物的味道和口感時臉上的反應，那是最簡單純粹的成就感，即使只是一盤炸物。我可以從廚房後面偷看，觀察顧客坐在吧檯前津津有味嚼著我炸的（並通過我爸審核的）食物。他們不需要看到我，甚至不需要交換任何話語，因為食物已經道盡一切，而它可能引發的情感如此強大。我看得到他們的表情，感覺得到他們的滿足，那帶給我過去從沒有過的喜悅。而這份喜悅還附有配菜——就是我悄悄得到了爸的注意。

我已經觀察他工作很久也用心練習了很久，在廚房跟他並肩工作一連好幾個小時好跟上他的步調，想必也讓他看出我的一絲天分，因為他開始為我介紹比把食物丟進熱油裡炸、等它們變成正確的顏色更需要精確度和技巧的工作。

「這是三分熟，這五分熟，這七分熟，這全熟。」他用手指按一按漢堡肉和牛排，為我講解：「感覺得出來嗎？就像手掌的觸感。」他用食指去戳自己厚實的手掌緣，說明肉煎到你要的熟度之後、不同溫度該有的彈性。「用感覺的就會知道。」他說。果真沒錯。當他把牛排切開時，溫度確實跟他說的一模一樣。爸是老派廚師，不用溫度計、小工具、會嗶嗶叫的計時器或其他花俏的裝置。他做菜都靠直覺，靠觸覺，靠感覺，他也把同樣的方法教給我。從調味、熟度到正確的份量，只要你夠專注夠用心，食物都會對你發出「可以了」的訊號。用心把全麥麵包切到剛剛好的厚度，稍微烤一下，這樣就會外酥內軟。每片麵包都要塗上一層薄薄的美乃滋，除了固定住口感爽脆的結球萵苣，也能避免雞肉沙拉太乾，但也不能太濕，要適中，另外再撒上剛剛好的鹽和胡椒。能把一份雞肉沙拉三明治做得完美，廚房裡就沒有什麼事難得倒你。爸讓我邊看邊學，跟我分享他的技巧。那就好像他在教我綁鞋帶，但只示範一遍給我看。一天上十六小時的班已經夠累了，他沒有足夠的時間和精力再示範第二遍。

然而，跟我分享方法和技巧是一回事，分享食譜又是另外一回事。

有天爸淡定又隨意地把一個不鏽鋼盆放在工作檯上，說他要示範一樣東西讓我看。之後十分鐘他沒多說什麼，只是動作比平常慢一些，好讓我理解得更透徹。我專心看他示範，每個步驟他只需要說「看到沒？」或「仔細看」就已足夠。他從大冰箱裡拿出幾包絞肉丟進鋼盆，用手把肉混在一起，上面撒些鹽和胡椒再稍微揉一下。接著抓起四面刨絲器直接把少許生胡蘿蔔刨進盆裡，再刨些披薩起司進去。然後拿起一個裝滿土司頭尾的袋子，把它們捏碎；把一顆白洋蔥切碎丟進盆子，順便抹去眼角的幾滴淚。加幾顆生雞蛋和少許牛奶，然後用手把所有食材攪拌成黏乎乎的一大團。攪拌均勻的絞肉放進燉鍋拍平整型。然後拿一個小碗放入紅糖、番茄醬和少許黃芥末，攪拌成滑順的糊狀再用湯匙塗在肉上，最後把沙鍋放進烤箱。一個小時後，當這盤閃亮亮的肉從烤箱裡拿出來，滾燙的油脂從邊緣溢出時，我立刻就聞出來那是爸的拿手肉餅！他把為全家人煮過無數次的料理的祕訣傳授給我。這道料理曾經溫暖過我的胃和我的心，無論發生什麼事都能撫平我的心情。他刻意找時間跟我分享這道料理。這個舉動不僅僅是為了工作，某部分也是在盡他所能扮演好父親的角色。那一次他不只對我很有耐心，甚至稱得上溫柔。那種感覺很少有，而且僅限於我們兩人之間。我忍不住想，或許（只是或許）只要我繼續在餐館當他的助手好好表現，往後還會發生更多意想不到的事。

6. 哈雷魔音

高中的暑假我到餐館打工。溫暖的夏天午後，餐館停車場偶爾會響起摩托車轟隆隆的引擎聲。粗聲粗氣的說話聲從冰淇淋吧的紗窗一路飄送到廚房。我漸漸認出那個聲音，一聽就知道不妙，看來午餐我得孤軍奮戰了。如果那天陽光燦爛，天氣和煦，就表示是適合騎摩托車去兜兜風，喝個啤酒，或許再來點炸物的好天氣。我爸也渴望這種能騎著哈雷上街，感受夏日暖風撲面的日子，但餐館的工作忙到他根本走不開，每天都被綁在廚房。但這也阻止不了朋友來餐館找他。一群穿著皮夾克、留著灰白捲翹八字鬍的男人會一個接著一個走進廚房，手裡抓著一箱啤酒或腋下夾著一大罐伏特加穿過忙碌的工作檯，目的地是後面的私人露臺。這時就算午餐人潮紛紛湧入餐館，爸也會抽身去招呼後面那群愈聚愈大群的硬漢。那種誘惑牽引著他——他是主人，而他的私人露臺正在呼喚他加入這群粗獷的男人，跟他們一起享受溫暖美好的夏日時光。他不只要招待朋友，還要逗他們開心，而他喜歡這件事的程度不亞於開心熱鬧的派對。因為太過興奮，他甚至會丟下我一個人應付源源湧入的點菜單，跑到後面說黃色笑話娛樂那一群喝酒笑鬧的大老粗。他忍不住要為大家安排下午的活動：吃吃喝喝，還有把周圍玉米田當作高爾夫球練習場一樣醉醺醺揮個幾桿。我努力出菜時，爸會不時出現一下，把出汗的百威啤酒擱在工作檯上，抓片漢堡肉餅甩在煎檯上，之後就又消失在從後門陣陣傳來且愈來愈響的笑聲中。但兩罐啤酒之後他就不會再出現，跟時鐘一樣準，我只能靠自己出完午餐尖峰時段的所有餐點。這已經不是第一次。

他會從後門大聲喊：「艾琳，幫我們炸一盤蛤蜊，炸好拿到後面來！」他拎著另一罐啤酒，臉上掛著半醉半醒的笑容，假裝忘了雞肉沙拉三明治和炸魚薯條點菜單會不斷湧入，沒完沒了。我已經練就在煎檯和油鍋之間輕鬆來去，同時還能快速做好濃湯的本領。在小烤皿裡放進各式海鮮和大塊奶油，倒入一半牛奶一半鮮奶油，再放進微波爐用高火力微波一到兩分鐘，出爐撒上紅椒粉、一小片檸檬和一小包牡蠣餅乾。煮湯時，我會把剛切好的薯條和雞翅丟進油炸籃再放進滾燙的油鍋，接著跳去熱騰騰的煎檯前幫各種漢堡和牛排翻面，快速用手指觸碰一下檢查熟度。一份三分熟，兩份五分熟，還有幾份全熟。還要烤培根生菜番茄三明治的麵包，一份白麵包，兩份全麥，一份黑麥。這個想加美乃滋，那個想加起司，另一個不要洋蔥和酸黃瓜。吧檯點的肉餅特餐要附烤馬鈴薯和酸奶，以及豌豆。馬鈴薯泥另外淋上肉汁，還有烤牛肉配花椰菜。我都會在工作檯上擺一盆每天早上上工前從媽媽的後院摘來的金蓮花，做到特別的餐點就停下來用鮮豔的花瓣裝飾餐盤，就算忙到分身乏術也不例外。高壓時刻這麼做能帶給我喜悅。等到餐點都出完，檯面上的按鈴終於靜下來時，我會走去大冰箱拿放在塑膠桶裡的去殼蛤蜊——後面那群無賴眼巴巴盼望的人間美味。我抓起一大把一大把完整的蛤蜊肉過一下濕軟的油炸麵糊，然後輕輕放進滾滾沸騰的熱油，炸成淡金黃色就拿起油炸網籃並大力甩一甩，把軟嫩酥脆的炸蛤蜊倒進大盤子，高高堆起，再撒上巴西里葉和幾條檸檬圈。最後才端到後面給臨時舉辦的私人派對。

只見大家都圍繞著我爸，專心聽他口沫橫飛說著粗俗的故事，不時夾雜幾句髒話，惹得大家哄堂大笑。我從他們的呼吸就聞得到酒味。

「哦，太棒了。看看是什麼來了，炸蛤蜊！」爸向大家宣布，好像每次都是天大的驚喜似的。他示意大家讓路給我和大盤子通過，接著他們會像禿鷹一樣團團圍住食物，彷彿已經餓了好多天。一群大男人邊舔著鬍子上的碎屑邊上下打量我。

「哇塞，你長那麼大啦，」他們口齒不清地說：「連胸部都開始發育了。傑夫，要是我知道你家女兒長那麼大還有胸部，我一定更常來。」

「嘿，小可愛，你有那個紅紅的東西嗎？給我一點紅紅的東西，我想拿來沾？你有嗎？」

「番茄醬嗎？有啊。」

「放輕鬆，放輕鬆。」爸咯咯發笑，十五歲的我在一旁難堪地羞紅了臉。爸也跟著他們一起哈哈大笑。我希望他為我挺身而出，揮拳揍那個對我亂說話的傢伙。我希望他保護我，就像我至今還記得的那一次——也是唯一的一次。五歲那年我跑進家裡的雞籠玩，結果被一隻自以為是老大的凶悍大公雞啄到眼睛。我尖叫著跑出來，傷口流血，我又痛又害怕。爸直接走進雞籠把那隻凶悍的公雞放出來，讓牠在草地上東啄西啄片刻才轉頭對我們家的杜賓犬下令：「讓牠好看！」杜賓其實一秒就能咬斷公雞的脖子，乾淨俐落讓牠當場斃命，但牠沒有。牠不慌不忙繞著老公雞走，咬著牙，舔著嘴唇，然後冷不防撲上前，咬住公雞猛扒，弄得滿嘴都是羽毛，整個過程好像故意要慢慢來，細細品嚐，甚至樂在其中。我抬頭看爸，只見他露出微笑，對那隻雞得到應有的懲罰感到滿意。他轉過頭向我保證那隻公雞再也不會傷害我。因為如此，雖然我不指望爸把他那個說話低級的朋友像公雞一樣撕成碎片，但至少也該揍他一拳或教訓他幾句。是我想得太美。

通常最後會有人問我能不能用杯子裝些冰塊過來，「小可愛」，聲音跟老菸槍一樣粗啞。這表示他們要開始喝伏特加，所以晚餐時段我又得孤軍奮戰了。除了不時要拿更多炸蛤蜊和冰塊給他們換取幾塊錢小費，我還得備晚餐的料，把一桶桶育空黃金馬鈴薯放進牆上的薯條切割機，還有準備好油炸區迎接一向忙碌的晚餐時段。如果中間有空檔，我就會到後面撿爸的朋友醉醺醺投進充當高爾夫球場的玉米田裡的高爾夫球。我把撿回來的球放在圍裙裡，一邊低頭閃躲咻咻飛過的小白球，因為他們仍在朝我的方向大力丟球。回來時我還得忍受所有跟球有關的黃色笑話（他們覺得超級爆笑），接著他們會給我一疊鈔票（一球一元）跟我交換撿回來的球。有時候不到三十分鐘我就能賺到七十五塊錢。

當太陽西斜，下午變成黃昏時，那些八字鬍男人會搖搖擺擺走出餐館，跨上摩托車，轟隆隆的哈雷引擎聲最後一次把停車場點亮。每次都難免會有一個人喝到爛醉如泥，想走也走不了，只能跟我爸在後面辦公室等酒醒，或是喝得更醉，等我上完晚班再載他回家。每次聽到後面辦公室有人點「兩份肋眼牛排，三分熟。烤馬鈴薯加酸奶。希臘沙拉加油醋」，我就知道我又得充當司機了。因為那是我爸用來給爛醉的下午收尾的標準選擇，有時會再加上幾杯薄荷甜酒醒醒腦。他們會邊醉醺醺地閒扯亂聊，邊等我把煎檯刷乾淨，把油炸鍋熄火。地板擦完、錢也點完之後，我會把今天賺的錢交給爸，他則把他的車鑰匙交給我。

「我們得去一趟比利家，回家順路把他放下來，」他一貫的說法：「這傢伙沒辦法開車。」

比利家很偏遠，根本不順路，來回要跑三十四哩。但我一點都不驚訝，因為自從我拿到學習駕照之後，爸就習慣指定我當代理駕駛。開車變成了我被看重的突出優勢之一（除了我正在發育的胸部）。只要車上有個成年人，不管此人是醒是醉，爸就認定我可以合法開著車到處跑。他跟他的朋友都付我豐厚的小費當代駕，我發現這是他們最起碼能用來補償我受氣的方式。儘管如此，不知道為什麼，再多小費好像都不夠。

我鑽進爸爸的林肯汽車，把電動座椅往前拉才踩得到油門。他們兩個人滑進寬敞的後座，還倒了幾杯酒在路上喝。我在一片黑暗中開上彎彎曲曲的一三七號州道，練習夜間駕駛技術，每次會車就得把遠光燈切成近光燈。應後座乘客的要求，我會在路肩停車讓他們到路邊尿尿。偶爾會有人尿尿時失足摔倒。如果是摔進水溝，我就得鑽進路邊的帶刺灌木叢，循著醉言醉語和笑聲找到被埋在灌木叢下的醉漢，把人拉起來，再幫忙他爬出水溝回到車上，只希望他已經完成摔倒之前要做的事。有時候還來不及走到路邊，我正要把人從車上拉出去，他們的Levi's牛仔褲前面就濕了一塊。他們連站都站不穩，因為我爸——永遠的主人——還在繼續灌他們酒。我會把他們送到家裡的廚房，畢竟我的任務是把他們安全送到家，不包括送他們上床睡覺。到家之後，他們會塞給我一把鈔票。

等我回到車上時，我爸已經換到前座，表示他已經招待完客人，我不再是他的僕人了。

「我們可以回家了，艾琳。」

我扣好安全帶，檢查後視鏡的角度，切成D檔準備開走，但先停下來按下右轉方向燈才開上馬路，往回家的方向前進。剛好來得及趕上隔天早上六點開始的早班。

7. 美夢成真

上大學是個令人興奮的逃脫計畫。是從此脫離沃爾多郡的單程車票，也是我展開獨立生活的機會，可以自己選擇要讀什麼，要住哪裡，要如何生活。媽媽跟平常一樣支持我，溫柔地鼓勵我勇敢追求她知道我想要的東西：「你從小在鄉下長大，該去嘗試都市生活了。等你兩種都試過，你的心就會知道自己是什麼樣的人，想要什麼樣的生活。」媽不像很多父母會把自己的夢想跟小孩的夢想混為一談。

她出生在波士頓以南一個小時車程的大家族，從小渴望的東西跟我很不一樣。她嚮往緬因州的自然原始、乾淨清新的空氣，以及屬於自己的一塊地。她想在一條寂靜的路上安頓下來，唯一的聲音是初春雪融時雨蛙的叫聲、夏天的蟋蟀叫聲，還有每天經過的一、兩輛車的緩慢引擎聲。她想在世界的安靜一隅過簡單的生活。七〇年代末遇見我爸時，她的夢想漸漸成形。兩人在緬因州慵懶的海邊避暑小鎮貝塞鎮相識，當時爸住在爺爺奶奶的農莊上一輛挖空並改造過的校車裡，一些愚蠢的瑣碎細節讓她失去理智，滿心渴望自由不羈的生活方式。這對像她一樣害羞怯弱的女人來說是很大膽的舉動，但這片土地和在這裡開創未來的憧憬深深吸引著她。她要在這裡展開新生活，建立家園，生養小孩，給他們一個跟她擁有的相比截然不同的童年。爸媽給了我腳趾沾到雞糞、星星滿天閃爍的鄉村生活。但我一直想知道走在人行道上、被都市的耀眼燈光包圍是什麼感覺。我想要半夜跳上一班開往市區的火車，或許去嘗試生平第一次的印度料理。我想感受電流在血液裡搏動的感覺，想要體驗人潮和噪音，位在波士頓市中心的東北大學似乎是讓我通往那種生活的通行證。

爸不像媽那麼支持我。他早就擺明他無意資助我的學費。畢竟他自己從來沒有機會離開這裡，憑什麼我應該有？「我每天工作十六個小時累得像狗一樣，不是為了存錢讓你去上大學，所以你最好拿到好成績，為自己爭取一堆獎學金。」這番話並不讓我意外，爸老是要我「自己想辦法」，但我還是很受傷。爸坦白跟我說，東北大學一年的學費可以買一臺全新的哈雷機車，休想他會把給自己買輛閃亮新車的錢投入可笑的大學教育。但那無法阻止我去申請大學。

我是個滿多元發展的學生。踢足球，跑步，學中提琴，讀書認真，成績也不錯。練完樂器、做完運動訓練之後還去餐廳打工，週末跟整個暑假也是。我開始夢想上醫學院，所以非認真念書不可。我去修了法語和德語，急著想學會新語言，相信有天能派上用場，成為我們家第一個出國的人。我們家不常去旅行。餐館綁住了我們，我們無法離家太遠。此外，爸一向沒興趣離開他的舒適圈。因為不舒服就表示事情不在你的掌控之中，而他是那種喜歡掌控一切的人。我媽懷抱著旅行的夢想（或許是法國普羅旺斯的薰衣草田，或英國科茲窩的綿羊草原），但心裡很清楚她丈夫絕不會去，所以只能把祕密藏在心裡。因為不想自找麻煩，一成不變的家族旅行便成了她一直以來的安慰。所謂的家族旅行包括每年寒假的佛羅里達行，還有一年幾次去麻薩諸塞州探望媽媽在波士頓南區的家人。

從小波士頓就成了我的夢想之城。每年媽媽都會開車載著我跟妹妹從自由鎮開很長的路去參加一年一度的聖誕節家族聚餐。開車穿過都市每次都讓我興奮不已。我坐在後座，快到市區時會努力不要睡著，害怕錯過車子在高速公路上開過彎道時的景色。我看到都市天際線的閃爍燈光，托賓橋和上面的收費站像一道門戶矗立在眼前。五顏六色的燈光、三線道的快速車流、遠遠在芬威球場邊閃爍的加油站招牌、進出波士頓北站的火車，還有每座摩天樓頂端紅白閃爍的尖塔，每次都看得我心醉神迷！感覺那麼熱鬧有活力。我愛上了這個地方。

波士頓對我來說似乎是完美的選擇。一方面離緬因州不會太遠，就算少數時候想家也能得到安慰，因為有親戚住在波士頓以南才一小時車程的地方，而且我也有朋友讀波士頓的其他學校。另一方面，波士頓跟我的家鄉天差地別，給我一種到了世界另一邊的感覺。因此我申請了東北大學，祈求好運降臨，能如願以償。當錄取通知在某個冬日午後送抵我們家的信箱時，我就像拿到了離開這裡的珍貴門票。學費很貴，但我照爸說的努力讀書拿到一些獎學金，但仍得申請助學貸款支付其他費用，這麼一來就得花很多年才能還清貸款，但當時那對我來說都無所謂。

不到一個星期後，我收到另一封信。緬因大學（我的備胎）提供我全額獎學金，學費、書籍費、住宿費等等，你想得到的全部包括在內，唯一需要我自掏腰包的只有餐費。我知道欣然接受這個機會才是明智的選擇，但放棄波士頓讓我心裡很不是滋味。我不想讓錢左右我的夢想。沒錯，選擇東北大學會讓我背一屁股債，但我會想辦法活過來的。雖然這件事也不是我說了算，我還是得先得到爸媽的同意。

媽媽從來不是那種會大吵大鬧、衝動行事的人。就算覺得你錯得離譜，她也不會跟人硬碰硬。長年跟擅長引爆衝突的爸一起生活，她已經習慣低聲下氣，也領悟到要避免碰到我爸身上的刺，最好的方法就是安靜不出聲，把話藏在心裡。但是為了支持我和我的決定，她不希望我爸蠻不講理的負面想法牽制我的人生。

媽媽手上拿著兩份錄取通知，要我最後一次確認自己的想法。都市生活真的讓我怦然心動嗎？對。那麼我們要做的只有一件事：撕掉緬因大學的錄取通知，在爸面前絕口不提全額獎學金的事。這樣他能得到一輛新哈雷，我也能得到前往波士頓的車票。

爺爺奶奶為我安排了很特別的送行會。禮拜五的晚上他們開車來載我。爺爺穿上他最好的西裝外套，表示今天是特別的日子，因為只有去參加喪禮或晚上到班戈市看賽馬，我才會看到他穿上這件外套。我們穿過蜿蜒的林中小路，從自由鎮開往沿海的卡姆登鎮，開了將近四十五分鐘。他們帶我去碼頭邊當時最高級的餐廳：水岸。桌上擺了真正的蠟燭和布桌巾，還有燃燒著熊熊火焰的壁爐。菜單上寫滿昂貴的開胃菜和主菜，每道都超過二十元！跟我熟悉的平價餐點形成強烈對比。我從沒來過這麼高級的地方。想吃什麼盡量點，爺爺奶奶說。我點了一份豪華沙拉，裡頭有綜合嫩葉生菜、蔓越莓乾和羊奶起司。我想起有一次我在餐館叫貨時偷偷跟西斯科加訂了一包這種高級生菜，迫不及待想把我們用的結球萵苣換成顏色鮮豔的嫩葉萵苣。我永遠忘不了美耐皿碗送回碗盤區，一把把紅色萵苣動都沒動被丟在一旁的畫面。那對本地的農場人家來說太過時髦，他們從小到大只認識萵苣——結球萵苣。那天晚上我把那盤豪華沙拉吃得乾乾淨淨，盡情享受義大利香醋的美妙滋味和爺爺奶奶盛裝出席的陪伴。

主餐我點了很厚的菲力牛排，搭配焗烤馬鈴薯和蒜香四季豆。但真正讓我讚嘆的是甜點。淺淺一層香草卡式達，上面覆著脆脆的焦糖——焦糖烤布蕾。我的天啊，我第一次吃到這麼神奇的東西。奶香濃厚的布丁撫慰了我，使我想起奶奶做的快速蒸布丁，但又甜又脆的外殼把它提升到新的層次。那對我來說是美妙、雀躍又大開眼界的一刻。每次吃到濃郁的香草卡式達配上脆焦糖，當年的奢侈體驗都會浮現我腦海，讓我心裡暖暖的。

那週的禮拜日，媽媽開車載我去波士頓之前先繞去爸的餐館，我們的車停在停車場，車裡塞滿我要帶去宿舍的東西。到餐館再吃一次早餐，我要點什麼都可以。爺爺奶奶最後一次抱抱我，爸也很難得而笨拙地擁抱了我，最後奶奶把一個包在紙袋裡的熱甜甜圈塞進我手裡，讓我在車上吃。那天早上我走出餐館，用耀眼的星空交換城市的燦爛燈火，丟下他們穿著油膩膩的圍裙在廚房翻鬆餅和煎蛋，應付早餐的尖峰時段。妮娜到處不見人影，不意外，我早已習慣。青春期在同一個屋簷下生活只是更加確認一個事實：我們是很不一樣的人，也很難成為彼此最好的朋友。所以那天我們姊妹之間沒有擁抱道別，沒有真心的祝福，沒有溫暖的互動。但她沒出現和反應冷淡也影響不了我的心情。我對於新生活充滿了期待，滿心雀躍，連姊妹之間複雜的愛恨情仇也打不倒我。我終於擺脫了自由鎮。

第二部　完整

Unity

8. 最好是藍的

這一切就像美夢成真。我離開了自由鎮，展開了我夢寐以求的都市生活。但夢想有多麼脆弱，我卻始料未及。我不知道只是走錯一步，一個命中注定的夜晚就會讓我所有的努力、希望和夢想化為泡影。我在大家眼中是乖乖牌，不會闖禍，謹慎聰明又負責，而且抱負遠大，前途一片光明。然而才二十一歲，剛上大學兩年，我卻懷了身孕。該不該拿掉肚子裡日漸長大的小孩讓我承受了巨大的壓力。來自家人的壓力，還有來自我自己的壓力。因為我爸要我拿掉孩子，因為我年紀太輕，因為闖禍之前本來有大好人生在等著我，也因為如果不拿掉小孩，我就等於放棄了所有的可能。但要是生下小孩，我肯定又得回到沃爾多郡，回到自由鎮，回到那條寂靜的黃土路上，而那裡毫無疑問將會成為我的未來，我永遠不會再有翻身的機會。決定權在我手上，這點我很慶幸，但這絕不表示決定很容易。兩種選擇都會引發讓我的人生就此改觀的重大改變，都會讓我為拋下的生活遺憾。懷孕就像把錨拋到水中，船突然煞住停下來，過去對人生懷抱的夢想從我眼前飄過。我再也無法完成大學學業，從此跟醫學院無緣，也當不成我夢想成為的醫生。再也無法擺脫自由鎮，實現不了到大城闖蕩的加州夢，因為我毀了我唯一的機會。我感覺得到肚子裡的鎖鍊綁住我。那是聖誕假期回家團圓，跟前男友一瓶廉價的夏多內下肚之後共度一夜造成的後果。我硬生生被拉回我拚命要逃離的鄉村小鎮。我知道如果選擇留下孩子，不只會犧牲夢想，還得獨自扶養孩子長大。

「你他媽的就是不能把腿合緊嗎！」我爸怒吼，嘴角起了白沫：「現在看看你闖了什麼禍。」我早就已經自責得不得了，覺得自己又糟糕又沒用，他的氣話只證實我一直以來的想法：我是他們的恥辱。我一直希望爸媽以我為榮，那就像身為長女——孝順聽話的女兒——肩負的重任。他們以為會闖禍的只有妮娜，萬萬想不到是我。我努力通過高中的考驗，申請好大學，從此遠離這個地方。我認真念書拿到好成績，踢足球，跑步，不跟那些吸毒的小孩鬼混，不喝酒，週末和暑假都到餐館打工存錢，向爸證明我是個認真又可靠的員工。即使最後我申請到東北大學的醫學院，日後有希望成為婦產科醫師（每次想到都覺得諷刺），卻好像永遠都不夠。我對爸來說永遠是一大失望。一來我是女生，現在又懷了孕，以後他只會有更多理由提醒我自己有多失敗。假如我是一隻貓，他早就把我丟進麻布袋淹死了。爸毫不客氣地直指，我肚子裡的孩子是私生子，我毀了自己的人生，說不定也包括他的，因為我害他每天血壓飆高。他因為我無法決定要不要生下小孩，又因為那個高中男友把我的肚子搞大卻不負責任而大發雷霆。要不要生下小孩由我決定，獨自面對這一切卻由不得我。沒人能逼我拿掉小孩，我也不能逼一個根本沒意願的人跟我一起扶養小孩。我知道我很可能要獨自養大肚子裡的孩子。

孩子的爸爸一開始猶豫不決，以為自己理解生養小孩是多大的責任。那會有多難？不過就是換換尿布，偶爾睡眠不足……實際上，這份責任遠比我們能夠想像的還要巨大，而且全都不在原本的計畫之內。這個困難的選擇讓雙方進退維谷，衝突和分隔兩地又使過程變得更加艱難。我還一直無可救藥地幻想他會勇敢地抓住我的手，說：「我挺你，親愛的，無論你怎麼決定。」因為我內心深處對他還有感情。知道我懷孕，他的反應好像我染上了可怕的病毒——離那個女孩遠一點。我除了心痛也感到內疚，總覺得懷孕的人是我，是我毀了我們的生活。無論我做什麼或怎麼決定，都改變不了一個事實：我們的生命會因為我肚子裡發生的事而永遠改變。

爸要他「像個男人扛起責任」，希望落空之後（不意外），他因為自己對這件事沒有掌控權而更加惱火。有時他會勃然大怒，破口大罵宣洩一肚子怒火，偶爾甚至會拿起鐵釘，揚言要把那個搞大我肚子的傢伙的汽車輪胎刺破。到現在我還很好奇他那九個月刺破了多少輪胎。即使周圍的人都勸我拿掉小孩，我還是決定生下來。當時我才讀了兩年大學，心裡有數像我這種來自偏遠小鎮的女孩不會有第二次機會，所以我休了學。

嚴厲的批評和各種意見無可避免地接踵而至。有些在意料之中，有些出乎我意外。我以為妹妹會幸災樂禍，鄙視脆弱又狼狽的我，喜孜孜地等著看我摔得鼻青臉腫，不再扮演模範生的角色，畢竟這是她期待多年的一刻。看看我們的完美小姐，肚子被搞大了！大家都以為那會是我做的事！親愛的姊姊，當失敗者是什麼感覺？我腦中響起她咯咯笑得好樂的聲音。結果她沒有。她沒有笑我，沒有幸災樂禍，沒有在我的傷口上撒鹽。她沒有直接跟我對話，而是託媽媽告訴我：「告訴艾琳她應該生下小孩。我知道那才是她。」她跟媽說我曾經救過一隻從鳥巢掉下去的知更鳥寶寶。我用熱敷墊和雙手的溫度替牠保暖，還去菜園找小蟲切碎餵給牠吃，用滴管餵牠喝水。我把牠養得健康又強壯，直到牠可以靠自己的力量到外面世界闖蕩。「她會是個好媽媽。」她跟媽媽保證。她還一一細數這些年在農場陸續死去的動物，還有我為牠們流的眼淚，所以無法想像我拿掉在自己體內長大的小孩，也相信我要是這麼做早晚會後悔。她的反應很不像我認識的她，卻意外地具有說服力，是我們之間難得出現類似姊妹情深的時刻。我緊緊抓住這種感覺，很珍惜，知道那可能只是曇花一現，但那將陪我熬過之後幾個月她不在家的漫長時光。

媽媽不像爸那樣心直口快。她一向心平氣和，跟爸恰恰相反。爸一直讓我覺得「我不夠好」，是她彌補了我內心受的傷。她給我滿滿的愛和支持，過不久就對迎接第一個孫子到來愈來愈興奮。媽把眼光放向未來，看到的不是痛苦艱辛，而是一個新生命就要降臨人世，也相信那一定會為我們帶來喜悅。她堅信就算爸爸不這麼想，我們終究會找到方法過得更開心、更幸福。我們之間產生了過去從沒有過的情感，我覺得跟她比以前更親。或許是因為妮娜幾年前就搬了出去，而如今我又回到家裡，家裡只剩下我一個小孩。她時時刻刻陪在我身邊，充滿關愛，對兩個外表相像卻很不一樣的女兒永遠一視同仁。我把她的愛當作藥膏，用它來治療我在感情上受的傷。

最後媽媽變得不只是媽媽，她成了我的生產伙伴，我的知己，我最堅強的啦啦隊，為我即將到來的人生最大挑戰加油打氣。當大部分的朋友離我而去時，她漸漸變成我最好的朋友。我懷孕後，有些朋友因為難堪（明顯害怕那可能會傳染）而跟我日漸疏遠。有些朋友的母親對我冷眼相向，他們也就不敢跟我走得太近。幾個酒肉朋友順理成章跟我斷了聯絡。不離不棄的朋友也跟我隔著遙遠的距離，因為我又回到緬因州鄉下，彼此的生活差異愈來愈大。好女孩都上了正軌，在大學裡用功念書，追求自己的希望和夢想。他們正在為生物學考試埋頭苦讀或考慮週末要去參加哪個派對時，我正在上拉梅茲課程、研究哪一款吸乳器評價最高和怎麼預防妊娠糖尿病。

沒有人能告訴我分娩是什麼樣子、子宮收縮是什麼感覺，或是餵母乳有多辛苦，乳頭會腫得多厲害，除了一個人。有個朋友比誰都常在身旁鼓勵我，支持我，日復一日，就像姊妹一樣，那人就是我媽。當然，畢竟時代不同了，我們兩人的生產經驗相差了好多年（媽媽在一九八〇年生下我，坐在車子前座抱著我從醫院回家），但追根究柢，我們理解彼此和這趟旅程的能力永遠不受時間影響。我們之間形成一種神聖不可侵犯的合作關係，兩人合力把我肚子裡的寶寶帶到這個世界。她織了好幾抽屜的小毛衣，還用柔軟的有機毛線織帽子。我們在穀倉裡找到我小時候睡的嬰兒床，整個拆掉再重新漆成淡灰綠色。後來我們又找到一個古老的矮櫃和一把沒上色的搖椅，也漆成同樣顏色配成一組。我們一起用價格低廉的白色網眼布做三角旗，還有用來包嬰兒床邊角的軟墊。我們在我小時候的房間（也是我回家之後住的房間）布置了一間嬰兒房。去上拉梅茲課時，她有時會代替孩子爸爸的位置，扮演標準的男性角色緊緊抱住我，在我難過揪心時擦去我的淚水。每個禮拜去上課看到一對對恩愛夫妻盤腿而坐，我就會想起自己的挫敗、心碎和被拋棄的痛苦。丈夫把手放在妻子日漸圓滾的肚子上，妻子沉浸在親密自在的兩人世界中。

儘管我外表堅強，一副沒有伴侶也無所謂的模樣，其實偷偷在心裡掉眼淚——或在四下無人時放聲大哭。我破碎的心感覺更像碎裂的骨頭，我漸漸明白要治癒傷口沒有捷徑。最初的震撼和打擊已經過了幾個月，但看來要真正痊癒還要很久。我仍然會在凌晨兩點醒來，在床上不安地翻來覆去，淚濕枕頭，不停責備自己，想著當初怎麼做或許就不會鑄下大錯。我知道我跟孩子的爸爸不可能復合，但每次看到孩子的臉我就會想起他。他是我的初戀。日後雖然各奔東西，但無論距離多遠，一輩子都會有割捨不斷的關係，不管我們想不想都無法改變這個事實。一開始痛到椎心刺骨，後來一點一點慢慢減輕。但即使心不痛了，我知道永遠會留下一道淡淡的疤痕。痛苦會在最意想不到的時刻反撲，就像每當氣候潮濕時我的左肩就會隱隱作痛，提醒我四年級摔斷手的往事。

「最好是藍的，」爸氣呼呼地說。我把圍裙掛起來，準備去醫院做超音波檢查。午餐時段餐館正忙，我卻得提早離開。「如果不是，你大概可以考慮不用再回來了。」他邊說邊把手伸進檯面上一條十磅重的牛絞肉，臭著臉挖出一大團肉來回甩動整成餅狀，然後丟上煎檯。他很不高興我要去醫院做檢查，丟下他一個人顧廚房，應付繁忙的午餐時段，要是我回來宣布是女孩，他會更火大。

媽媽陪我到班戈市的醫院檢查，一路上我們沉默不語，感覺特別漫長。能知道寶寶的性別固然興奮，但我擔心要是女孩，我跟爸的關係又會降到我想都不敢想的新低點。我根本不在乎寶寶是男是女——直到這一刻。不論我多麼痛恨爸對我蠻不講理的性別歧視，不論我內心深處有多清楚無論我怎麼做他大概都不會滿意，我還是想讓他高興。就像小孩天真的願望，我想要討父親歡心，讓他以我為榮，生下他一直想要的男孩。就算這樣不足以彌補我們的父女關係，至少我的小孩成長階段不會像我一樣，在爸的反覆灌輸下老是覺得自己軟弱又沒用。

涼涼的超音波凝膠碰到我赤裸的肚皮時，我愈來愈心慌。護士抓著塑膠棒在我肚子上畫圈，有如占卜師對著一顆巨大的肉球，等著揭曉寶寶的性別，我感覺到焦慮不安在我心中逐漸增強。

「你想知道寶寶的性別嗎？」護士問。我看看我媽。我當然想知道，因為保密似乎沒啥意義。當初知道自己懷孕那一刻的震驚已經夠我回味好幾年。況且，先知道寶寶的性別我才能做好心理準備迎接爸的激烈反應。我上下點頭，因為緊張到發不出聲音。我只希望寶寶健康，是男是女我都會盡我所能把他養大，讓他覺得受到重視、尊重和疼愛。我不在乎寶寶的性別，因為我都會一樣愛他。

「我看到的是男寶寶喔，」護士宣布：「是男生！」

我緊張地鬆了口氣，看見媽媽也跟我一樣；我們都知道只要爸開心，我們的日子都會好過一點。每呼出一口氣，怕爸生氣的恐懼也從我體內慢慢消散。我跟媽媽都如釋重負，甚至喜極而泣，這麼一來我回到家就不會受到更多指責。剛剛的恐懼煙消雲散，興奮雀躍瞬間迸發，我們兩人都樂不可支。我懷的是男生，或許（只是或許）這個孩子就像年輕的亞瑟王，能從我爸的鐵石心腸下拔出一支理智仁慈的劍，把他變柔軟，甚至激發他愛人的能力。最起碼他出生時會有我沒有的優勢，不像我只能默默承受爸帶給我的心理創傷。我肚子裡的寶寶是男生，原本可能錯得離譜的事，突然之間，變成我爸唯一會點頭認同的好事。那一瞬間，我感受到他的愛和尊重。

9. 成為人母

常聽人說，寶寶生下來會長得像父親。這是大自然為了幫助孩子的爸爸認出自己後代的巧妙設計，能促進寶寶待在母胎九個月期間無法進行的父子連結。但主要還是讓爸爸覺得自己更有責任照顧小孩。

他在某個星期二的下午呱呱墜地，重七磅六盎司，身高二十一吋，一頭濃密的深棕色頭髮，跟他父親一模一樣。打從把新生寶寶貼近乳房的那一刻起（媽媽和妹妹在床邊陪我），我就在心裡細數他跟他生父驚人相似的地方（我爸保持距離站在一邊，臉上沒有太多表情）。看到他我喜極而泣，但也因為每次看到他一頭捲髮和那雙深褐色的眼睛就像看到他父親，而留下傷心的眼淚。看著我的孩子，我會不會就想起他父親不再愛我，甚至對這一切似乎滿不在乎的傷心事？我會不會餘生的每一天都得一再重溫他棄我而去的椎心之痛？不行，我不能這樣過日子。我對這個剛出世的寶寶滿懷希望。我決定叫他傑姆（Jaim），從法文的j'aime變化而來，意思是「我愛」。

我還沒反應過來，傑姆就被抱走。奶奶、姑姑很快抱過一輪之後，他就被帶去洗澡，秤重，從頭到腳檢查一遍。剛剛發生了什麼事？感覺才一眨眼，我就成了母親。

我感覺到空氣的變化，就像秋天在近八月底的某個午後倏然而至。世界從此改變。我不再是孤伶伶的我，變成了我們。

「你現在一定很餓吧，」其中一個護士說：「要我幫你帶些什麼嗎？什麼食物能讓你開心又滿足？」

我用醫院的長袍抹去眼角的淚水，思考片刻。

「一個甜甜圈？再加一杯牛奶。」

那是浮上我腦海的第一個念頭；我還記得爺爺奶奶會在餐館為我準備甜甜圈加鮮奶當早餐。

家人回去休息之後，護士回到我的房間，推著一個塑膠嬰兒床走向我。我的寶寶就睡在裡面。

「現在該你囉。」她把襁褓裡的脆弱小生命交給我哺乳：「我就不吵你們了，讓你們熟悉一下。」她微笑走出房間並關上門。房裡只剩下我們兩個，母子倆第一次獨處。雖然寶寶就在我身邊，我卻第一次覺得那麼孤單。我坐在醫院床上，兩隻腳往前伸，把他抱在懷裡，盯著眼前小得不可思議的生命。那是我這輩子最美好但也最害怕的一刻。內心充滿前所未有的愛，同時還有恐懼。他是如此的美麗、小巧，身上有股香甜的味道，皮膚粉粉嫩嫩。完美無比。伸展身體時，小手拂過自己的臉，深色頭髮藏在小小的毛織帽底下。他來到了人世，而我——就只有我——背負著絕不讓他失望、永遠支持他愛他的重責大任。當下我跟他保證，為了他，我願意付出所有。

懷胎九個月漫長得有如一輩子，不斷等著盼著，知道他就快到來。經過幾個月的等待，終於能認識在我體內長大的小生命，我興奮不已，但也對在現實世界扶養他長大的挑戰感到焦慮不安。我有足夠的能力照顧他，把他養育成一個堅強的生命嗎？只要把他生下來，我就知道該怎麼做嗎？母愛是本能，自然而然就會展現嗎？我知道怎麼抱他才正確？或怎麼在他哭的時候安撫他嗎？要是不知道呢？即使有媽媽的幫忙，不可否認我終究是單親媽媽。一個人能給孩子的愛，足以彌補原本該由兩個人付出的愛嗎？

日子過得好慢，一天感覺像一週，一週感覺像一個月。連生產過程都慢吞吞，我宮縮了五天，一直卡在四公分。但一旦他到來，之前拖延的時間都補了回來。最初幾天很可怕，我的荷爾蒙上上下下，情緒也跟著起起伏伏，努力要回歸正常。生產前我幾天沒睡，生完我會熟睡片刻又驚醒過來，突然間害怕又困惑，聽到他在我旁邊的嬰兒床上哇哇哭，那聲音好陌生。這時我會坐起來，一顆心怦怦跳，冷汗直冒，腦袋一團亂。我在作夢嗎？最後我才會恍然大悟：天啊，我是一個活生生、會呼吸和哇哇哭的嬰兒的母親。現在醒一醒快把他抱起來！你要把他包好！你要餵他喝奶！還有拍嗝！還有安撫他！坐在我小時候的房間，一樣的粉紅色壁紙，卻多了一個難對付的寶寶。我還沒完全長大，卻已經當上母親，所以得動作快才行。

沒人能夠警告我所有隨著母親的角色很快會到來的恐懼。傑姆出生之前，我從來沒有真正理解過恐懼的深度和意義。他是那麼的小，我好怕會把他掉到地上，或弄斷他細小脆弱的骨頭。在床上哺乳時我擔心自己睡著會不小心把他悶死，醒來時發現身旁的寶寶已經全身冰冷斷了氣。把他放下來午睡時，我又會突然發慌：他還在呼吸嗎？我像一隻鷹，不斷在他上方盤旋，查看他上下起伏的胸膛。我也擔心有天他會問爸爸在哪裡，或為了爸爸離他而去而傷心。擔心他會為此責怪甚至埋怨我。擔心雖然供他所需、讓他無憂無慮長大是我的責任，但要是我沒有能力滿足他所需呢？

日子一天天過去，我們一起找出了生活的節奏。抱著他我愈來愈有自信，甚至嘗試了一些抱著他搖晃、安撫他的新動作。我成了換尿布高手，乳房經過鍛鍊也終於不會每次餵奶就痛到哭。照顧小孩很辛苦，是我做過最辛苦的事，而且沒人能事先為我做好準備。我不時會想，如果我不是單親媽媽，會不會輕鬆一點？但話說回來，有些時候一個人反而把事情變得比較簡單。半夜傑姆哭著要喝奶或換尿布時，我用不著翻身叫醒在我旁邊呼呼大睡的人，硬把他從睡夢中挖起來，說：「親愛的，這次該你囉。你可以幫他換尿布和餵奶嗎？」因為每次都是我。但我常想像那種奢侈。

我是單親媽媽，但我並非孤立無援。我媽偶爾會取代伴侶的角色幫我帶小孩，從洗澡、換尿布、餵奶到拍嗝，沒有一件她不願意做的事。而且她全心全意疼愛傑姆；知道孩子不只從我這裡得到愛，我放心不少。我爸則跟他保持距離。在家的時候（沒上班或晚上從餐館回到家），他很堅持寶寶的脖子硬到可以自己抬頭之前，他都不想碰他。在那之前他只會含著笑容，咿咿喔喔逗著他玩。一開始我很不習慣，因為我從沒看過爸對人類做出這麼溫柔甚至親切的舉動，只有對動物才有。但他不願意叫傑姆的名字，每次都叫他的中間名傑佛瑞，也就是他自己的名字。我這才發現，這可能是他一直想替自己兒子取的名字，如果當年生的是兒子的話。慢慢的，他對傑姆的態度逐漸軟化，意識到過程或許不像他希望的那樣合乎傳統，但結果是一樣的：他們家的香火因而得以延續。

白天爸媽都出外工作，爸去餐館，媽去學校教書，家裡完全屬於我一個人。把傑姆綁在身上時我盡可能多動，所以我會打掃家裡，做些小雖小但對家裡有益的事，算是感謝爸媽讓我暫時吃家裡、住家裡的方式。但我最開心的還是可以一個人占用廚房。偶爾我會有空準備一點晚餐，在媽忙了一天回家之後給她一個驚喜。到了晚上，我們坐在餐桌前，兩人都筋疲力盡，慢慢吃著晚餐，享受我爸還在餐廳工作、傑姆在樓上睡覺的寧靜時光。有時候我會包一盤剩菜放冰箱，知道爸晚點回到家應該很累，也很可能醉茫茫，多半會翻冰箱找東西吃。這麼做主要是想默默對他表達善意，希望他對我多點耐心。他一直在等我回餐館幫忙他應付繁忙的工作，轉眼已經過了好幾個禮拜。我不在就表示工作都落在他頭上，他就不能跟他那群酒友鬼混。

幾個禮拜過去，我最想念的地方就是廚房，但不是餐館的廚房。在爸媽家安靜又整潔的廚房裡，我愈來愈揮灑自如，也學會趁傑姆午睡時烤些蛋糕餅乾，甚至就算把他背在胸前也沒問題（一點麵粉撒到他頭上也不要緊）。涼爽的秋天，我會背著他到我小時候走過、騎腳踏車經過無數次的黃土路上散步，把沿途在路邊摘的蘋果放進嬰兒車，有時回家就把摘來的蘋果加肉桂和糖烤成蘋果派。後來我在抽屜後方找到幾年前媽送我的擠花嘴組，想起在蛋糕和塔上擠出糖霜和鮮奶油曾經帶給我的快樂。這讓我想到，或許我可以趁在家帶小孩時賺點零用錢，做些手工蛋糕餅乾拿去賣。我列出我擅長的餅乾、馬芬、蛋糕和其他點心，然後做出一份菜單，裡頭有家常糖蜜餅乾、燕麥蕾絲餅乾、經典的巧克力豆餅乾，還有簡單的糖霜餅乾。我用我會的簡單麵糊加上新鮮的藍莓、草莓、大黃或覆盆子，就能做出各種口味的馬芬。還有起司蛋糕、咖啡蛋糕、巧克力蛋糕，以及跟前面幾個比起來毫不遜色的胡蘿蔔蛋糕。我用媽的電腦做了三摺的菜單，放上「蛋糕！餅乾！派！司康！」幾個大字和家裡的電話並列印出來，然後拿了一疊掛在我爸餐館的布告欄，也託媽帶一疊去學校放教師休息室。我還在班戈市的一家折扣紙行找到很多咖啡色的牛皮紙糕餅盒，並在當地印刷店訂製了一個橡皮圖章。我在每個紙盒蓋上「麵粉孩子」的圖章並綁上麻繩，然後親自運送稀稀落落的訂單。結果最捧場的是媽媽學校的老師——生日蛋糕或退休蛋糕，固定星期一訂馬芬，星期五訂餅乾等等。這樣賺的錢雖然永遠不夠我維生，卻給了我最需要的東西：一絲希望，相信當了媽媽也能找到自己喜歡的工作。

儘管如此，回餐館工作仍然是無可避免的結果。那是我最舒服自在的地方，是我熟悉的世界，也是能讓我立刻賺到錢的現成工作。我開始輪週末班，負責招待客人和出餐，媽幫我照顧傑姆。她開心地接下這份任務，給我出外賺錢的機會，以此換取心靈的平靜，因為這樣她就不用去餐館幫忙。但當嚴冬再度降臨，餐館不得不關門，任由風雪覆蓋寂靜的停車場時，我開始尋找別的工作。畢竟尿布不便宜，而我雖然已經休學卻還有助學貸款要還，每個月的壓力總讓我覺得低人一等。再說，我也不能永遠住在爸媽家。

我在貝爾法斯特這個沿海小鎮的一家廚具專賣店找到兼差工作，當售貨員，離家只有二十分鐘。那家店跟糖果店一樣繽紛，店裡擺滿我只在電視上和渴望擁有的食譜上看過的誘人廚具。包括各種顏色的KitchenAid攪拌機、不同大小的食物處理機、銅鍋、又大又漂亮的烤盤，還有刀架，上面掛滿銳利無比的全龍骨刀，相形之下我們餐館的塑膠手把刀簡直像玩具。各種大小和鮮豔色彩的琺瑯鑄鐵鍋，每個都要價上百元。那些廚具令我垂涎，我在心裡列出一張清單，掙扎著該選哪種顏色或大小好，雖然明知道我能擁有任何一個的機會都微乎其微。還有許許多多的烤盤、中空環形烤模和其他蛋糕烤模；各種大小和你想得到的各種形狀的餅乾模。各式各樣的小器具和機器，例如用來把焦糖烤布蕾表層的糖烤到焦脆的料理噴槍、甜筒機，還有桌上型霜淇淋機。安靜的禮拜日下午輪班時，我會在幫客人結帳的空檔翻閱每一本我買不起的新食譜。各大名廚的料理任我翻閱，從最簡單的家常菜到最高級的料理都有，甚至還有嬰兒食品。愛莉絲．華特斯（Alice Waters）的《帕尼斯家的蔬菜》（*Chez Panisse*

Vegetables）和《帕尼斯家的水果》（*Chez Panisse Fruit*）；蘇珊・戈恩（Suzanne Goin）的《週日晚餐》（*Sunday Suppers*），還有露絲・雷舒爾（Ruth Reichl）、瑪莎・史都華（Martha Stewart）、伊娜・加藤（Ina Garten）、史凱・金格爾（Skye Gyngell），以及茱蒂・羅傑斯（Judy Rodgers）。我貪婪地吸收他們的智慧，為他們選擇的食材和巧妙的搭配著迷，甚至在做白日夢時想像我要怎麼做出這些菜、怎麼上菜，吃的人又會有什麼感受。

發現員工可以打折之後，我很奢侈地買下一本嬰兒食品書。為了讓這筆錢花得值得，我很快實際動手做。我把家裡菜園種的南瓜蒸熟放進爸的食物處理機打成泥，再用細網篩過，變得又細又滑。之後還嘗試了各種不同的口味，從蘋果、新鮮菠菜、胡蘿蔔、西洋梨到甜菜根都有，把新鮮水果泥跟傑姆不喜歡的蔬菜混在一起。嬰兒食品簡單好做，盡我所能讓傑姆吃到最新鮮的食物也感覺很好。童年時期，食物讓我覺得自己受到疼愛，我希望他也有同樣的感覺。我決定每天跟他說我愛他，彌補自己從沒聽過這三個字的遺憾。我要把最好的、把我的一切給他。希望他吃到這些簡單純粹的水果泥會知道我有多愛他。

10. 自食其力

到廚具專賣店兼差是我第一份餐館以外的工作（除了兩次跟爸大吵之後我憤而跑去找其他工作，但時間都很短，最後又被他勸回來），感覺很不一樣，工作也很愉快，既能跟食物保持連結（但少了在餐館工作的狼狽混亂），又有機會能在獨立自主的環境下成長（沒有爸在旁邊使喚我）。我是所有女性員工中年紀最輕的，工作能力卻不輸其他人。因為熱愛烹飪，加上從小就在廚房工作，所以對很多廚房用品和器具跟其他人一樣熟悉。只要是跟廚房有關的事，我學習起來就輕鬆自然。我在那裡擴充知識，仔細摸索各種桌上型器具、裡頭的精密零件，還有機器運作的方式。技術上的細節使我想到廚房裡的無限可能，不再只侷限於印在我腦海中有如刺青的家常簡餐。我雖然喜歡這份工作，但時薪十美元再扣掉我難敵誘惑買下的折扣商品，週薪實在少得可憐。要靠這筆收入養育傑姆絕對不夠，我勢必得找其他方法賺錢。

＊＊＊

我對酒保的工作一無所知，而且二十一歲生日才過一個月我就懷了孕，所以甚至沒有太多喝酒的經驗。但我倒是替我爸和他那群朋友調過不少次伏特加通寧和開過無數罐啤酒，所以酒保的工作會有多難？若不是那家外燴公司急需找人，就是我的三腳貓技術不算太糟，所以才讓我找到一份週末到喜宴或藝廊開幕酒會顧吧檯的工作。我學會調幾種簡單的雞尾酒和開香檳的方法（有一次軟木塞直直打中我的眉心，之後我很快就學會開香檳的「錯誤」方法）。這份工作為我帶來豐厚的收入，尤其是當賓客逐漸放鬆、每喝一杯就豪邁地丟下小費的時候。有時我一個晚上賺的錢跟我在爸的餐館工作一整個禮拜賺的錢一樣多。但我喜歡這份工作不只是因為錢，從廚房送出來的食物也令我興奮。簡單，直接，經典，但又有些小巧思使我眼睛一亮。蟹肉餅配辣醬和用萊姆汁調成的大蒜蛋黃醬；牛里肌搭配少許辣根調味的法式酸奶；胡桃南瓜千層麵配油炸鼠尾草和濃郁的帕瑪森醬；用醃漬香料、新鮮檸檬汁和辣椒片醃過的蝦；摻入波本威士忌和巧克力甘納許的胡桃派。等結婚蛋糕切完、吧檯最忙的時間過去之後，我就有機會偷吃幾口剩下的食物，有時甚至能拎著包了錫箔紙的小份量食物回家。

有天下午，我們到洛克港的遊艇俱樂部布置吧檯，在鋪了平整潔白的亞麻布的桌面擺上酒杯。我把空的塑膠杯架堆放到廚房的角落時，感覺到周圍的氣氛不像平常準備時那樣輕鬆歡樂。只見幾名廚房人員團團圍住結婚蛋糕。

「我開在一號公路上，前面的王八蛋突然切換車道，我一煞車，蛋糕就滑了下去！」其中一名員工正在解釋來龍去脈。蛋糕滑到塑膠保冷箱的後方，一邊凹了進去，露出裡面的黃色蛋糕體，裂縫滲出檸檬醬。不知所措的氣氛瀰漫空中，只見大家轉著底座上的蛋糕搔頭摸耳，苦思該如何挽救眼前的突發狀況。

「你們有多的糖霜嗎？」我從圈圈的外圍問。一名廚師急忙跑去翻一個大保冷箱，從裡頭抓出用透明塑膠盒裝的奶油糖霜放到我前面的桌上。糖霜放在保冷箱裡已經變硬，所以我拿起來用雙手抱住，加速回溫。

「那有蛋糕抹刀嗎？」這次兩名廚師開始翻找他們帶來的一箱箱器具。

「沒有，沒有蛋糕抹刀。」

「我可以看一下嗎？」對方點點頭。「幫我拿著，」我對一名廚師說，把手上的奶油糖霜交給她：「雙手抱住，溫度可以加速它軟化。」

我伸手去翻塑膠箱裡的廚房用具。裡頭有數不清的攪拌器、金屬湯匙、削皮器、便宜的水果刀，還有夾子。沒有蛋糕抹刀。但最底部有支木頭把手的三明治抹刀。雖然不完美，但還堪用。我順便拿了一支金屬湯匙，先放在溫水底下沖一沖再用乾淨抹布擦乾，然後拿給捧著奶油糖霜的那名廚師。「看看能不能用這個把它拌鬆，盡量到可以攪動的程度，能變光滑更好。」我下達指示。溫熱的湯匙能把已經凝固的、糖霜裡的奶油軟化。

她忙著喚醒糖霜的同時，我開始著手補救蛋糕。先用指尖小心把被壓壞的碎屑剝掉，然後用三明治抹刀把滲出來的檸檬醬輕輕刮掉，基本上就像在清理傷口。接著，我把剛剛剝掉的蛋糕碎屑填入裂縫，阻止檸檬醬繼續流出來，再將周圍被壓亂的糖霜刮平，蓋住剛剛填入蛋糕碎屑的裂縫。雖然有點醜，但至少內餡不會再流出來。還有補救的希望。塑膠盒裡的糖霜已經變得柔軟滑順，我用刮刀挖了一些塗在補好的凹洞上，用糖霜一點一點把凹陷填平，直到它恢復平滑完整為止，最後用刮刀沾沾水將表面順平，腦中浮現我用媽媽幾年前送給我的蛋糕裝飾組練習的技巧。蛋糕恢復完整，幾乎像新的一樣。我從一盆花卉擺飾摘下兩朵芍藥，拔下幾片花瓣撒在蛋糕上，掩飾無法完全修復的瑕疵。危機解除，廚師們都對我刮目相看。

有人注意到我的廚房功力，因此我在外燴公司的工作很快從酒保變成幫忙出餐，包括準備上面擺滿香檳葡萄和麵包小點的起司拼盤，還有用可食用花朵裝飾端在托盤上傳送的開胃小點。重返廚房我竟然有耳目一新的感受，而且這次是用不同觀點看待我熟悉的廚房。我彷彿腦中突然被點亮，發現食物不只可以美味可口，也能賞心悅目。也許，當年我用金蓮花裝飾龍蝦堡其實不像爸說的那麼無聊愚蠢。我也因此體認到，料理帶來的喜悅和自由很多都來自於創造美感。

忙碌的夏季到了尾聲，外燴公司舉辦一年一度的慶功宴，租下當地一家小餐廳犒賞員工「撐過了今年夏天」。雖然是為了慶祝，但我並不想去。員工都很年輕，年紀跟我差不多，但我跟他們有什麼共同點？他們都二十幾歲，只是來暑期打工，或是放暑假回老家趁空檔找點事做，或是為了賺點零用錢。他們不是單親媽媽，不用趕回家照顧哭鬧的小孩，不需要在沙拉和主菜之間的空檔衝到洗手間擠奶。他們眼前還有大好人生等著他們，可以做自己想做的事，去他們想去的地方，做他們選擇的工作。他們擁有我滿心渴望的自由。慶功宴上我跟他們能聊什麼？但內心深處我很清楚，待在家裡絕不可能克服我的不安全感。所以最後我還是懷著忐忑的心，勉為其難去參加。

那天我好不容易照著路線找到地點，順利把車停好。後座沒有嬰兒，感覺很不習慣。天知道我有多久沒有純粹為了玩樂晚上出門。那家小餐酒館座落在卡姆登這個濱海小鎮一條靜悄悄的街上。黃昏時分從街道上看過去很不起眼，但我看到裡頭有人影在移動，像在召喚我走進去。不安全感讓我心裡忐忑，甚至猶豫該不該進去。我伸手去握門把，掙扎片刻之後門鎖鬆開，我才慢慢推門進去。裡頭溫暖又舒適，陣陣麵包香和炒洋蔥香從開放式小廚房飄散出來。燈光柔和怡人，酒吧用巨大的南蛇藤乾燥枝幹裝飾，背景播放著輕快的爵士樂。興高采烈的同事用熱情的擁抱跟彼此打招呼，同時小心避免把手裡的飲料灑出來。

晚餐開始時，我們的員工把十張小桌子全部坐滿，大家聚在一起在閃爍的燭光下談天說笑。我跟旁邊的人都不熟，但置身在這個迷人的空間裡卻不知不覺放鬆下來，手裡端著一杯紅酒，之前的忐忑不安都消失無蹤。好大人的感覺。確實，周圍很少人知道被迫長大是什麼感覺，但他們卻在這裡跟我一起享受我嚮往的一切：美妙的音樂；蓋過音樂的開心談笑聲；在喝酒、說笑和互動中流逝的時光。不只是我需要從換尿布和帶小孩的日常生活中短暫抽離，這也比在餐館後面用廉價啤酒把自己灌醉更好。而且從頭到尾感覺如此真實，給人無比的滿足。

甜點送來就意味這個完美的夜晚將近尾聲。雖然已經過了好幾個小時，但結束時卻彷彿只有一眨眼——表示派對辦得很成功。我面前是一片烤得金黃閃亮的反轉蘋果塔，旁邊附一小團鮮奶油。我挖起一口鋪滿水果的薄片送進嘴裡，眼睛自然而然閉上。柔軟，香腴，濃郁，焦糖味，奶油香，層層堆疊，那是我嚐過最美味的食物。或許是因為紅酒，或許是因為想感覺自己像大人和真正活著的渴望。我開心，亢奮，深受鼓舞。就算待會回到家得擠出母奶扔掉也值得了。

一個禮拜後，我還念念不忘那一晚的美好回憶，無法不去想那間餐廳還有它帶給我的美好感受，渴望能再次體驗那種喜悅、溫暖，還有人與人的親密互動，那晚的美食就更不用說了。只要閉上眼睛，反轉蘋果塔化在口中的滋味又會浮現。於是我鼓起勇氣去應徵那晚貼在門上的服務生工作，希望可以不斷重溫那種美好的感受，也能趁冬天賺些小費。

餐酒館不比小餐館，我發現我得戒掉一些太過隨便的服務習慣。像以前那樣面帶微笑把盤子往桌上大剌剌一放是鄉村風格，過不了關的。有些高級餐廳的規則我聽都沒聽過。比方一律從左側提供服務，從右側收拾餐具。絕不能過早收盤子，要等到全桌都用完餐點才收。千萬不能問「您還在用嗎？」這聽起來就像在趕客人，應該讓客人慢慢享受。吃甜點時切忌把鹽和胡椒留在桌上。以前我們不用一道一道上菜或重新擺放餐具，也沒有區分吃沙拉、正餐和甜點的叉子。

不只服務方式讓我眼睛一亮，食物也是。麵包是每天現做的新鮮麵包，酸麵種養在玻璃罐裡，平常放在涼爽陰暗的櫥櫃裡儲存。跟我們餐館用的商業麵包形成強烈對比，我們都把麵包放進保溫箱，旁邊放一杯水，幫麵包保溫保濕。還有讓我留下美好回憶的反轉蘋果塔，後來我知道那是把榲桲切片在酥皮上排一圈，然後淋上濃郁的焦糖烤成的——跟消化餅派皮上面加奶油槍擠出的發泡鮮奶油差很大。還有口感軟嫩的屠夫牛排[4]，焦香軟嫩上桌，吃的時候澆點鍋邊肉汁，搭配均勻裹上大蒜和香草的香酥馬鈴薯。每次送這道菜我都會流口水。熱騰騰的長柄鍋裝的緬因州淡菜點綴幾束香草和幾滴萊姆也一樣誘人。

但也不是全部都好到像在作夢。我在食物中發現的美和滿足也要付出一點代價。主廚都叫我「翠絲」這個聽起來很像脫衣舞孃的暱稱，不叫我的本名。而且每次稱讚我都會明目張膽摸一下我的腰或屁股或下背。「你棒透了。」他會說。他喜歡大口喝龍舌蘭，不然就是油嘴滑舌開黃腔，好像管不住自己的嘴巴，常讓我覺得噁心或不舒服。聽了那麼多年我爸那些損友對我開的黃色笑話，我學會了直接把錢收下，感謝你得到的工作，不去理會那些話，這樣比較簡單，也比較不尷尬。但要做到並不容易。

我一個禮拜去端五個晚上的盤子。有生以來第一次賺的錢足夠買一冰箱的食物、尿布，還能請一個鐘點保母在我工作時來幫我照顧傑姆，甚至租下一個自己的小空間。以前我從沒自己住過，青春期住家裡，大學跟室友住宿舍，後來又搬回家跟爸媽住。所以能在貝爾法斯特的老房子租下一層公寓對我來說意義非凡。客廳鋪了硬木地板，大片陽光從古老的凸窗灑下來。廚房是黑白兩色的棋盤地板，還有兩套半衛浴，一臺洗衣機，一臺烘衣機，以及兩間寬敞的房間，剛好一人一間。我重新粉刷牆壁，大部分漆成白色，傑姆的房間則漆成舒服柔和的淡黃色。我把懷孕期間為傑姆畫的絨毛兔水彩畫裱框掛起來。在他的書架上擺滿書，在放玩具的籃子旁邊的角落鋪上舒服的地毯，放一張搖椅。我用我知道的方式盡我所能把這個房子變成我們的家，到處增添一些小小的點綴。我把一束束催過花的連翹插進大花瓶，擺在已經砌成磚牆的古老壁爐臺上；在廁所裡放手織毛巾和香香的透明洗手液；自己縫簡單的枕頭套，為我們的床和沙發增添些許品味；存錢買亞麻窗簾掛在面向街道的窗戶。我對自己一點一滴建立的生活感到自豪，覺得自己的人生總算有了希望，不再只有恥辱。傑姆出生時我就跟他保證，我一定會讓我們母子脫離我自掘的墳墓，為他打造一個更好的世界。如今我實現了對他的承諾，而且是用我所知最好的方式作為起點，那就是建立一個家。

4 此處原文為hanger steak，俗稱「屠夫牛排」(butcher's steak)，因肉質軟嫩，過往屠夫都會保留給自己吃。

11. 木屑和光滑的地板

湯姆漸漸成了餐酒館的常客。熱鬧的平日晚上，他偶爾會來坐在吧檯前喝幾杯葡萄酒配開胃小點，但更常週末來喝琴酒類的雞尾酒，之後再來客三分熟的牛排配薯條——還有更多酒。有時候跟朋友一起，但多半一個人，而且每次都會想辦法跟我搭訕，即使服務他的人不是我。他喜歡問東問西，閒聊時總能問出一些簡單的資訊，比方我排哪幾天班、住在哪裡、開什麼車、喜歡什麼音樂。他個子不高，肯定不比我高，腳下穿的木鞋甚至還有增高效果。一頭濃密的金褐色頭髮，以四十六、七歲的男人來說應該算很幸運。他待人親切，笑口常開，而且笑聲很好認。餐酒館每晚都充斥著談笑聲和響亮的音樂聲，儘管如此我還是聽得到他的朗朗笑聲。聽到那個笑聲，我就知道他又來了。通常還沒看到他的人就會聽到他的聲音，這時我就會提醒自己：「皮繃緊。」

有天晚上，他在酒吧坐得比平常久，慢條斯理地啜著酒保奇普幫他特調的最後一杯雞尾酒，邊跟其他幾個還沒走的本地常客閒聊。我在用餐區擦已經清空的桌子，收拾燒光的蠟燭，雖然走來走去卻仍能感覺到他在看我。我抬起頭，跟他四目相交。我禮貌地微笑，有點不自在，回頭繼續收桌子，但仍然感覺得到他盯著我看。那個眼神令人不知所措。我對他一點意思都沒有，難道他對我有意思？太奇怪了。我只想把這件事拋到腦後，不去管它，不想再覺得渾身不自在。再度抬起頭時，看見他就站在面前，我不由一驚。

「哦，嗨！」我嚇了一跳。

「我不是故意要嚇你的。」他呵呵笑：「只是想跟你說聲晚安，謝謝你們的美味餐點。很高興又再見到你。」他又笑。

「我也很開心見到你。」我對那天晚上的每個客人都這麼說：「謝謝光臨，晚安。」

他又對我笑了笑就轉身離去。我繼續打掃，心裡卻忍不住覺得我們的互動很怪又不自然，我搞不清楚他究竟是想跟我搭訕，還是純粹只是個年紀跟我爸一樣的好好先生。我決定把他當作一個無害的人，還開玩笑地告訴自己，就算他對我窮追不捨，除非性命攸關，我才會選他。

地板拖好，錢都點清，小費分清楚，杯盤餐具也都擦亮以備明晚使用之後，員工聚集在後方角落的桌子一起簡單吃個飯，清掉今晚剩的餐點。有幾片三分熟屠夫牛排，一些根莖類蔬菜泥，冷掉的孢子甘藍，還有淋太多芥末醬的萵苣葉。我盛好盤子，正拿著一小杯白酒要坐下來，電話就響了。大家都暫停動作，你看我、我看你，等著看誰先讓步，願意行行好走去接電話。電話響個不停。

「別起來，我去。」我聲音沙啞地說。我穿過小廚房走去吧檯附近放電話的地方接起電話。

「晚安，謝謝來電，這裡是法蘭辛——」

「艾琳嗎？」

「是……」呵呵笑聲從電話另一頭傳來，我一聽就知道是他。

「我是湯姆。嘿，我好像把皮夾忘在餐廳，你可以幫我看看嗎？」雖然也太巧了，但對我來說還是很有說服力。我不想把真的可能只是一時疏忽的小事看成某種預謀。但腦中不免浮現一些疑問：他是故意要引起我的注意嗎？他對我有意思嗎？我對他完全沒那種想法也沒興趣，光想到要是真的得當面拒絕他，我就開始緊張不安。假裝沒事顯然比較不尷尬，也能掩飾我的不自在。

我跟他說我去看看，請他稍候。我扯嗓問奇普有沒有看到皮夾，他邊吃東西邊大聲回我皮夾在收銀機上面。我把答案轉達給湯姆。

「太好了，」他說：「嘿，我記得你說過你住貝爾法斯特，會不會你剛好順路，能幫我把皮夾帶過來？」

我頓了頓。這個要求並不過分。我確實住貝爾法斯特，開車將近要三十分鐘，所以如果他得繞回來拿再回家實在麻煩，而且我也真的順路。但要把皮夾送到他家，我心裡還是有股說不出的不安。「夠了，艾琳，他不會對你怎樣。」我告訴自己。我打開皮夾查看他的駕照。照片上的他直視著我，又是那個讓人不自在的眼神。我感覺到他在電話另一頭的呼吸。他身高不到一七〇，棕色頭髮，藍色眼睛，比我大二十一歲。現實生活中的他似乎比較高，但或許是因為他穿著我覺得很怪的Dansko男款木鞋。他並不特別有魅力，但人很和善，而且看他的住址確實離我的公寓只隔幾條街。我再次說服腦中的雜音用不著擔心。他能夠對你怎樣？少固執了，就幫這傢伙一個忙，把該死的皮夾送還給他。

「呃，我大概還得半小時才能走，但差不多一個小時內能幫你把皮夾送過去。」

「那就太好了。我住珍珠街上的那棟黃屋，車庫上面的那層公寓。那我等你，很期待能再見到你。感激不盡，艾琳。」他輕笑著說。

「別客氣，湯姆，」我說，雖然不確定這樣是好是壞，但沒表現出來：「待會見。」我掛上電話，回去吃冷掉的晚餐。回到座位上我把那杯白酒一飲而盡，對著好奇的同事說：「我待會把皮夾送還給湯姆，他住的地方離我家不遠。」

「小心他餓虎撲羊！」其中一個女服務生咯咯笑。

「他不會怎樣，」我告訴她，也在心裡這麼告訴自己，但還是有點火大：「他媽的，沒酒了嗎？」

我把老舊的咖啡色皮夾丟到副駕駛座上，感覺它一路上都在盯著我看。我在心裡跟自己爭辯，也跟坐我旁邊的皮夾爭辯。

你到底想幹嘛？

每次你那樣看我，我就會臉頰發燙，渾身不自在。

別往自己臉上貼金，人家對你才沒興趣。誰會對你有興趣。

他媽的，到底有什麼大不了！閉上嘴巴專心開車。

三十分鐘的車程，一路上我都在說服自己他沒有惡意，不會對我怎樣，而我也不是笨蛋，還有人家對我根本沒意思。打死我都不相信有人可能看上我，因為我眼中的自己不過就是一個年輕的單親媽媽，一個誤入歧途的人，一個把自己搞得一團糟的女生，不可能有人願意愛我這樣的人。外面有更多更簡單也更吸引人的選擇。開到我住的公寓那條街，我先繞一圈查看狀況，從窗戶看到傑姆房間已經關燈，可見他已經睡了；客廳透出電視的閃爍光線，表示保母艾美也好好的，正耐心等著我下班回家。我左轉開上珍珠街，放慢速度尋找那棟黃屋，伸手去拿旁邊的皮夾，重新查看一遍住址。

有了，車庫上面的公寓，裡頭燈還亮著，他正在等我。我把車停在路肩，打空檔，擺明我只是把皮夾交給他就立刻要走。我走上臺階到門廊敲門，等人來開門，沒回應。我又敲一次，還是沒回應。我知道他在家。燈亮著，還隱約聽得屋裡的音樂聲。好吧，我盡力了，正要轉身回車上，門就打開了。

「嘿！你找到了。」他站在門口，滿面笑容。我盯著他看了片刻：「非常感謝你特地送過來。」

「哦，小事……我是說我就住附近，很順路，別在意，一點都不麻煩。」我阻止自己繼續解釋為什麼真的不麻煩。

「要不要進來坐坐？家裡有酒，如果你想喝一杯的話。」

「哦，不了，謝謝……我車子沒熄火，我得回家看兒子了，保母還在家等我。」我把皮夾塞進他手裡就轉過頭，快步走回車上。「抱歉我先走了！相信很快就會在市區見到你。希望你喜歡今天的晚餐。那就晚安了，湯姆。」我沒給他機會回答，就算他有，我走得太急，也聽不到他的聲音。我甩上車門把車開走，不到兩分鐘就回到家。我坐在車上思考片刻：要是我進去坐會發生什麼事？以為人家對我有意思，感覺有點太自大。

我從外套口袋拿出今天晚上賺的小費，算了五十元準備待會給保母。今年二十三歲的單親媽媽，身邊跟著不到兩歲的兒子，在餐廳端盤子，前途一片黯淡。在我眼裡，這樣的我毫無魅力可言。

我愈來愈常遇到湯姆。這畢竟是個小鎮，到哪都難免會遇到認識的人。走在街上、到貝爾法斯特的消費合作社排隊買咖啡、在漢娜佛德超市買東西，我們都會遇到對方，當然還有餐酒館。他還是常來喝他愛的琴酒雞尾酒，點三分熟牛排配薯條，還有盯著我看。時間久了我也習慣了，在他面前不再那麼彆扭。我不覺得他想傷害我，甚至對我有興趣，或許只是一個中年男子對二十幾歲女孩的非分之想，但也沒真的當作一回事。有一回他跟一對母女一起來店裡，我從他們的對話推測那個女的應該是他的女朋友。我鬆了口氣，彷彿這證明了我之前的懷疑全都是自己的胡思亂想。他不過就是人還不錯的中年男子，沒什麼不良企圖，也沒有想要「餓虎撲羊」。之後他來店裡我面對他的時候自在多了，還能跟他有說有笑，在消費合作社遇到他也能輕鬆聊上幾句——因為他是個好人，是我想太多了。我們現在算是熟人了，甚至說我們漸漸成了朋友也不誇張。所以某個禮拜天晚上他邀我去他的公寓吃個便飯時，我自然就答應了，因為這就是朋友之間會做的事。

那天晚上艾美準時來家裡照顧傑姆。我從廚房低調地給了傑姆一個飛吻，不想刻意強調「嘿，媽咪要出門了喔」。他坐在客廳地上滿足地玩著木頭火車，沒注意到我要外出。

「我不會太晚回來。如果你需要幫助，我就在這條路過去沒多遠的地方。」我走路經過幾條街，再度來到珍珠街上的那棟黃屋。這次我一敲門他立刻來開門。門打開時，我看到他腳上穿著襪子，手裡拿著抹布，還有他的眼神。

我走進他的套房公寓，只見裡頭一塵不染，閃亮的木頭地板光滑無比，好像才剛上過蠟，地上鋪了一張超大的東方地毯。整組藤編家具看起來很舒適。幾張看似古董的小茶几。牆上一幅特大號的現代畫，畫中是一支巨大的火柴。空氣中飄送著西莎莉亞·艾芙拉演唱維德角爵士樂的柔和嗓音，聲音從書桌上一臺小巧的Bose音響流洩而出。這房間如此井井有條，如此成熟，完全不像我想像中獨居男性的家。至少不是我這個年紀的男性。這提醒我他跟我的年齡差距有多大。差了二十一歲。我脱掉鞋子，擺在他整齊排成一列的鞋子旁邊。低頭看到自己腳上的破襪子，我暗自後悔自己沒穿好一點的襪子出門。

房間的另一邊是個開放式的小廚房，有張鋪了厚木板的中島，上面擺了火光閃爍的燭臺，兩個酒杯，一瓶白酒恰如其分地擺在上面。

「晚餐就快好了，先來這兒坐坐，放鬆一下。」

我踩著糟糕的破襪子慢慢滑過閃亮的木頭地板，拉開中島前的一張吧檯椅。湯姆繼續準備晚餐，在瓦斯爐和中島之間來去，邊切菜邊跟我聊天。他把長柄鍋放在文火上，先停下來開酒才又回頭繼續攪拌鍋子，中間還在砧板上切了一點紫洋蔥。他幫我把酒斟滿，慢慢把酒杯推往我的方向。「乾杯。」他看著我的眼睛說，但沒舉杯。我又開始覺得不自在。他笑的時候一雙藍眼睛會往上吊，讓我想起我爸的眼睛。他的年紀比我大一倍，都可以當我爸了，但他人很和善，這點就跟我爸不一樣。我被這間乾淨又很大人的公寓吸引。他用Bose音響播放的爵士樂，以及用紅蔥頭和義大利香醋從頭做起的油醋醬也深深吸引著我。

「乾杯，」我也說：「謝謝你邀請我來。」我喝了一大口。「要我幫忙嗎？」我禮貌詢問，希望他分派我工作，在廚房裡有事做感覺比較自在。但他搖頭輕笑，轉頭去顧爐火上的帕瑪森起司碎片，之後又停下來給自己倒了一大杯酒。他把酒杯湊近嘴邊，直視我的眼睛片刻才又放下杯子，然後伸手去拿菜刀繼續做沙拉。

「所以今天晚上你把兒子送去哪裡？你說他今年幾歲了？」他努力要跟我閒話家常。

「九月就滿兩歲了，保母在家裡陪他。他真的很喜歡艾美，艾美對他很好。他也常回去跟我爸媽作伴，他們住自由鎮。但今天晚上我就在附近而已，找艾美來比較方便，我才不用再開車來回。」我愈說愈遠。

「自由鎮？你在那裡長大的嗎？」

「很不幸，是的。」我哈哈笑，接著又說：「但現在搬來貝爾法斯特這個大城市了。」他也跟著笑。

「自由鎮有什麼不好嗎？」

「沒，只是那裡除了一間雜貨店、一間加油站、一家農機行、一間小餐館外，什麼都沒有。」他聽了當然又哈哈大笑。

「嘿，那間小餐館不錯，」他說：「我去過。」

「真的？那是我爸開的，我基本上是在那裡長大的。你在那裡用過餐嗎？」

「有一次，以餐館來說挺不錯的。」

「你什麼時候去的？」我問，一半是為了找話聊，一半是因為我想知道我們是否見過對方。

「哇，很多年前了。我帶我女兒去找朋友一起吃早餐。雖然說是早餐，我朋友卻吃了牛肋排。」

那一刻我才發現以前我就見過湯姆。早在卡姆登的餐酒館之前，早在他盯著我看之前。某年某月的禮拜六，我曾經在爸的餐館服務他。我之所以記得那麼清楚，是因為那天跟他一起吃早餐的朋友。那個人名叫唐．法克斯，每個禮拜六早上大概都在九點出現。九點出現是有道理的，因為他知道星期六中午的牛肋排特餐當天早上約七點就送進烤箱，要用低溫烤上四個小時。如果他九點左右抵達餐館，就能請負責早餐時段的爺爺把還在烤箱裡的牛肋排切下第一片給他，那樣牛排就會很嫩很嫩卻又不至於血淋淋。每個禮拜六早上，唐．法克斯都像時鐘一樣準時來報到，享用他的超嫩牛肋排早餐，每次都坐同一張吧檯椅，一口氣把整塊肋排吃光光。那塊肋排大到垂下盤子邊緣，所以端的時候你得慢慢走，免得把上面的醬汁灑出來。一看到他那輛閃亮耀眼、別上自選車牌的紅色貨車開進來，我們就會著手準備他的牛排、淋上法式沙拉醬的附餐沙拉、一碗豌豆，還有一杯橘子汽水。他每次都會給五塊錢的小費，很大方，因為早餐平均一份也才三點九五元，一杯咖啡才九十分。那在早餐時段是一大筆小費，大家都會搶著要。而那一個禮拜六我搶贏了，由我負責招待唐。但奇怪的是，那天他不像平常一樣坐吧檯的位置，反而走去做靠牆的雅座。

他滑進雅座之後，我問：「早安，唐，一切都好？」

「很好啊，只是有兩個朋友要來找我。你今天早上都好嗎？看起來美呆了！」他露出一口白牙，衝著我笑，語氣輕佻。

朋友？賺到了！我暗自竊喜。光這一桌我就能賺到十五塊錢，就算得忍受唐今天早上那些讓人不舒服的話也值得了。我已經十七歲，就快要正式開始輪禮拜六的班。我抓起唐的橘子汽水連同裝了冰塊的紅色大塑膠杯和吸管送過去。因為滿腦子都是豐厚的小費，我一時忘了他不用杯子或吸管也不加冰塊。他直接在我面前扳開汽水，咕嚕嚕豪飲起來。他有一頭亂蓬蓬的灰金色長捲髮，就算十一月也穿著短褲和涼鞋。我還真沒看過他穿長褲或包腳鞋，即使冬天最冷的時候也是。他只會把貨車停進停車場之後讓車空轉、暖氣開著，然後俐落優雅地下車跑進餐館，回程時也一樣。真的很扯。

唐的朋友抵達時我很意外，跟我想像的完全不一樣。加入他的不是兩個大男人或一對夫妻，而是一個男人和他的小女兒。我不知道唐認識有小孩的人，或是會喜歡小孩。他自己沒有小孩，所以看到他跟小孩一起吃飯感覺很怪。小女孩大概六、七歲大，一頭金髮金到泛白，眉毛也是。她點了法式土司，她父親點了半生荷包蛋加培根、炸馬鈴薯和全麥麵包。她的父親就是湯姆。六年後我會在卡姆登的餐酒館再次見到他，這時他已經離婚。他會讓我覺得奇怪又不自在，但也會莫名其妙跟我變成某種形式的朋友，而此刻我正在他的公寓與他共進晚餐，就我們兩個人。我不禁好奇，我們是否曾在生命的其他時刻擦肩而過，而這是不是我們注定要相遇的神奇預兆。

他用還算不錯的綠色蔬菜做了一道沙拉，加些酪梨、沙拉醬和他剛剛做的帕瑪森起司碎片放進碗裡攪拌。我的酒已經見底，他又替我斟滿，隨時確保我的酒杯永遠是滿的。我漸漸放鬆下來，再度打量著這間一塵不染的公寓，享受著美酒和音響傳出的美妙旋律，以及沒有兩歲大的小孩在旁邊的悠閒晚餐。我記不得最近一次有人為我做燭光晚餐、跟我一起喝酒說笑是什麼時候，因為從來沒有人這麼做過。這對我來說是全新的體驗，我漸漸陶醉在這種成熟大人的互動中。神經逐漸放鬆，話題源源不絕。我們談了小孩，談了食物和餐廳。兩人慢慢吃著沙拉，啜著紅酒，來回問對方問題，但隻字未提他的女友。

「我突然發現我連你做什麼工作都不知道。」我說，輕鬆地笑。我知道他開一輛貨車，因為車就停在院子裡。我還知道他跟唐・法克斯是朋友，而法克斯在本地有片砂石場，所以我猜想他可能在幫市府工作、幫忙剷除道路積雪，或是開大型機具。他給我的印象像是做這類工作的人。

「我在造船。」他說，口氣有點謙虛。

「船？哇，我怎麼猜也猜不到！什麼樣的船？」我問，對船一無所知。湯姆伸手去拿酒，把第一瓶剩下的幾滴酒倒進我的杯子。

「先把酒喝光，待會去散步我再帶你去看。」我沒答腔，只是咧嘴笑，真心感到好奇。此刻的我覺得自信，還有平靜。仰頭把酒喝光之後我又看看湯姆，接著就跟著他滑向前門，他伸長了手，抓著我的外套。我有可能有那麼一點點被他吸引嗎？還是我只是被燭光、油醋醬和打過蠟的地板吸引？

我們步下山坡往市中心走去，一路上有說有笑。到了大街再繼續沿著人行道走，街尾是死路，再過去就是港灣。但還沒走到底，湯姆就抓住我的手一轉，拉著我穿過幾輛車走到羅莉（市區一家酒吧）的前門。

「進去喝一杯嗎？」他假裝問我意見，但沒等我回答就帶我走進長形酒吧。前面一排吧檯椅坐了一半人，快到盡頭我們才停下來。他扶我坐上一張木頭旋轉椅之後才在我旁邊的位子坐下。這間酒吧我來過，而且來過很多次，小時跟我爸和我妹一起來的。爸偶爾會帶我們來這裡，給我們一串二十五分硬幣（總共十元），放我們去玩小精靈遊戲機，他就可以坐在吧檯痛快喝啤酒。我們要是餓了，他就會給我們幾角去買椒鹽脆餅，酒保還會用拿來調螺絲起子的柳橙擠些新鮮柳橙汁請我們喝。長大之後我就沒再來過這裡。

湯姆給自己點了一杯琴通寧，然後停下來等我點酒。其實從達到合法飲酒年齡至今，我還沒去過酒吧，對自己應該點什麼毫無概念。但我想像得到我爸數不清有多少次一路走到這間酒吧，坐在這裡愜意地握著手裡的伏特加。我不喝伏特加，但那天晚上卻喝了。我把一品脫透明酒精加果汁和冰塊上擠幾滴檸檬的調酒喝到一滴不剩。

「再給她來一杯。」湯姆豎起手指對酒保示意。於是我又喝了一杯。等我用吸管把調酒喝光光之後，他去付了帳。在面前的收據上簽完名之後他把筆往旁邊一丟，拉起我的手把我牽下吧檯椅往前門走去。時間已經很晚，街上黑漆漆又靜悄悄。空氣涼爽，哈哈笑時我看得到我們呼出的白霧。我雙臂交叉，抱住自己保暖。湯姆並肩走在我旁邊，我們往港灣走去，轉進最後一條小巷之後又搖搖晃晃走了一下。他在看似車庫的建築前停下來，從口袋掏出一串鑰匙，在鎖上轉來轉去試了一下門才打開並邀請我進門。裡頭一片黑但很溫暖，有新鮮木屑的味道。那股暖意讓我的身體隨即放鬆下來。我站在黑暗中，深吸幾口木頭的香氣。即使在黑暗中都能感覺到這個房間很大，聽湯姆伸手去摸電燈開關，手中一串鑰匙叮咚響所發出的回音就知道。他打開日光燈，我眼前一黑，適應光線之後我發現自己站在一艘巨大木船的船頭下。船身好壯觀，像鯨魚美麗的腹部，用一條條顏色斑駁的寬大木板包起來。我從沒看過這樣的東西。那種自然原始、未經雕琢的美使我精神一振。我走上前，伸出手觸摸，動作小心翼翼，彷彿那是一隻活生生的巨大動物。我沿著船身慢慢走，撫摸它的下腹，感受它的每條弧線和紋理。湯姆默不作聲跟在我後面，過了幾分鐘才打破沉默。他告訴我有天它會變成一艘船，還有他為了打造這艘船付出的心血。

「來從上面看看。」他說，拉起我的手走上一道簡易樓梯，爬上巨大的船身周圍一圈窄小的工作檯。我們站在小艇工場的二樓俯看巨大的船身。從上面這個角度看，只見一個空空的木頭外殼。「有時候我會一個人來這裡，然後這麼做。」他說完就脫掉鞋子，小心踩著船身的邊緣，然後身體一低，從內面的圓弧牆滑進空蕩的船腹。「來啊。」他慫恿我，舉起手伸向我，示意我下去加入他。我也脫掉鞋子學他滑下去。我們就這樣默默躺在彼此旁邊，躺在船身的木頭骨架之間，呼吸著新鮮木頭的芬芳。我閉上眼睛，任由雙手在周圍漫遊，探索木頭的紋理，揉碎指間的新鮮木屑。伏特加和葡萄酒讓我醉茫茫，這種前所未有的感覺讓我飄飄然。我愛上了這個味道，愛上了這件宛如藝術的巨大木頭作品，而且是有天會漂浮在大海上的藝術作品，是湯姆靠著雙手從頭打造的作品。他的手掠過我的手，兩人雙手交纏。我開始覺得頭暈，因為酒精，因為滑下船身，因為躺下來閉上眼睛，也因為我對躺在旁邊的人漸漸有了不一樣的感覺。房間裡很熱，部分是刻意要讓木片變乾硬，部分是因為我喝了太多酒，但主要是因為我知道自己現在對湯姆有了感覺。

「我得透透氣。」我放開他的手，從船底下爬出去。

我們搖搖晃晃回到街上，往各自的公寓走，最後一次在他的住處停下來。我喝醉了，小艇工場的氣味和帶給我的新奇感受讓我整個人輕飄飄。恍惚之中我想：說不定我甚至對這個人動了心。我不再對他充滿戒心，不再介意他的年紀、身高、笑聲，或是他穿的具有增高效果的木鞋。那天晚上當我不知不覺走進湯姆的房間時，我就像踏進了一個新奇的未知領域，一個我從沒想過自己會去的地方。那種感覺混亂，突兀，尷尬，卻又有點刺激。如此陌生，失序，失控。我不記得最後自己走路回家，但隔天早上在自己的床上醒來，我知道一切都已改變。

12. 不凋花號和炸雞

天亮之後，一切都變得不同，但我們假裝一切如常。湯姆沒有從此不來餐酒館，反倒比以前更常來，但他跟我都沒有對外公開我們心裡的祕密。我對他就像對待一般客人，維持他一貫的形象，但會偷偷多倒些酒給他（不多算錢），或在音樂播放清單裡偷塞一首歌，回味我們共度的那個夜晚。他愈常來，我們就有愈多機會見到對方，重新確認那天在我們之間迸出的火花。此外，我們也依舊常在不同地方巧遇，甚至故意安排「巧遇」，表面上看似不期而遇，其實不是。我們跨過一個灰色地帶並陷了進去。我們之間發生的事難以否認，但要分析究竟是怎麼一回事卻不簡單。我們只是朋友嗎？還是情人？要繼續見面嗎？還是那天只是一時的放縱？

我不敢讓人知道是有原因的。一方面是因為我不知道這段關係會走到哪裡，但主要是我總覺得怪怪的。他年紀比我大很多，即使我已經成年，內心有一小部分還是會責備自己這樣很不像話。但我不去理會理智的聲音，不去理會他有女朋友的事實，也不去理會告訴我這樣做不對的所有一切，因為這段關係有太多我喜歡的東西——有人照顧我的感覺，而且對方還有自己的事業和一間舒適的公寓。而且坦白說，這種不正常的關係自有它吸引人的地方，我難以抵抗它的誘惑，愈是不可告人愈覺得刺激。

我們愈來愈常、也漸漸習慣一起過夜，即使湯姆還有另一個女朋友。當他感覺到我遲疑或退縮時，就會一再向我保證他會跟另一個女人分手。但一切都要等他最後一次帶她去佛羅里達度完假之後。他說那是他很久之前就跟她一起規劃好的旅行。

「艾琳，那是頭等艙機票，我不能就這樣放棄。我跟她已經吹了，但沒道理要我浪費一筆已經花出去的錢。」當時我們的關係才剛開始，我連質問他都不敢。我們在一起才一個月左右，我憑什麼告訴他該怎麼做？

所以他照樣去度假，跟她膩在一起喝酒、游泳，在泳池邊消磨時間。有幾次他偷溜出來打電話給我，語氣聽起來很雀躍。他在電話另一頭壓低聲音，跟我解釋他喝多了，畢竟他正在度假，只是想放鬆一下，或許也能壯壯膽，跟她攤牌時更有利。他承認他故意找她麻煩，強化他們在一起不快樂的事實。「別擔心，都結束了，回程我們坐不同班機。現在只剩我們了，就你跟我。」

我算是某種贏家嗎？贏得了湯姆全心全意的愛。但我不覺得自己在奮力爭取他的愛，我奮力爭取的是生活，一種從我懷孕那一刻起就彷彿被無情剝奪的生活。我想打造那樣的生活，為了自己，但更多是為了傑姆。我開始夢想我可以為我們——我們三個人——建立的生活。裡頭有擺設漂亮家具、整理得乾乾淨淨的家；一張沙發罩了白色椅套、配上精美的靠枕；一張特大號東方地毯；牆上或許掛了幾張賞心悅目的畫作。我幻想家裡的冰箱滿滿都是我們喜歡的食物和可以讓我變出一桌好菜的食材，還有有機雞肉，我可以在上面抹奶油，裡頭塞蒜頭和香草。一大碗一大碗的新鮮水果任你吃；高級的有機果汁，各式各樣的點心，像是用漂亮玻璃罐裝的法式優格，甚至還有上面浮著一層油的昂貴堅果醬。最棒最棒的是，那裡會有安穩的生活，還有愛。這些都是我虧欠傑姆的，無論如何我都要為他爭取到那樣的生活。

即使已經沒有另一個女人夾在中間，我跟湯姆仍然沒有公開我們的關係。他雖然已經跟她分手，卻改變不了他年齡比我大一倍、幾乎跟我爸差不多的事實。就算不用再欺騙，但欺騙帶來的罪惡感還是揮之不去。開車到市區時，湯姆會要我低頭彎身，免得被人看到我坐在副駕駛座。我也不疑有他，心裡知道我確實很像在做壞事。我們會盡量往城外跑，以免撞見認識的人。週末他帶我到波特蘭，找市區最好的飯店過夜，上最高級的餐廳吃飯。到堡壘街餐廳吃生蠔和炭烤小羊排；到賓特里夫餐廳（現在的灣岸美式餐廳）吃當地最美味的鹹牛肉炒馬鈴薯塊和水波蛋。我們的年齡差距在異地感覺沒那麼強烈，但有時還是會被迫想起來。

有天晚上在堡壘街餐廳，我們側身走進吧檯用餐時，吧檯領班問我：「你確定你的年紀可以來這裡？」他沒有看我的證件，但不經意拋下「我是湯姆的女兒」這句評論。這句話無傷大雅，我跟湯姆還笑了。我心想如果我們能一笑置之，或許事情就沒那麼糟。

要維持我們之間毫無關係的假象需要花力氣，而且會彈性疲乏。我們愈走愈近，相處起來也愈來愈自在。我常帶傑姆去湯姆家，傑姆也跟他愈來愈熟，開始直呼他的名字。我知道傑姆遲早會在我爸媽面前無心說出「湯姆」這個名字，到時就會露出馬腳。我已經厭倦在市區躲躲藏藏，厭倦欺騙家人和朋友，厭倦掩飾這段關係，也厭倦了自己像在做壞事但其實只是想把生活過好的感覺。我是個成年人，做出了要跟湯姆在一起的成熟決定，無論這個選擇是對是錯。

因為要跟湯姆一起過夜，所以我把傑姆送去爸媽那裡，星期日早上很晚才開車去自由鎮接他。那個六月的早上天氣特別暖，我跟媽一起坐在後面露臺的遮陽傘下納涼。她問我要不要喝咖啡，我禮貌地拒絕了，一來天氣太熱，二來我已經緊張到狂冒汗，因為正在思考要怎麼告訴她我跟一個年紀比我大一倍的男人在一起，而且已經隱瞞他們將近四個月。她幫我帶傑姆的時候，我其實都跟湯姆在一起卻沒對她說實話。我像個青少年一樣對她說謊，心裡有鬼。說謊是因為我打從心裡覺得自己做錯事。不想坦承這段關係雖然還有其他原因，但我不想對任何人承認事實，尤其是我自己。

我們坐在陽傘的陰影下，看著爸開著拖拉機慢慢越過田地，傑姆坐在他腿上。

「你們昨天晚上玩得開心嗎？」我問媽。

「很開心啊。你爸做了什錦炒菜，我們還到小木屋那裡野營。」小木屋就位在爸媽的農場上，裝了紗窗，我跟妹妹夏天有時會去那裡「野營」，感受一夜沒水沒電的原始生活，就像在冒險。「那你呢？」

「還不錯。」我輕描淡寫帶過，免得說漏嘴，透露了細節。我知道我得勇敢面對這個難題，告訴她實情，但我甚至連提都不想提。不行，我得把心裡的話說出口，不能再繼續瞞著她。

「媽，我認識了一個人，正在談戀愛。」

「我知道，」她毫不遲疑地說：「湯姆。」

「什麼?!你怎麼會知道？」我想不通但也鬆了口氣。

「記得母親節那天我們帶傑姆去契思吃早餐，在那裡遇到他？」她問。

我當然記得，那是我跟湯姆計畫好的。他知道我會在那裡，所以我們就假裝巧遇。我趁機把他介紹給媽，說他是我的朋友，常來我工作的餐廳用餐。我邀請他坐下來跟我們一起喝杯咖啡，他也這麼做了。

「那天我看到他看你的眼神。」她還告訴我另一次我不知道的事件。那天她下班後跟幾個朋友到當地一家墨西哥餐廳喝瑪格麗特，湯姆跟唐．法克斯正好走進來坐在吧檯前。湯姆認出我媽便故作輕鬆地走過去跟她攀談幾句。「你爸以為他對我有意思，在跟我搭訕，你知道，但我不認為是這樣。他問了好多你的事，直覺告訴我是你的緣故。當媽的就會知道。」她頓了頓：「再說傑姆也提過幾次他的名字。」

我有點難為情，但都比不上鬆了口氣的感覺強烈。我把祕密說出口了。我終於對我最需要說出實情的人坦承了這件事。

「他到底幾歲？」她問。

我知道她在想什麼——他跟你爸年紀一樣大！這是事實。我已經準備好面對大家對我正在跟一個年紀大我一倍的男人交往的各種反應：我爸搖頭表示不以為然；我妹哈哈狂笑；朋友客客氣氣假裝認同。

我困窘地聳聳肩，然後惱羞成怒地說：「他媽的，那有那麼重要嗎？」

不凋花號是湯姆從頭打造的第一艘船。他二十出頭就展開這項大工程，那年我剛出生。這艘美麗的斜桁獨桅縱帆船有二十四呎長，骨架包上木板。湯姆當年在新罕布夏州森林的簡易棚屋下打造它時認識了他的前妻。後來他們生了兩個女兒，紀念兩人都很愛的一首詩。他們把這艘船取名叫不凋花，帶著兩個黃毛小丫頭航行佩諾布斯科特灣。但隨著女兒長大，他的第一段婚姻失敗，不凋花的全盛期也告落幕。它從此退隱倉庫，躲在一大片透明塑膠底下，蒙上灰塵，多年未再下水，即使港灣就在咫尺之遙。白色船腹透露著它對乘風破浪的渴望，船身的每片木板因為久未碰水而乾裂，長長的裂縫隱隱作痛。

我說服湯姆那年夏天駕船出海。到海上一定很好玩，船也能重新恢復活力。湯姆勉為其難答應，在某個氣候宜人的七月早晨讓它重回佩諾布斯科特灣。有好多天的時間船被綁在市區的碼頭邊，因為進了水而沉重地上下起伏。我們一天會來察看兩、三次，把不斷滲入空隙的海水抽出去，等木板吸了水鼓起來，自然就能阻擋潑灑進來的海水，那時我們就能駕船出海。湯姆不斷抱怨為了讓這艘船能夠下海要做各種麻煩的維修工作。「我們大可開心又輕鬆地開別人的船去玩，而且還比這艘好很多，何必為了它花那麼多力氣？」

我很驚訝他的反應，說得好像這艘船一無是處。對我來說，這艘可愛的小船代表了一部分的他和他的過去，既美麗又意義非凡，絕不像他說的那樣微不足道。但我因此明白，他從顧客和朋友那裡可以弄到更大更豪華的船，而不凋花號對他來說代表了一段他不一定想記住的過去。在湯姆眼中，這艘船不夠大也不夠豪華，不能用來炫耀。

船彷彿永遠不會吸飽水，密合每片木板之間的縫隙，沒想到這一天真的到來。看見船終於在市區碼頭邊開心得意地上下起伏，我竭力壓抑自己的興奮激動，怕湯姆會覺得太戲劇化。

「它可以出海了嗎？」我盡可能鎮定地問。

「這真的是你今天想做的事？」他問。

我強迫自己停頓片刻才回答，免得顯得太過認真急切。

「去嘛，一定很好玩，今天天氣那麼好。你準備船，我來負責食物。」他還來不及拒絕我，我就走上斜坡回碼頭。

那天是七月四日，佩諾布斯科特灣這裡風和日麗，天氣好得不得了。陽光燦爛炎熱，微風輕送，捎來每小時十五海里的鹹鹹海風，很適合航行。我們打算駕著不凋花號從貝爾法斯特順風直直航向對岸東南方的卡斯汀，大約只有十哩遠。湯姆為了這趟小航行忙了一整個早上，備好索具，檢查繩索，讓每張帆就定位。我則忙著準備食物，一邊幻想這一天的冒險之旅，一邊規劃我們要吃的東西：

炸雞。涼涼地吃，酥脆又多汁。就像我很愛的希區考克電影《捉賊記》（*To Catch a Thief*）裡，葛麗絲．凱莉有次拿給卡萊．葛倫吃的炸雞。我們可以直接從盒子裡拿出來吃，撒些馬爾頓海鹽，或拿在手中，讓它隨著嘩嘩破浪前行的小船吹點海風，再把它啃到只剩骨頭。

新鮮的夏季櫻桃。吃完鹹香酥脆的炸雞之後該來點甜的。我們可以把籽吐到船外，把梗丟到風中。

還有香檳。以嘶嘶冒泡、用來慶祝的飲料把食物沖下肚。高級的凱歌香檳。小瓶裝，這樣可以一人一瓶，船傾向一邊時也不會濺出來。

我在一個復古提籃裡裝滿我的夢幻食物，還往裡頭丟了幾條亞麻餐巾、幾瓶水、幾個許願蠟燭和一個打火機，以備不時之需。接著我把泳裝、牙刷和其他可能用到的過夜用品放進旅行袋，再把一條羽絨被、一條比較好的被單和兩個紅白花紋的靠枕塞進剩下的空間，純粹為了好玩。收好之後我走回碼頭，拖著我的戰利品走下陡峭的坡道。湯姆從底下突然蹦出來，看了一眼我帶的東西，一開始神情惱怒，隨即克制住自己，換上笑容問我這是在幹什麼。

「幹嘛帶這麼多東西？我們只不過要出海一天。」

「你看過《吉利根島》（*Gilligan's Island*）吧？」我開玩笑地說，明知道以他的年紀一定看過，而我這麼問只是在裝成熟。「我準備好了，跟瑪莎他媽的史都華一樣準備好了。」我帶著挑逗的笑容說，接著便跳上船，把我的靠枕擺在駕駛艙，再到底下把我帶來的東西放好。

我們在中午過後啟航，在港口就升起主帆，因為沒有舷外馬達只能靠風力推離碼頭。湯姆俐落熟練地在舵柄和帆之間跳來跳去，調整這調整那，控制船的方向，喝令我拉繩子或把繩子綁在繫繩拴上。我們順著水流把乘風穩健前行的不凋花號從泊船場駛向前方的開闊港灣。我急忙下去拿食物，這樣等一切穩妥就能在舵旁隨時開動。小船內部底下水聲洶湧，繞著船身外圍響，那聲音充滿活力，像怦怦跳的巨大心臟，我幾乎可以感覺到我們穿過港灣破浪前進。

我走上廚房和駕駛艙中間的樓梯，一路抓著欄杆保持平衡，因為船開始明顯傾向一邊。湯姆穩穩抓住舵，兩眼盯著迎風漲起的帆，然後稍微背風，製造無風的狀態。我們以迎風二十度角航行，船傾向一邊，水幾乎要從下甲板灌進來。風呼嘯而過，推著船前進，水花也愈濺愈高。我把籃子推進駕駛艙下側的彎弧，抬起身體挪到迎風面，在橡木欄杆旁坐下來，整個人彷彿騰空飛越眼前的腥鹹海浪。我愛死了這種感覺。

湯姆在我的左手邊，但因為船斜了一邊，感覺像在我的下方，只見他拉著舵好讓帆順利落下，完成之後才跳到我旁邊較高的地方。他在這艘自己從頭到尾打造的小船上是如此自信，沉著，專注，自在，平靜，全身散發著我從沒看過的光芒。我深深為之著迷。我從野餐籃裡拿出一瓶小香檳，撕掉上面的鋁箔紙，然後仔細解開周圍的鐵絲帽。我把酒瓶對著天空，輕輕用拇指扳開瓶塞，軟木塞啪一聲飛向旁邊的海浪。湯姆原本看著帆，聽到聲音轉過頭，笑著接過我拿給他的小香檳。我也為自己開了一瓶，同樣讓軟木塞飛到空中像在慶祝。我們停下來對看片刻，碰杯之後才乾杯。兩人高踞在欄杆前啜飲香檳，繼續航向卡斯汀。湯姆又回頭去查看帆，但我忍不住一直盯著他看。在這個波瀾壯闊的一刻，我比任何時候都要愛他，甚至覺得可以跟他共度餘生。

我們在四月某個涼颼颼的星期三下午結為夫妻。一切都決定得很突然。某個禮拜一早上，前一天剛請家人來吃復活節大餐，我們睡醒躺在床上感覺天不怕地不怕，或許昨晚喝了我做的檸檬甜酒還有點醉。悠閒喝著咖啡時，我們決定那個禮拜就去結婚。就這麼辦！

把這段關係輕描淡寫帶過再也行不通。打從傑姆用將近四歲的可愛童音高聲喊湯姆「爸爸」的那天起，我們的關係就進展到難以否認的嶄新階段。湯姆的女兒一個禮拜會來找他住一晚，傑姆聽過他們這樣叫過他很多次，不知不覺就學了起來。我們的關係因此變得真實，不再只是玩玩或可以有一搭沒一搭拖個幾年的短暫戀情。我跟湯姆所做的事造成的影響比我以為的還要深遠，而「爸爸」兩個字讓我認清了眼前的現實。我所做的每個決定都會影響傑姆。身為他的母親，我所做的每一個大大小小的決定都會牽動他的世界。我的戀情已經不像一開始那麼簡單，而負責任的做法就是讓它成真，變得長長久久、光明正大。再說傑姆滿喜歡湯姆的，而湯姆對他也還不錯。我去上班時，湯姆不會主動說要幫我帶小孩，週末時也寧可我把他送去給我爸媽照顧，這樣我們才能獨處，但對我來說這很正常也沒什麼不對。我希望我們三個能組成一個東拼西湊的現代家庭。我希望終結內心長久以來的恐懼：傑姆缺少了我一直認為他需要也應該得到的父親角色。

去年夏天湯姆就跟我求過婚。某個禮拜六晚上我結束外燴工作回到家，他拉著我走去碼頭。我們登上兩年前他第一次帶我來看而如今已經完成的小船。那次是我們第一次共度夜晚，那一晚的經驗使我至今想起伏特加和蔓越莓汁都會噁心想吐。他帶我走下已經完成的空間，讓我坐進紅木駕駛艙，那就是當年這艘船還是原木空殼時我們滑進去的地方。他單腳跪下來跟我求婚，把一只古董鑽戒套進我的手指。他承認他為了這只戒指考慮很久，一開始兩手空空走出珠寶店，繞過轉角走進一家市區酒吧喝了兩杯馬丁尼才大著膽子走回店裡。我答應他的求婚。我們本來就決定要結婚，但直到這一刻才決定起而行。結婚這件事讓我有種可以完成一件人生大事的感覺，填補傑姆童年的一大空缺。

我們約好午休時間到市政府會合，送出申請結婚證書該準備的文件，整個過程出乎我意外的快速又簡單，跟我想像中三兩下就結束的賭城婚禮一樣。我們打電話找了個律師來為我們證婚。完成。此外我們還需要兩名證人，所以前一晚我打電話請爸媽來幫忙。完成。

「明天你們可以過來一趟嗎？」我問我媽。

「當然可以啊。什麼事？」

「我們要結婚了！」

她沉默片刻才緊張地笑笑說好。相反的，我爸聽到消息立刻說好，湯姆愈來愈得他的緣，因為他們兩人有共同的交集：喝酒。一、兩杯雞尾酒下肚，兩人之間的氣氛就會變得輕鬆歡樂起來。他們還會拿彼此年紀差不多卻是岳父和女婿的事開玩笑。

我穿上衣櫥裡唯一一件乾淨沒起皺的衣服：一件J.Crew的綠色素洋裝，高度剛好落在膝蓋上。我事先快速沖了個澡（快到我甚至沒想到要刮腿毛），所以頭髮還有點濕。更年輕的時候我作過有關婚禮的噩夢，每次在夢中我都匆匆忙忙，來不及做好準備。夢中的我每次步上紅毯，頭髮都還是濕的。

但這是真實生活，唯一能結婚的時間感覺只有責任和工作的空檔。雖然沒做好準備，但生活就是如此。我沒把眉毛拔乾淨，手邊唯一的睫毛膏已經放太久乾掉，所以算了！我把過期的睫毛膏丟進垃圾桶，刮出剩餘的唇膏塗在嘴唇上，用剩下的乾裂粉餅刷刷臉頰上點色彩。套上我唯一的一雙高跟鞋，小心走下我們在聯邦街上跟朋友一起租的房子的古老樓梯（沒裝欄杆）。我很少穿那麼高的高跟鞋，所以每走一步都很緊張，只能一步接著一步慢慢走，從頭到尾扶著牆壁。終於踩到地板時我鬆了一口氣，慶幸自己沒摔下樓，慶幸我沒剛好在今天摔斷腿，因為我的天啊，今天是我的大喜之日。

所有人聚集在灑滿陽光的客廳，遠遠可見一小片港灣。除了我跟湯姆，還有我爸媽跟五歲大的傑姆。他穿著唯一的一件卡其褲，興奮地在房間裡跳上跳下，多半是因為爺爺奶奶竟然會在星期三的下午出現。婚禮辦得匆匆忙忙，跟親朋好友缺席的事實一樣無可否認——包括我妹、湯姆的女兒，還有他那邊的親友。

我爸媽坐在客廳的沙發上，傑姆在他們兩人中間扭來扭去。我跟湯姆站在角落窗邊，律師站在我們中間，唸著白色列印紙上的結婚誓詞。我感覺到自己熱淚盈眶，淚水靜靜淌下我的臉頰。那個平日下午，我穿著綠色洋裝，頭髮還濕濕的，站在我們租來的房子的客廳裡。我因為一切太過匆忙而緊張不安，但同時也很開心，因為或許我沒有一敗塗地，雖然我年紀很輕就當了媽媽，雖然小孩沒有爸爸，但或許今天我終於彌補了自己犯下的錯誤。

我一把鼻涕一把眼淚，鼻涕跟淚水一樣洶湧，所以律師說的話都變得一片模糊。這時電話鈴聲響起，律師停下來，讓這一天又多了一個敗筆。

「媽咪，接電話！」傑姆尖聲喊，從爺爺腿上跳下來跑向電話，好像要去接。

「噓，噓！別接！」我輕聲喊他。我們怔在原地，任由電話整整響了四聲，之後終於停了。

「看來不是要打電話來阻止你結婚的，湯姆。」律師開玩笑說。大家都緊張地笑了。我的腦袋突然清醒，聽見他說的最後一句話：「現在我宣布你們結為夫妻。」我先擦去鼻涕和眼淚才跟新郎接吻。就這樣，我們完成了終身大事。

之後沒有喜宴，沒有舞會，也沒有結婚蛋糕。該死，我們甚至沒有交換戒指。大家只有圍坐在餐桌前用零散的杯子喝凱歌香檳，杯子還是我媽很有先見之明在來的路上特別去超市買的。我跟湯姆打算開車到波士頓過一夜當作度蜜月，把傑姆交給我爸媽照顧。在路上我們打電話給我妹和幾個朋友，告訴他們我們剛剛做的事，之後又到處打電話問高級餐廳還有沒有空位。吃完晚餐我們住進市區最豪華的飯店。湯姆喝了太多琴酒，甚至沒親吻我、跟我道晚安就睡死了。

13. 避風港？

我跟湯姆最後買下了我們舉辦婚禮的那棟房子。我們戲稱這棟房子是「維諾哈芬」（Vinalhaven），一座離我們不遠的沿海小島，因為它的外牆是塑膠材質壁板（vinyl），又是我們的避風港（haven），甚至還有一小片海景。傑姆有自己的房間，還有很大的後院可以玩耍，此外還有空間能讓我種花種草。屋裡甚至鋪了閃亮的木頭地板，還有一張白色椅套沙發和幾個朋友留下來的別緻靠枕。我實現了過一般家庭生活的夢想，到了十一月這個夢想甚至更加穩固，因為法院通過了我們提出的收養申請，湯姆正式成了傑姆的父親。我覺得自己終於彌補了過去犯的錯，終於要開始把日子過好。但最能證明這一切的或許是我爸答應讓傑姆冠湯姆的姓，即使這麼做就不能替我們的家庭延續香火。爸點頭同意表示他也為我高興，為他的孫子傑姆．法蘭奇能過正常的傳統家庭生活而感到欣慰。

我們在新房子一起打造了無比美好的回憶。傑姆學會騎腳踏車，把我爸媽農場的雞蛋賣給過路客（跟我小時候一樣）。他掉了牙，牙仙子來把牙齒帶走。我們在這裡辦過無數次生日派對，到後院找復活節彩蛋。秋天我花很多時間種鬱金香，夏天種我買得起的繡球花。結婚紀念日我種下一小叢木蘭花。我用朋友留下來的割草機除草，把屋外的一小片草皮修得乾淨又整齊。秋天我跟傑姆把落葉堆高高再跳進去。下雪天我們鏟雪，堆雪人，玩雪橇，然後躲進溫暖的屋裡烤餅乾。我在襪子裡塞滿禮物，到院子修剪樹木，每年春天都等著後院的一大叢連翹開花，那就表示天氣就要轉暖，又可以到院子現摘成熟的高叢藍莓、草莓和大黃。我們從窗戶可以看到霧氣滾滾飄來或散去，帆船在海灣上飛馳。溫暖的夏夜我們在後院宴客。我會擺出戶外餐桌，在院子裡排放裝了蠟燭的寬口玻璃罐，用Weber桌邊烤肉爐烤羊排，用花園小徑縫隙大量冒出的三色堇裝飾沙拉，戶外喇叭放送著比莉·哈樂黛的音樂。我何其幸運，感激又慶幸自己辦到了，一切都會重上軌道。

我常在家下廚，也很享受為家人做飯。我為家人也為朋友下廚，而且永遠樂意在最後一刻下廚燒一桌菜，款待湯姆從外地來的客戶。有什麼事比參觀完小艇工場之後一起享用一頓暖心又暖胃的晚餐更有益談成生意？這也讓我感受到自己跟這段婚姻有所連結。湯姆喜歡炫耀賞心悅目的美食，喜歡炫耀他的年輕妻子。美食跟我在他心中都是奢侈品——他愈來愈視為理所當然的奢侈品。

結婚沒多久，湯姆下班之後愈來愈晚歸。常常餐具擺好了，蠟燭點了，音樂放了，雞也烤好擺好盤隨時能切來吃，卻不見湯姆回家。我打電話給他，沒接；傳訊息給他，沒回。這漸漸變成一種模式，我為此沮喪不已。他跑去哪了？為什麼不接我的電話？為什麼下班不會趕著回來，期待回到我為他打造的家？每次他晚歸，我都會問他去哪了。「在小艇工場」是他一貫的回答。一開始我相信他的話，但過一陣子便開始起疑。因此有天晚上，我不像平常一樣在廚房走來走去，為等不到他回家而心急，而是直接開車去找人。開到小艇工場時我看到停車場空蕩蕩，門已鎖上，燈也關了。他上班的時間很早，所以下班也早，通常下午三點半（附近的人都稱之為啤酒時間）員工就打卡下班回家。那麼湯姆跑去哪了？

我考慮要直接回家，睜一隻眼閉一隻眼算了。這是我人生中第一次建立了這麼穩固甚至完美的生活，我要一夕之間把它摧毀嗎？但這天晚上我偏偏不想這麼垂頭喪氣地回家。湯姆跟前妻生的兩個女兒一週有兩天會來過夜，今天他們也在家。一個十三歲，一個十六歲，一方面要適應爸爸的生活裡多了一個女人，二方面這個女人當他們的媽媽又太年輕，所以扮演繼母的角色對我來說也不輕鬆。我心想或許跟他們當朋友就好，即使我不確定他們想不想要。但我盡己所能把這個家凝聚在一起，絕不允許湯姆毀了這個家。我以為女兒來家裡住（次數愈來愈少，間隔也愈來愈長），湯姆會特別花心思陪伴他們。要是他珍惜跟女兒——還有傑姆跟我——相處的一點點時間，應該會在家才對。但這樣看來，他的世界有比這些更重要的事。

我把車開走，慢慢沿街找人，尋覓他的蹤影。沒多久我就看見他的車停在當地一間酒吧的轉角。我從窗外看到他坐在吧檯椅上，周圍坐著其他客人。他仰頭喝酒，跟旁邊的人有說有笑，天塌下來也不在乎。我坐在車上，隔著一條街看著他，努力想了解他到底在做什麼、為什麼在這裡、為什麼要騙我。我用手機打電話給他，觀察他的反應。只見他從口袋拿出手機，看了一眼就往吧檯一蓋，繼續灌酒。他坐在那裡悠哉悠哉，不為所動，毫不在意家裡有人在等他、倚賴他的關心。我怒火中燒，既憤怒又傷心。看來他寧可坐在吧檯椅上，獨自在這間骯髒昏暗的酒吧消磨時間，喝酒，身邊圍繞著閃爍的電視螢幕和啤酒招牌的霓虹燈，也不想回家陪伴家人。

我因為起疑跟蹤過他幾次，看出了他的一貫模式：上酒吧喝酒。不一定是同一間，但總之是酒吧。我不得不想，每次他找藉口晚歸其實都是去喝酒，他一直都在騙我。我很生氣，更覺得難堪。儘管如此我卻無法狠下心採取行動，因為那樣就等於承認我嫁給一個跟我爸一樣的人——一個酒鬼。

剛在一起的時候，喝酒感覺無傷大雅。晚餐一起喝杯紅酒，午餐來點啤酒，我把這當作一種浪漫。甚至連第一次去見我爸媽他都喝了幾杯琴酒「放鬆神經」，當時我覺得怪可愛的，這麼做也情有可原，畢竟是要見女朋友的爸媽，而對方又跟他年紀相當。吃完飯走出門，他噁心想吐跑去草叢，像個青少年。我媽對我使了個「這個人，你確定嗎？」的眼神。我不但不以為意，還把所有警訊推開，跟他一起喝酒。這麼做感覺比較正常，就像剛開始交往兩人之間還充滿火花時狂喝酒的約會。平日下班回家，我們會一起喝瓶白酒，而我渾然不知他踏進家門前早就到酒吧不知灌了多少酒。沒錯，早上他常先吞三顆止痛藥才起床，但他工作很有效率。沒錯，不久之前他酒駕被抓，在警局待了一夜，但那只是運氣背，大家多少都會碰到。

因為酒駕，他的駕照被吊銷幾個月，所以那期間都由我負責開車。我開車載湯姆去工作，載他女兒去上學，週末還得按照法院命令載他去上強制性的酒駕防制教育課。他討厭去上課，每次上完都會抱怨他有多厭惡上那種課，他跟其他酒鬼有多不一樣。我一直縱容他，替他找藉口，騙他女兒說他的車子壞了，或是他得早點去上班，所以改由我載他們去上學。我不願意承認擺在眼前的問題，因為我太在意自己努力建立的生活。我不願意承認他有酒癮，因為我不想要那樣的婚姻。於是我愚蠢地選擇否認，能拖則拖。我們放任彼此活在謊言之中，直到現實生活中只剩下衝突、爭吵和喝酒。

久而久之，湯姆愈喝愈凶。有一次他獨自前往墨西哥撒他父親的骨灰，喝了一晚的酒之後住進一家奇怪的旅館，他承認早上醒來時身旁有人。他跟我說他對自己的所作所為後悔又自責，但之後還是繼續失控，我也還是留在他身邊。他被捕過兩次，一次是酒駕，一次是喝醉之後在家對我動手動腳。雖然種種危險信號愈來愈明顯，他第一次被捕還是讓我措手不及。那天過了十二點他還沒回家，我狂打他的電話卻都轉進語音信箱。我愈想愈不安，很怕他出了什麼事，只好把已經熟睡的傑姆丟在家裡，開車到湯姆的小艇工場查看究竟。我看到他的貨車棄置在路邊，心裡又急又慌，繼續往前開希望能找到他，甚至招下一輛路過的警車，把湯姆的車丟在路邊、我找不到他的事告訴警察。

「嗯，我逮到他酒駕，帶他去警局做筆錄。今天他會在拘留所過夜，明天才會放出來。」

我的恐慌轉成困窘，但最令我心驚膽跳是他第二次被捕。那天他猛灌了一整天的啤酒、葡萄酒和琴酒，到了晚上兩隻眼睛發黑，變得空洞無神。我不認識那雙眼睛後面的人。我不認識那個把我推下椅子、抓著往家具摔、勒住我脖子的人。我不認識那個追著我在家裡到處跑的人，而我拚了命擺脫他打電話求助，謝天謝地傑姆在樓上睡著，全然不知發生了什麼事。警察趕到時，我感覺得到湯姆恨死我了，情緒完全失控。被銬上手銬帶走時，他口齒模糊地大吼大叫，撂下一堆狠話教訓我。警察把他推上巡邏車，他惡狠狠地一再吶喊我的名字：「艾琳！艾琳！艾琳！」聲音中的憤怒猛烈到連空氣中都感覺得到。我擔心鄰居會看到或聽到這場鬧劇，那樣的話我們的祕密就會洩露出去：我們的婚姻已經變成有毒廢棄物。這次事件對湯姆是一記警鐘，從此之後他不再碰酒。但那對我來說也是一記警鐘。我終究不得不承認，我以為自己在打造的童話其實是一場噩夢。

離開湯姆對我來說並不容易。一開始我跟傑姆繼續住在原來的房子。湯姆因為對我動粗，警方對他下達自動禁制令，所以他被迫搬了出去。幾個月後禁制令過了時效，湯姆想再搬回家住。現在他已經清醒，但我不確定自己想不想要他回來。我在沮喪消沉的情緒中掙扎抵抗，手頭拮据也壓得我喘不過氣。外燴工作是季節性的，薪水不多，我還沒有能力養活自己。餐酒館的全職工作幾年前我就辭了。我受夠了主廚的不當行為和他跟女員工的關係。我不讓他得寸進尺，所以他也不讓我好過。但他跟我妹的關係才是逼得我憤而求去的最後一根稻草。妮娜跟他牽扯不清讓我覺得受辱，我因此辭了工作。剛開始我會拉她進來是因為她亟需一份工作，心想這是我們姊妹能一起工作，甚至修補兩人的關係、拉近彼此距離的好機會。沒想到好景不常。我想保護她，甚至提醒她主廚習慣對女員工毛手毛腳，但妮娜顯然不在乎自己的行為可能造成的後果或傷害。最後她把我的班都搶走，豐厚的小費當然也都進了她的口袋。我覺得被出賣，有這樣的妹妹讓我感到可恥。因為辭職，我的銀行帳戶少了一大收入來源，我跟妮娜的姊妹關係也破裂長達兩年。我沒有能力自己付房貸，也租不起房子。幸好我跟湯姆一點一點修補破碎的婚姻時，有個朋友答應讓我借住她家車庫上面的小公寓。

白天我做結婚蛋糕賺點錢（每次想到都覺得諷刺），晚上跟湯姆輪流換地方睡覺，雖然他向我保證絕不會再碰酒。我睡家裡的時候，他就睡我朋友的公寓，或是反過來，一切都是為了避免傑姆一下子失去家庭生活。這樣的分居最終會走向哪裡，誰都不知道。

分居四個月期間，湯姆要面對各種不同的情緒考驗。不只要對抗我離開他的打擊，同時也得努力保持清醒。他陰晴不定，情緒起伏很大，一下對我發怒，威脅要拿走一切，逼迫我跟他回家，一下又苦苦哀求，答應要給我全世界。「你想要什麼？小狗？孩子？新車？不管什麼我都答應你！只要你跟我回家。」甚至包括他曾經發誓絕不可能妥協的事，例如戴婚戒或養狗，即使他一直不諱言他有多討厭動物。這方面的明顯差異多年來讓我們吵過數不清的架。

但一直分居下去也不是辦法。避著湯姆讓我筋疲力盡，況且我也沒有足夠的經濟能力養活自己。另一方面，家裡也不支持我。我爸說得愈來愈白，一直要我聽湯姆的話，想辦法解決問題：「回去找你丈夫一起想辦法。自己惹的麻煩自己收拾，不要他媽的只想到自己。你敢毀了你兒子的世界試試看。想辦法解決！」我雖然不認為回到湯姆身邊對所有人一定是最好的選擇，但無論如何我都無法眼睜睜看著自己做的決定再次摧毀傑姆的世界。我別無選擇，只能回去。我要回去收拾自己惹出的麻煩，設法挽回我破碎的婚姻。

14. 重重焦慮

這段婚姻要能成功，雙方就得努力誠懇地再次地關愛對方、接住對方。但之前湯姆醉到自身難保，又怎麼可能接住我，現在他卻輕輕鬆鬆就能把我推倒。剛開始交往的新鮮感已經過去，如今只剩下荒腔走板的婚姻。我們不是一同成長，而是一起腐爛。信任打破了，彼此再難真心相待。回家跟湯姆住在同一個屋簷下，我有時會呼吸困難，感覺被困住，焦慮得不得了。先是胸口緊緊的，肺部壓縮，感覺像有一疊磚塊壓在胸口上，呼吸一次比一次急促，最後變成喘不過氣。這種狀況會發生在我跟他同車或我正在淋浴的時候。晚上在飯桌上或白天在廚房準備外燴工作時也會。只要它高興，焦慮隨時都會找上我。我無法預測那種感覺何時會浮現，一旦浮現我就彷彿被比自己更巨大的東西吞沒。我感到絕望，心情低落，一無是處，缺乏安全感。起床對我來說愈來愈難，睡覺也是。我們的婚姻一團糟，而我漸漸從裡到外反映出這個事實。

湯姆自己也在經歷蛻變期。他現在已經清醒，不再碰酒，不再欺騙我他去哪或跟誰在一起。他必須重新開始，用新習慣取代舊習慣。每天早上他都會去參加匿名戒酒會，下午下班就直接回家，避免途中又有衝動想溜進附近酒吧喝酒。酒精已經脫離他的生活，但我看得出來他時時在哀悼自己失去的日常儀式。下午四點整他會開始變得暴躁，芝麻小事都會讓他發飆，愈接近雞尾酒時間，籠罩他的焦慮就會愈強烈。這時他會開始找我麻煩，不斷說話刺我，或無緣無故對傑姆大吼。喝酒是他放鬆的方式，能夠抒解他的壓力。沒有了酒，日常生活的壓力不斷悶燒，我們都逃不過它帶來的負面影響。有很多次我鼓勵他找個替代品，填補不能喝酒在他心裡留下的空缺。「去洗個熱水澡，或是跑步，看書。」我告訴他很多次。「沒那麼簡單。」他說。有時回家我會看到他拿著吸塵器在吸牆壁，或趴在床底下清灰塵、拚了命拖地，或是按照顏色和大小把傑姆的樂高收進小盒子。湯姆一向很愛乾淨，所以家裡不能養寵物，因為他想到動物會把家裡弄亂就討厭，但看到他愈來愈誇張，我不禁擔心他會不會有強迫症。他緊張、急躁、憂鬱，而我也好不到哪去。

我的憂鬱已經無可否認，如今焦慮的烏雲每天都像大霧籠罩著我，影響了我的工作、我身為母親該做的事，還有我的喜悅——其實我已經毫無喜悅，只剩下絕望和焦慮。但我仍然繼續為新娘製作結婚蛋糕，把結婚營造得有如童話故事一樣浪漫美好。

有時候工作到一半，正在塗抹一層又一層檸檬醬，把香草蛋糕堆疊起來再抹上第一層奶油糖霜時，我會想：你沒有資格用一雙悲慘的手去碰別人的結婚蛋糕。我常懷疑自己婚姻中的不幸會不會滲入這些純淨無瑕的蛋糕，害吃下第一口蛋糕的新人蒙受厄運。他們吃得出來我在自己的婚姻裡有多不快樂嗎？從蛋糕周圍的花邊裝飾感覺得出來嗎？他們會不會看得出來，就像從我凹陷的雙頰和睡眠不足的黑眼圈看出我的憂鬱？或是從我沒打好的奶霜，以及顫抖的手試圖把奶油抹平卻滑掉而弄髒的痕跡看出端倪？我用柔嫩的花瓣點綴這些瑕疵，遮住不完美的地方，但願當他們切下層層鋪滿我的焦慮的結婚蛋糕時，不會有人受傷。

我的醫生坐在一張有輪子的小椅凳上，在我坐的桌子和他放電腦的檯前滑過來滑過去，輸入各種資料，包括我的身高、體重、血壓和體溫。他一一記錄我敘述的身體狀況，從頭到尾沒看我一眼。我劈哩啪啦說出自己的各種症狀，包括胸口緊到喘不過氣、失眠、快樂不起來、早上沒有起床的動力、絕望、不安、晚上磨牙、肩頸硬得像石頭。他背對著我默默打字，我穿著醫院長袍躺在沙沙作響的白紙上。他問我這些症狀從何時開始，此外就沒說話。他用雙手按壓我的腹部，又推又戳不知在找什麼；我躺在床上把自己在婚姻裡的挫敗和日復一日的痛苦掙扎告訴他。他把手移到我的長袍底下，冰冷的手指繞著我的乳房畫圈尋找腫塊。最後他判斷我的症狀是因為一時的狀況而起，寫下一堆處方之後交給我並向我保證：「這些應該就能幫你度過難關。」診療過程前後花了十五分鐘。我穿好衣服走出門，不由得納悶塞在我後口袋的處方究竟如何解決我在家裡面對的問題。

我走進藥局，準備把剛剛拿到的處方交給櫃檯。離我上一次走進藥局已經將近十年，那一次是為了拿擦痘痘的處方藥。我很少吃藥——他媽的，我連頭痛藥都沒在吃。我把白色處方籤放在櫃檯上，推向店員。

我在來德愛連鎖藥局等了三十分鐘，在走道上逛來逛去，翻雜誌，往小籃子裡塞滿零零碎碎的商品。衛生棉條，美白牙膏，一瓶我大概永遠不會用的指甲油，一罐看來值得一試的晚霜，還有一包M&M花生巧克力。我抱著購物籃坐在等候區，用全自動血壓計免費量血壓，納悶為什麼這裡會賣酒和香菸。不對，等等，這裡是藥局兼藥妝店，我懂了。

最後我拿到三個用釘書機釘起來的白色紙袋，附上厚厚一疊說明書，指出用藥須知、副作用和多到難以消化的資訊。看起來很多，但當我撕開紙袋並把說明書丟掉之後，裡頭就只剩下三個裝著不同藥丸的橘色小塑膠罐。一瓶是每天晚上吃的安眠藥，一瓶是治療憂鬱並希望為我找回起床動力的樂復得，最後是滿滿一瓶幫助我不再胸悶的贊安諾。有早上吃的，下午吃的，晚上吃的，能治療我的所有不適症狀。我把瓶子塞進包包收好，留到需要時備用。

那天晚上跟尋常的晚上沒兩樣。湯姆變了一個人，跟時鐘一樣準時，一到雞尾酒時間就開始焦躁。他又開始吸牆壁，吼傑姆去整理房間地上的樂高積木，責罵我沒摺衣服。每天洗一堆衣服對我不是問題，但衣服洗好我常丟著不管。看到一堆乾淨的衣服塞在籃子裡弄得皺巴巴，湯姆就會氣瘋，而且一定會讓我知道。他責備我沒在門口脫鞋子，沒把碗正確地放進洗碗機，沒把垃圾丟進對的垃圾桶，還有「太情緒化」。他罵我像在罵小孩，不斷細數我的各種小缺點，讓我覺得自己無知又卑微。腦袋清醒之後他開始喜歡在雞蛋裡挑骨頭。跟他住在一起變得像踮著腳尖踩在碎玻璃上，再微不足道的舉動都可能激怒他，他會用一連串責備組成的碎片懲罰你。無論我怎麼努力，他始終看不順眼。我感覺得到磚頭壓住我的胸口，肚子像塞了保齡球，老虎鉗勒住我的肺。但這次我有對抗它們的武器。難受的感覺浮現時，我伸手從皮包的拉鍊側袋拿出那瓶贊安諾。我打開蓋子，輕輕把一顆藥丸倒進掌心再丟進嘴裡，灌幾口水沖進肚子，然後靜待藥效發作。過了十五分鐘美妙的亢奮感才出現。彷彿有一張平靜的毯子蓋住我。湯姆繼續吸牆壁和對我大吼：「我告訴過你擦電視有專用的抹布，不要用別條！」但覆蓋住我的「我才不在乎」的迷霧淹沒了他說的話。他不再讓我痛苦，我覺得什麼都打不倒我，我可以呼吸了，感覺好得不得了。現在我有武器抵擋他用來刺痛我的話了，一顆隨手可得的小藥丸就能搞定。我覺得自己終於漸漸奪回生活的掌控權。

第三部　展望

Prospect

15. 三角形磚樓

大街一〇八號的那間房子以前是銀行，已經空了很多年。總共三層樓，熨斗形狀，哥德式風格，座落在貝爾法斯特市區，黑漆漆閒置在市場上將近五年，等著有人來為它注入新生命——也等待著價格調降。我幾乎每天都會留意牌子上的售價，開車經過時想像著如果它是我的，我要怎麼改造它。有時我會坐在郵局廣場的長椅上，邊喝咖啡邊盯著那棟三角形磚樓。我在腦中想像過無數次。我要在一樓開間小餐館，簡單而溫馨，擺幾張舒適的桌子。玻璃窗前是一長排鍍鋅吧檯，對著大街，客人可以坐在這裡啜飲普羅賽克氣泡酒，享用起司拼盤、裝飾著可食用花朵的沙拉，甚至一、兩顆冰鎮生蠔。桌上的小花瓶插了鮮花，幾個大玻璃瓶裡插了細長的樹枝，例如開花的連翹或榅桲。燭臺閃爍的火光映照在牆壁的古董鏡上，我播放的輕快爵士樂穿插著慵懶的木吉他歌曲在房間裡飄送。我會送上水煮鵪鶉蛋當作酒吧小點讓客人自己剝殼再沾點芹鹽來吃。然後用現擠果汁拌入香草糖漿和適合的酒來做雞尾酒。這一切在我腦中歷歷如繪，每次想到，我都有觸電的感覺。我打從心裡知道，這個地方應該會發生特別的事。

這棟建築的二、三樓是寬闊的公寓，可以從一樓的木頭長梯走上去，這道木梯剛好把樓下空間一分為二。我想像我們一家三口住在樓上。雖然我從小在餐廳長大，很清楚繁忙的餐廳工作會如何偷走一家相聚的時間，而這些年來我爸對我們的冷淡態度仍然是我心中的痛，但我忍不住想：假如我們就住餐廳樓上，我就能隨時陪伴在家人身邊。我不要傑姆過我以前的那種生活。我可以陪著他又能工作賺錢，同時也能扮演好母親的角色，甚至還能趁空檔跑上來哄他入睡。關鍵是在那棟美麗的磚樓裡達成我所有的願望。可能性微乎其微，但我好像就是不願意任由現實妨礙我作夢。

步入三十歲對我來說是一大刺激。這個數字迫使我停下來反省自己前三十年的生活。我開始思考自己來這世上三十年究竟完成了什麼事，也開始對其中一些事感到不屑。沒錯，我拿到高中文憑，申請到大學之後搬去波士頓，後來退學又搬回鄉下老家，二十一歲就懷孕又被甩，獨自生下一名男嬰。我當過服務生、廚師和酒保，跟我當初計畫的醫科之路相差十萬八千里。後來我雖然結了婚，至今卻還在努力挽救我的婚姻。停下來回顧我至今的人生，整體來看我不由懷疑起自己存在的價值。我的心渴望完成更多事，我難以否認但還無法確認是哪些事，只覺得心中有股渴望蠢蠢欲動，想用自己的雙手從頭打造一樣東西與人分享。我不斷探索能釋放這股壓抑已久的能量的方法和出口，發現我的每個想法都有一個不可否認的公約數，那就是食物。我想過要把一臺老露營車改成加高的餐車，賣炸魚薯條配自製沾醬（當然要放上金蓮花裝飾）。就像我爸以前開著節慶車到鄉下市集擺攤賣炸物賺外快一樣。或是在那棟我念念不忘的夢幻市區磚樓開一家正式的餐廳。無論是哪一種，都跟食物脫離不了關係。

湯姆沒有阻止我對那棟建築懷抱夢想。自從我們的婚姻觸礁（距今還沒有很久），我們的關係就翻轉過來。從我們在一起至今，這是他第一次急切地想討我開心並認真考慮我的願望和夢想。他感覺得到我愈來愈遠，開始期望只要迎合我、在我面前展現他所做的努力，或許就能把我留住。於是他再次丟出也許能釣我上鉤的誘餌。告訴我你的夢想。你想要那棟房子？開一家餐廳？他希望只要滿足我的渴望，就能把我留在身邊。因為如此，繼續作夢對我來說感覺是正確的事，能為我們幾乎無望的婚姻保留一絲美好。嘗試新鮮的事物，或許是挽回我們感情的一個方法。

我跟湯姆都沒有能力買下那棟房子，更何況是馬上湊出頭期款。屋主不可能會認真考慮把房子賣給我。我能夠實現夢想的唯一希望，就是去向那對外地來的屋主夫婦提出有創意的請求，為他們畫出烙印在我心裡的藍圖。我寫了封信毛遂自薦，邀請他們來家裡共進午餐。

我擬出一份簡單的菜單，用心準備每一道餐點：新鮮甘藍葉做的青醬義大利麵，辣芥菜沙拉拌粉紅色的紅蔥香醋和還沒被霜雪凍死的最後幾片食用花瓣，飲料是不甜的順口粉紅酒（湯姆喝聖沛黎洛礦泉水）。我們邊用餐邊客氣地交談。接著，在我端出烤得香氣四溢、油亮酥脆的法式蘋果派之前，我開始對他們訴說自己的理念。我告訴他們我有個天真爛漫的夢想，那就是租下二樓的公寓，來實驗創新的賺錢方式，期望有天能跟銀行談成貸款，買下整棟房子。在那之前，如果他們願意把房子租給我，我就有地方能慢慢起步，投入時間實驗我對食物的想法。我打算利用這間公寓廚房來試做食譜，實驗有天可能會在樓下開賣的料理。每個禮拜去尋找可以用來發揮的新食材，禮拜六晚上就把公寓的客廳改成飯廳，邀請朋友來試吃我的料理。我向他們表達自己有多喜歡這棟房子，也會用心維護這個空間。

他們說需要一些時間考慮我的提議。經過幾個折磨人的禮拜，我終於收到他們的答覆。他們說那天下午在我臉上看到的神情，讓他們想起自己的女兒。多年前，他們的女兒也是這樣懇求他們買下這棟房子，跟她一樣滿懷熱情。後來他們幫助她買下房子，讓她在那裡開一家小咖啡館，把全副心思投入這家店，供應麵包糕點、自製冰淇淋，還有貝爾法斯特這座小鎮的第一杯濃縮咖啡。女兒的店後來沒成功，或許我的也會一樣，但夢想就算幻滅也不表示我們應該停止作夢。我的懇求帶著滿腔熱血，翻轉了他們原本的思維，因此他們願意把公寓租給我。只要付合理的租金外加幾個小條件，二樓公寓就是我的了，全部屬於我一個人。一片可以讓我盡情揮灑的空白畫布。

通往二樓公寓的老舊木階每爬一階就吱嘎作響。樓梯間黑漆漆，味道像我喜歡的那種布滿灰塵的古董店。爬到頂之後，我拉開樓梯間遮擋涼意的厚重絲絨窗簾，空蕩蕩的客廳隨即映入眼簾。繞著房間慢慢踱步，我觀察著自己幻想多年的各種細節，把眼前所見印入腦海。我一片一片掀起古老的木頭窗遮，打開高大的窗戶，讓光線灑進多年不見天日的空間。十一月的冰冷海風隨著底下市井的嗡嗡嘈雜聲飄進房間，為這層公寓注入生命。硬木地板，挑高天花板，很有時代風格的華麗壁飾，還有裝了毛玻璃和厚重鎖具的門，到處都很有特色。雖然我很想把這裡稱為家，但現在它只是我的工作室，我要在這裡創造出能跟世界分享的作品。一切就從一個神祕的晚餐俱樂部開始。

公寓後方的角落有個廚房，簡單而優雅。因為天花板很高，就有足夠的空間容納高大的白色櫥櫃和壁櫥。此外還有流理臺、老舊的洗碗機、簡單的冰箱，外加砧板和銅皮檯面，以及一個小收納櫃，之後櫃子裡會塞滿瓶瓶罐罐，例如卡拉瑪塔橄欖油、各種口味的醋（米醋、蘋果醋和簡單的白醋）、乾豆和穀物、醃菜和其他醃漬品，還有本地的蜂蜜。最後是奇異公司的老式電子四口爐，剛好位在兩個大窗中間，暖烘烘的陽光遍灑而下。雖然怎麼樣都算不上專業的爐子，但我相信它能滿足我的需求。

我求湯姆幫我個小忙，把他用幾年前某個案子剩下的桃花心木和橡木做成的大型中島搬過來。就是多年前我第一次去他家那天坐的中島。我們曾經坐在那裡吃撒上帕瑪森碎片的沙拉，暢飲白酒。那個晚上令人困惑但也成了我們之間關係的轉捩點。到現在這段關係仍然令我困惑，甚至比之前更複雜多面。我心中有部分想把它搬來這裡，因為那就像在努力抓住一線希望、珍惜過去那段時光的我。另一部分的我純粹就是需要一張該死的工作檯，而且我覺得這是湯姆欠我的，他本來就該投資我和我的夢想。我從未從他口中聽到抱歉，這件紀念品算是小小的補償。我在裡頭的櫃子堆滿這些年我從跳蚤市場和舊物拍賣蒐集來的碗盤，還有我跟人借的霜淇淋機、我自己的

KitchenAid攪拌機、食物處理機，以及多年前我在這條街上的廚具專賣店工作時一點一點買來的小器具。看到這些年我用大半薪水買來的廚房用具和食譜或許終於能派上用場，證明我的投資沒有白費，對我來說很欣慰。

我跟湯姆用小艇工場的零碎木頭做了四張漂亮的桌面，為了省錢，用鍍鋅鋸木架充當桌腳。他付出時間和心力，還用小艇工場的機器幫助我實現我的小夢想。我們一起刨木頭的時光，是難得充滿希望的時刻。當新鮮木屑的味道瀰漫房間時，我感覺得到我們之間的一絲善意。我從對街二手店買來零散的古老餐具，一件一塊錢，下午花了好幾個鐘頭把每根湯匙和刀叉擦到閃亮如新。我從零碼布店買到一卷看似天然亞麻布的便宜布料，借用奶奶的縫紉機自製餐巾和長桌布。我走訪了方圓三十哩內每間古董店和舊物店，蒐集不成套的花紋餐盤、沙拉盤、湯碗和大淺盤，還去借了一組外婆留下來的大蕭條時期的綠色玻璃器皿。我在折扣商店找到玻璃杯和高腳杯，擺進飯廳（客廳改成的）一旁的吧檯（書架改成的）。我還鋪了一張特大號地毯，增添些許溫馨舒適的感覺。牆壁掛上幾張照片，角落放落地燈，裡頭裝低瓦數燈泡，打造柔和的光線。我媽貢獻了以前教書留下來的小黑板，我把它吊在門口牆上，在上面寫下今晚的菜單，賓客走進門就能看到。黑板底下的小架子放了一疊信封、一枝筆和一個透明玻璃罐，讓賓客為今天的晚餐隨意捐款。

飯廳和廚房漸漸成形，再過不久我就能開始在這裡下廚。我不是在刷洗杯盤，就是忙著尋找食材。我深信沒有好食材就做不出好料理。所以每個禮拜五，我都會去農夫市集試吃產品、寫筆記，摸清這裡可以取得哪些農產品和可以跟誰買。我會留意食品合作社的標籤，記下農場的名字、住址，還有他們種的是品質最好的還是普通的蔬菜。我找到當地的漁夫和起司供應商，走訪農場，從中整理出在我的有限活動範圍內提供令人興奮的優質產品的小農名單。包括村邊農場（Villageside Farm）的寶莉和普林提斯，他們的嫩葉萵苣菜心品質一流，閃耀著水珠。肯恩和亞德里安有五顏六色的甜菜根。基芬的莫瑞爾世紀農場（Morrill Century Farm）提供的雞蛋品質最優，顏色鮮亮，蛋黃很耐水煮。黛比・韓的起司味道之豐富飽滿，讓我回味無窮。每次發現能提供好食材的小農，我就覺得住在緬因州真是幸運。食材有了，地方也有了，現在只剩下取名字。名字要簡單又好記，還要能吸引人走上一棟不知名建築的二樓。

十二月的第一個禮拜六冷颼颼還下雪，但選這天舉辦我的第一次祕密晚餐似乎沒什麼不好。我發了電子郵件邀請朋友，希望能找到二十四個有興趣的人來參與我的晚餐實驗。我準備了五道菜，費用由個人隨意捐獻，酒則請賓客自備。大家的反應冷冷淡淡，從禮貌拒絕、已讀不回，到「為什麼去你家吃飯還要付你錢」，各種各樣的反應都有。我不由得開始懷疑自己是不是大錯特錯。這個害我忙到胃潰瘍的構想會不會根本沒那麼好？靠著些許堅持（和懇求），我好不容易找來十六個人，包括我爸媽和我丈夫。雖然坐不滿我們不久前親手打造的桌子，但差強人意。我在三樓幫八歲的傑姆整理出一個舒適的空間，裡頭放一部電影、一疊書、一盒金魚餅乾、幾包果汁；儲藏櫃裡也有一盒起司通心粉，我立刻就能幫他煮出一碗。這是我的一個實驗，我想看看媽媽在廚房工作的同時，傑姆跟我只隔著一道樓梯是否也能開開心心、填飽肚子和找到樂趣。

冷風和冰雪在貝爾法斯特入冬的寂靜街道上盤旋時，我調高暖氣等候晚餐賓客的到來。我希望他們走上吱嘎作響的木頭樓梯時，感覺這裡溫暖又舒適，同時也能聞到廚房飄出的香噴噴味道。我把一組借來的茶杯放在暖氣上保溫，以備餐後送上咖啡。每張桌子都鋪上我自製的亞麻長桌巾和餐巾、古董餐盤和不成對的餐具、幾根閃爍的蠟燭，還有一瓶我前一週人工加速栽培的小麥草，增添幾許青翠的綠意。我把燈光調得昏黃柔和，轉開我自製的播歌清單，讓我最喜歡的邁爾士・戴維斯的重複樂句在空中飄送。我把公寓階梯前的燈打開，當作歡迎標誌，並開始在小黑板上寫下今晚的菜單，再過不久客人就會陸陸續續帶著酒抵達。一份正式菜單當然要把店名置頂放大，我很清楚。就像小時候我為媽媽手寫的晚餐菜單。餐廳一定都有名字，這裡也不例外。那麼，我要叫這個我在自家廚房召集、藏在公寓二樓、既無招牌也無宣傳的祕密晚餐俱樂部什麼名字？我只想了一下，就感覺到心中的名字透過手中的粉筆浮現。我在最上面寫下「歡迎來到祕境餐廳」。

今晚我們會招待海味生蠔沾紫洋蔥和甜菜調成的海鮮醬，再來口蘋果醋混卡瓦多斯蘋果酒打成的雪酪清清味蕾。沙拉是味道強烈的本地芝麻葉拌鮮脆茴香頭和香甜的秋季水果，主菜是一盤用魚竿捕獲的緬因州鱈魚。先把魚放進鑄鐵鍋在老舊的電爐上煎過，魚皮朝下，煎到金黃酥脆再放進小烤箱以大量奶油去烤。上桌時，底下鋪一層馬鈴薯和防風草根泥，旁邊放烤過的醃漬甜菜根和炒過的義大利羽衣甘藍，另外淋上少許鍋邊奶油醬汁再擠些檸檬汁。盤子清空之後，換我前一天才去市場挑選的本地起司拼盤上桌，搭配方塊小蜂巢和麵包，學歐洲人的吃法。最後是玉米粉做的焦糖西洋梨翻轉蛋糕，搭配一球香濃的法式酸奶冰淇淋。這時也開始送上法式濾壓壺煮的濃咖啡，用放在暖氣上保溫的杯子盛裝，本地製造的濃稠鮮奶油和天然蔗糖隨客人添加。

幫大家倒咖啡和收空盤時，我豎耳傾聽在溫暖的房間裡起伏流動的歡聲笑語。每個人都吃得很開心，談笑，喝酒，把盤子上的甜點吃得乾乾淨淨。客人喜悅的心情像腦內啡注入我體內，那正是我現在最需要的。這一刻能成真，完全是靠築夢的力量。

客人都走了之後，我花好幾個小時洗碗和清理眼前美麗的混亂。傑姆跟我爸媽先回家了，因為可以跟外公和外婆一起過夜而興奮不已。湯姆跟其他客人一起離開。我很失望他竟然沒主動說要留下來陪我收拾，反而像個喝醉的客人大搖大擺地走出門。我渴望得到他的認同，或許一起聊聊今晚有多成功，但他連跟我點個頭或揮手道別都沒有。我不想讓這件事毀了今晚，因為我還深深陶醉其中。邊喝著半杯沒喝完的白酒，邊把手伸進滿是泡泡的溫水中洗碗，我回味著今天的每一道菜和每個人臉上的笑容。我找到了幸福的感覺，等不及下週末再重溫一遍，同時也感覺到自己漸漸活了過來。

每個禮拜六晚上我都會推出晚餐，一週又一週，如今已經一位難求。第二次晚餐比第一次更快客滿，消息公布不久就被訂光。到了第三次，因為大家口耳相傳，來用餐的人已經有一半我完全不認識。每個星期，階梯下的燈都會在晚上六點亮起，接著門打開，來用餐的客人陸陸續續爬上樓。我用他們放進信封的小額捐款支付花在食物上的可觀費用，還有付薪水給我正值青春期的繼女和一個好朋友，答謝他們把我從公寓小廚房變出的料理一道道端出去。晚餐俱樂部熱烈進行的同時，我感覺到我的廚藝漸漸有了自己的生命。每個禮拜我都能隨心所欲煮自己想煮的菜。從養殖淡菜、本地的小羊排、乾煎緬因州扇貝、當地捕撈的大比目魚厚片，到開胃的柑橘茴香酒雪酪，或是蘋果酒八角雪酪。這些都是我在廚具專賣店翻食譜時夢想能親手做的食物。先在腦中編排，想像味道，然後再摸索怎麼做出來。我用體型較小的雞練習航空雞的切法（airline cut），用剔骨刀去掉雞胸肉的骨頭但留下相連的翅小腿。我把肉泡在糖、鹽和月桂葉醃料中一夜，隔天再抹上奶油，周圍放一串串甜葡萄進烤箱烤。我自學怎麼剝牡蠣殼，每個禮拜都要剝上數十顆練習，接著拿我從海邊找來的海草和石頭鋪在盤上，再把牡蠣放上去，上面撒一小匙紅蔥末、醋和黑胡椒調成的醬汁，還有小黃瓜末和新鮮蒔蘿。

某方面來看，我在廚房裡做的事很機械化，是在餐館工作多年練就的功夫。在工作檯和爐子之間輕鬆來去的舞步，已經烙印在我的DNA裡。能夠抓住一樣熟悉的東西，從原本的基礎推動自己愈走愈遠，對我是一大安慰。我不只是在精進技術，也在建立自己對廚師這個身分的認同。我之所以重回餐飲這個領域，不是因為那是我自認的唯一技能，所以把它視為安全的避風港，而是因為餐飲已經變成我最大的熱情所在。我終於明白這些年來驅策我爸賣力工作的力量，即使這麼做犧牲了他的家庭生活。然而，餐飲工作雖然是強大的驅動力，卻不該不顧家庭，反而應該是為了家庭。這麼多年來，這也是第一次為了我自己。

一個月又一個月過去，我的技術隨著每次的晚餐逐漸進步，廚藝變好的同時，自信心也慢慢增強。曾經來我的小公寓吃過飯或期待再次造訪的人數將近五百人。我開始想，自己會不會真有能耐開一家真正的餐廳。這一行危險重重，我根本不該涉險的原因有千千萬萬個，我沒受過專業訓練也沒存款只是其中之二。但我同時也相信，只要我想要嘗試的心夠強烈就不可能會失敗。我總不能永遠躲在二樓公寓經營非法的晚餐俱樂部，總有一天被發現，到時會因為沒有執照也沒通過檢查而被逮捕。所以現在的問題是：下一步呢？

16. 酒杯響，燭影搖

我跟湯姆迫切需要轉移注意力，做些有趣又正面的事，免得陷入永無止境的爭吵。我們需要一個能一同努力的計畫，讓我們相信兩人還有重修舊好的希望，還能找回過去的愛和信任。打從交往以來，這似乎是湯姆第一次那麼積極地想幫我實現我的夢想，而不是他的。我不知道這情況會持續多久，所以每次他好心說要幫忙我都會接受。他從沒為了過去喝酒對我造成的傷害、說謊騙我或對我動粗的事跟我道歉，但我把他願意幫忙當作他真心悔過的表示。我內心深處知道，他相信把我留在身邊最終對他有好處，所以他這麼做其實不全然是為了我。即使如此，我還是接受了他的幫助。

「你瘋了嗎?!」我把開餐廳的計畫告訴爸爸時，他反應很大：「你搞不清楚狀況，艾琳。貝爾法斯特不想要那樣的地方，大家要的是吃得飽的食物。你不可能成功的，那太時髦了。」當年在餐館裡，我偷偷在龍蝦堡上放食用花朵時，爸也說過同樣的話。我不知道他是真的這麼想，還是只是對我不夠有信心。或者他是因為氣我不想接他的餐館，讓他退休過好日子。無論如何，他都沒有要幫我的意思。

質疑我的不只他一個，幾乎所有人都是，而且都毫不客氣地說出他們的看法。從爸爸到爺爺，姑姑蘿達到鎮長，鄰居到我媽的同事，大家就是忍不住要說出心中的懷疑。土生土長的貝爾法斯特人相信，一間「高檔」餐廳在這裡鐵定做不起來。連湯姆都很懷疑，只是不敢明說，怕我會一走了之。他知道鼓勵我抓住機會或許是能把我留在身邊的唯一方法。再說，他也想要多買些房地產。對我來說那棟房子是實現願望的地方，對他來說是卻是位在市中心的投資好標的。除了他，我還有媽媽的支持。她雖然從不對任何事表達堅定的看法，卻從未對我失去信心。我決定利用北方人的直覺和節儉的美德一步一步慢慢來。一樓的空間小小的，氣氛溫馨，不會對廚房新手壓力太大，但能容納的桌數又足以帶來收入，甚至說不定能幫助我擺脫過去，找到生命的動力，挽救我的婚姻。我說過我很會作夢。

按月承租復古典雅的二樓公寓並非長久之計。這棟房子已經待售多年，遲早會有外地人來買下它，把我這個當地女孩踢到一邊。打從窗戶貼出「售」的牌子那天起，我就夢想著有天能買下它，但這個夢想對我的銀行帳戶來說太過遙不可及。雖然我能力不足，卻很有毅力，還有無窮的希望。只要再過幾年，等價格再下降，再加上一份初步的創業計畫書，我就能離夢想更近一些。這中間我還得去拜託人，跟人借錢，同時也要計畫和思考很多事，但我終於朝著目標邁進：把祕境餐廳變成固定的存在。湯姆拿出我們能抵押的東西，幫我說服一家當地銀行貸款給我們。爺爺雖然早就表明這個夢想是自尋死路，卻無法否認每次說起這個遠大的計畫我就眼睛發光。他借我一張他在當地銀行的小筆定存單當作抵押品，幫助我借到錢買下那棟三角形磚樓。房子在一個和煦的春日成交。我跟湯姆坐在古老的靠牆長椅上，置身於我想像著有天會是飯廳的空間裡，整個人飄飄然，不敢相信我們真的買下了它。即使窗簾仍然拉上，遮住了大玻璃窗另一頭的大街和人來人往的人行道，午後的溫暖陽光仍舊透進縫隙，房間沐浴在柔和的光線下。我可以想像傍晚當落日沉到對街的建築物後方，最後一線陽光在牆上打下細緻的光影時，這房間會有多麼美麗。我腦中浮現我跟湯姆在小艇工場用粗糙木板刨成的木頭桌子擺滿房間的畫面。燭火迎著從前門紗門鑽進來的絲絲海風搖曳。還有那片鍍鋅吧檯，每次有人在那裡喝酒就會褪色一點，直到發出古銅光澤，彷彿已經有有百年歷史。還有花——許許多多的鮮花，春天是蘋果花，夏天是向日葵，到了秋天則是參差不齊的樹枝，上面結了紅漿果。此刻站在已經屬於我們的空間裡，我腦中的畫面更加清楚。曾經如此遙不可及的夢想漸漸成真。

我立刻展開整頓工作，拆下老舊的廚房，丟掉龐大笨重的舊器具，留下一些還有用的東西。烤盤、鍋子和金屬用具，還有一臺仍保有一絲生命的Hobart洗碗機。我列出一長串能使這間廚房運轉和通過檢查的所需物品清單，好像怎麼也列不完。包括一個三格不鏽鋼水槽、工作檯、收納櫃，還有冷藏設備。爐子是家用的四口電爐，用來服務二十四人的晚餐俱樂部還行，正式餐廳就太勉強了。但屋裡沒有瓦斯管線，這棟房子座落的四四方方土地也沒有空間再拉管線，所以只能這樣了。我沒有預算或空間再買大冰箱，所以直立式冰箱就湊合著用。我打算每晚變換菜單，每天早上都去儲備新鮮農產品，盡量少用冰箱。此外還要油漆，貼瓷磚，重拉管線和電線。我會盡我所能減少支出，自己粉刷牆面，自製掛在吧檯上的簡易圓筒燈罩。我在爸媽家找到一個老舊的鑄鐵琺瑯水槽，以前它裝在我們農舍的廁所裡，九〇年代房子整修之後就埋在一堆雜物和鐵絲網中。小時候我都用它來洗手，也在對著它洗手、從浴室窗外看到牧場時說出第一個字（「馬馬！」）。用它來當洗手臺剛剛好，我用去汙粉很快刷洗一番就變得跟新的差不多，但湯姆就不怎麼想了。他超討厭這個水槽，因為它又老又舊，冷熱水孔還分開，而且一直滴水，修也修不好，除非換掉裡頭的老舊零件。他為了這件事跟我吵架，給我臉色看，極力說服我換用亮晶晶的全新水槽。但這個水槽的瑕疵正是我喜歡它的地方，不完美得剛剛好。我堅持不肯讓步，那股決心連我自己都感到意外。最後水槽終於順利安裝。

你能想像到的所有細節，我都被別人的意見牽著走。從牆壁要漆什麼顏色、該選哪種椅子、吧檯椅要用木椅還是金屬椅或要不要靠背，到菜單上要放什麼餐點都是。無論是招牌、燈光、瓷磚，甚至地板的聚氨酯防水塗料，大家都有意見。各方的意見太多，有時甚至擾亂了我自己的意見。心裡不確定的時候，我沒有相信自己的勇氣，反而任由別人告訴我該怎麼做。總是想討好別人是我身而為人、女人或女兒（我媽從不與人爭）的習慣。我希望大家跟我一樣愛這個地方，我希望那份愛浮現在每個角落。但白天當我看著這個空間塗上復古綠搭配灰紫色邊飾時，我才驚覺假如我一直關掉自己的聲音，聽從別人的意見，這個地方就會變成大雜燴，塞滿大家認為這地方該呈現的模樣，而不是我認為它可以呈現的模樣。

我錯了，竟然聽一個心直口快、自以為什麼都懂但我根本不熟的人告訴我牆壁該漆什麼顏色，結果把餐廳弄得像男士吸菸室，灰暗的顏色喚醒了我內心的沮喪。其實我對這個地方該呈現的樣貌和感受有清楚的想法，為什麼我不能相信自己，跟著直覺走？那天我去買了兩加侖油漆，用我挑選的顏色自己粉刷牆壁刷到半夜。牆壁漆成鍛鐵黑，上層的護牆板漆乳白色，下層的壁腳漆錫灰色，襯托剛拋過光、木頭地板的溫暖金黃光澤剛剛好。

這次我下定決心，一頭栽進了瑣碎的收尾工作，把揮之不去的自我懷疑藏在心裡。我到附近的五金行買了一支手鋸，還去小艇工場跟湯姆借了貨車開去郊區砍了幾株白樺幼木，把細長的枝幹插進大玻璃花瓶裡，再搭配一串串鮮紅莓果當作秋天的花卉擺飾。我再度利用奶奶的縫紉機把一卷卷亞麻布裁成簡單的餐巾，還有給廚師和服務生穿的圍裙。我把自己在跳蚤市場便宜買到的古董鏡掛起來，仔細調整它們的位置，然後把許願蠟燭放進玻璃燭臺。我把不成對的銀餐具擦得亮晶晶，把愈積愈多的古董餐盤刷得乾淨溜溜，迫不及待在我的小廚房裡賦予它們新的生命。我把一籃籃水果陳列在吧檯上，之後這些水果就會變成我心心念念的香草風味水果雞尾酒。我還煮了之前想像過的斑點鵪鶉蛋，上桌時放碗裡，附一小盤芹鹽。我檢查喇叭的聲音是否清晰，位置是否適中，還用膠帶標出完美的音量——不能太大聲也不能太小聲。我不斷調整燈光，把電燈泡換成低瓦數的復古燈泡，並在調光器上做記號，以便服務生調到剛剛好的亮度。我把這些年陸續蒐集的食譜擺進廚房還沒塞滿鍋盆的空架子，並用之前的烘焙坊留下來的木頭字母在牆上排出一列白色粗體字：「從頭開始」。我在心愛的古老洗手臺上方裝紙巾架，另外放一瓶散發普羅旺斯甜甜香草味的洗手乳，微笑看著水龍頭嗒嗒嗒滴水的熟悉景象。新鮮農產品開始大量送來，冰箱裡和吧檯上滿滿都是食材，一切變得真實起來。我開始募集輪班的工作人員，過濾履歷表，面試員工，希望能打造一個感覺更像朋友而不只是同事的團隊。看見跟我一起做過外燴工作的熟悉臉孔也來應徵，我很高興，還有其他人想為我工作也令我振奮。我們的團隊自然而然凝聚在一起；戰戰兢兢籌備開幕的同時，我們也漸漸變成一個大家庭，真心喜歡這份工作和彼此的陪伴——我妹是例外，她排了幾個吧檯的班，老是喜歡找我吵架。之後雖然努力要和好，但我們吵架鬧翻也不是一天兩天的事，姊妹關係還是很緊張。我知道一起工作可能只是一時的，但至少我們有機會跟彼此說話，還能在同一個空間裡相處。也算踏出一小步。

可想而知，隨著開幕之日愈來愈近，我的壓力也愈來愈大。身上背了貸款，得按期繳錢，而我的銀行帳戶卻已經見底。幾個月來為了籌備開幕，我已經大失血，亟需有錢進來，才不會還沒開幕就拖欠貸款。無數個夜晚我無法入睡，擔心錢，擔心餐廳的營運，擔心這擔心那。但我手邊還存了一些贊安諾，要是突然恐慌發作，呼吸困難，就能吞幾顆安撫神經。既然已經開始就不能回頭，現在只能埋頭苦幹、全心投入了。我用筆電設計了餐廳的招牌。沒有什麼比掀開牌子的那一刻更能撫平我的呼吸。大門上的霧面字體寫著：祕境餐廳。

創立。

17. 勞力，勞心，勞神

餐廳在十月的某天傍晚正式開幕。賓客源源湧入，有幾個月來不離不棄的晚餐俱樂部忠實會員，也有耳聞俱樂部掀起的話題而跑來湊熱鬧的人，當然也有迫不及待想來看看空了多年的老建築在玩什麼新花樣的民眾。餐廳一炮而紅，實際狀況甚至比我想像得更好。為了避免手忙腳亂，一開始的菜單不複雜，包括多樣小點和開胃菜，再來是每天更換的四道主菜。我在後方小廚房變出一道又一道料理，有起司拼盤、熱騰騰裝在煎鍋裡的淡菜、炸南瓜花、豬肉漢堡夾藍紋起司和季末原種番茄片、軟嫩羊排、各種魚料理、煎得層次分明的大比目魚厚片、塗上香草奶油下去烤的有機大肋眼牛排，應有盡有。餐廳一週開五個晚上，考驗著我的極限也在鍛鍊我的能耐。我憑著自學的三腳貓功夫投入了這個實驗。我曾經在我爸的平價小餐館幫忙，曾經到高級餐廳端盤子，還當過酒保，去過外燴公司的廚房工作，除此之外就沒了。我從沒自己開過餐廳，從沒當過老闆，只能把一直以來的缺陷和不安藏在心裡，靠一點點自信找到力量。我必須繼續成長和學習。因為不知道怎麼磨刀才對，也不明白副主廚該做什麼事，於是我根據自己所知去摸索補強。而我有的就是直覺，例如如何用手指判斷牛排的熟度、如何打發完美的鮮奶油、如何精準拿捏沙拉的淋醬。從某方面來說，為了這天我已經準備了一輩子。朋友、家人和陌生人一再告訴我，這樣的一家餐廳在貝爾法斯特絕對做不起來。我證明他們錯了。那天晚上看到一向堅持老派作風、相信這絕對不會成功的爺爺，在餐廳的日暮微光中開心啜著威士忌，面前一大盤有機肋眼牛排，我就知道他們錯了。他周圍滿滿都是人，餐廳裡熱鬧滾滾。那天晚上酒足飯飽之後，他醺醺然抓住我緊緊一抱，跟我臉貼臉，鬍後水的味道撲鼻而來。他眉開眼笑，以我為傲。「丫頭，真有你的，你辦到了。」那是他第一次、也是最後一次到餐廳吃飯。他在那年春天離世，我雖然心痛卻沒有遺憾，知道爺爺走之前真心為我驕傲。

我很高興過去那些不看好我的人如今都不再出聲，這表示他們知道我證明他們錯了。爸還是愛挑我毛病，多半是看酒單不順眼，說裡頭少了美國人愛喝的百威啤酒。但有幾次我看到他坐在「太時髦」的餐廳酒吧裡，手裡一杯伏特加通寧，跟旁邊的陌生人有說有笑。我這才發現或許他那顆嚴厲的心也暗自為我感到一絲驕傲。當我看著他在我憑著夢想打造的地方自得其樂時，感覺就像實現了一個更大的夢想：在那一刻，他的喜悅是因我而來。

在廚房裡我不堪一擊。感覺就像掏心掏肺準備一道道料理，再端出去讓陌生人品嚐。他們可以隨心所欲對待這些食物，切成一小塊一小塊放進嘴裡咀嚼再吐出來，挑三揀四，打分數，給負評，或把食物退回廚房。這種否定帶來的痛苦有時會讓我好幾個禮拜都心情沉重，只因為一道簡單的料理就深深感到挫敗和自我否定。退回和批評都在所難免，尤其是人特別多的晚上我忙得團團轉，加緊速度應付不斷湧入的點菜單。有時候，關門之後我會躲到地下室，坐上酒箱在黑暗中大哭一場。後來我想通了，我不能每次搞砸一道菜，心就像被割一刀。我必須提醒自己，我只是凡人，而失敗的不過是一頓晚餐，很少有事是一杯免費招待的酒或一份甜點不能解決的。我學會記取失敗並從中學習：怎麼把牛排煎得更好；下次應該先熱盤子，而不是把熱騰騰的食物放在冷冰冰的盤子上；得學會控制時間，雞肉料理才不會太乾。這也強迫我更嚴格地訓練自己。

也有時候我因為對一道料理掏心掏肺而感動了某個人。偶爾我會從廚房探頭看著一道料理送進餐廳，藉由陌生人的反應評估自己是成功還是失敗。我看著他們嚐第一口，閉上眼睛，然後開心地笑了。親眼看到自己雙手做出的料理盛在簡單的白色盤子上，竟能帶給人莫大的享受，比任何藥物都更能撫慰我的心。一旦在廚房站穩腳，我開始愈來愈常看到那樣的畫面。被退回的料理變少了。有天晚上，有位男士衝進廚房嚷著：「是誰做的？」廚房所有人頓時停下手邊的工作，張大眼睛驚恐地看著他。當我膽怯地舉起手，腦中的想法只有：慘了慘了慘了。他激動地跑到我面前熱情地抱住我，還在我臉上親了一下。「我的天啊！你太棒了！」他興奮地說，走回座位時幾乎是用跳的。還有一次外面一桌客人說要見我，一名服務生進來轉達他們的話：「他們想見主廚。」該死，我不是主廚，不過是個下廚的女生。而我猜測客人想見「主廚」

的唯一理由是「主廚」搞砸了他們的餐點。我緊張地走向坐了四個人的那一桌，感覺到有人就要發飆，心中推敲著該怎麼回應才好，可以送他們什麼來表達歉意。

「你就是主廚？」其中一個女人問。我不確定該怎麼回答，但我知道別花時間解釋我不是主廚、沒上過廚藝學校、沒資格穿廚師服才是最省時省事的方法。所以我直接說：「我就是。」

「我父親想跟你說句話。」她說。我把視線轉向旁邊的一名長者，只見他伸手握住我的手，溫柔地捧在自己手裡。我的手被滾燙的爐火炙了一整晚，碰到他又涼又軟的手宛如一大解脫。

「我今年八十九歲了，」他一字一句地說：「除了我母親煮的以外，我再也沒吃過這麼美味的魚。」他開心得眼中含淚。我臉頰發燙，內心沸騰，淚水湧上眼眶。我一直知道食物具有這樣的力量——即使只是簡單的大比目魚配上滑細的防風草根泥、略淋醬汁的芝麻葉、幾滴檸檬和一朵辛辣的金蓮花，就能喚醒回憶，深深感動人心。如今我也握有這樣的力量。

廚房工作也很耗體力。我一天要站十六個小時，不斷上下樓梯到地下室拿乾貨和其他備料再回廚房。醒著的時間我幾乎都貢獻給廚房，只有偶爾必須盡為人母的責任時，才從廚房抽身。每天早上我七點起床，為如今已經九歲大的傑姆準備上學，幫他做熱騰騰的早餐並備好午餐，陪他走路去小學，之後再爬坡回餐廳用一整個早上和下午的時間準備晚上開店的各種事前工作。要叫貨，收貨，插花，出納，簿記，還有烘焙。鴨肉要先切好，用鹽和香料醃一晚；淡菜和生蠔得刷洗乾淨。萵苣洗淨，魚切片分裝。下午三點我會休息片刻，趕去學校接傑姆回家。能逃離廚房片刻對我是好事，之後再跟傑姆一起回來，把他安頓在餐廳裡寫功課，拿幾塊翻轉蛋糕加一大杯鮮奶當下午點心。到了四點，湯姆下班回到家便會帶傑姆上樓休息。這時服務生也來了，開始擺設餐桌準備營業。這時候我已經站了八個鐘頭，但一天的工作結束之前還得再撐八個鐘頭。

跟晚上的步調比起來，白天的準備工作根本不算什麼。下午四點半，一小群人開始在人行道上排隊，看能不能搶到先到先贏的吧檯座位。這時我開始心跳加速，胸口變緊，感覺到壓力。一顆贊安諾配一杯酒，十五分鐘後我就又能呼吸。五點一過，單子就會源源湧入，廚房電爐很快擺滿鑄鐵鍋。沒錯，廚房裡有人幫我。兩組人馬負責起司拼盤、沙拉、甜點等等，但我忍不住每件事都要插手，微調一下擺盤，確認沙拉醬汁不會太多或調味不會太淡。每盤從廚房送出去的餐點，成敗都是我的責任，而且是我很認真看待的責任。我在爐臺、烤箱、油炸鍋和流理臺之間快速來去，不時停下來用蜂香薄荷或各式芽菜點綴一下餐盤，然後大喊：「熱菜完成，送出！」這個過程要持續好幾個小時，一直要到九點單子才會漸漸變少。把傑姆哄睡之後，湯姆會偷偷溜下樓，這時候廚房靜了下來，我站了一天終於也能坐下歇歇腳。但在那之前，酒保喬納會端著一杯普羅賽克氣泡酒和湯姆的點菜單走進來。湯姆坐在吧檯前喝無酒精啤酒，還特地把酒倒進霧面玻璃杯裡，營造真正在喝酒的感覺。他似乎不想讓別人認為他是清醒的。他雖然會去參加匿名戒酒會，但從未在我面前承認他有酒癮，或許因為那就表示承認自己有錯，或為他過去喝酒對我造成的各種傷害對我道歉。但我已經不再指望會有這麼一天。氣泡酒是一種慰勞，因為喬納知道我雖然已經忙了一整天，卻還得煮完最後一份餐點才能好好休息。此外，他也知道這時候拿單進來會挨我白眼，所以希望能用一杯酒安撫我。

喬納看得出來一天下來我有多累。大家都看得出來，除了湯姆。眼看廚房已經關火，他照樣面不改色坐下來點開胃菜和沙拉，之後再來份豐盛的主菜，也不管我累或不累。通常他都坐在吧檯享用，偶爾會跟外地來的客人坐在一起，跟人炫耀「他的」餐廳。我忍不住覺得自己像他的佣人。或許他喜歡我服務他的感覺，當初我們認識的時候我就是他的服務生。我猜這樣他比較自在，覺得一切都在他的掌控之中。我付出多少時間、承受多少壓力才讓這個地方成真，他似乎渾然不知，或是他知道卻不在乎。等他把我為他做的三道菜全都吃光，把杯裡的無酒精啤酒喝得一滴不剩之後，他會把盤子留在桌上，連聲再見或謝謝都不說就上樓，也沒賞服務他的員工一點小費。上樓沖個熱水澡他就躲進溫暖的被窩，我卻還在樓下洗洗刷刷，算帳，把今天的垃圾從地下室拖到路邊。十二點左右我終於能上樓沖個熱水澡——一天中我最期待的一刻，終於能洗去一身的油汙和壓力。但我對湯姆的怨恨並沒有一併洗去，反而日漸強烈，甚至我愈壓抑就愈恨他。我會用一杯白酒吞下抗憂鬱劑、安眠藥和一顆肌肉鬆弛劑，然後鑽進被窩。依賴藥物和酒幫我撐過一天漸漸成了問題，但我的理智被蒙蔽，只會小聲安慰自己：這是為了活下去，為了繼續往前進。所以隔天同樣的過程又會重來一遍。

禮拜天餐廳放假，所以我可以睡晚一點。但對我來説這天不是放假，而是恢復體力、休息、多天來第一次能好好吃飯，並儲備活力迎接下週挑戰的一天。醒來時我會有全身被卡車碾過的感覺，全身骨頭和肌肉痠痛。我會花一小時左右泡澡，撫慰痠疼的身體，把指甲底下積了一個禮拜的髒汙刮除。我的手臂滿是燙傷留下的痕跡，由此可見我在廚房還不夠熟練。我用消毒水擦傷口，然後塗上消炎藥膏加速癒合，再用紗布包起來。我也利用這天整理跟身體一樣傷痕累累的腦袋。因為都使用本地當季的食材，所以得配合每天到貨的新鮮農產，時時更換菜單以充分呈現食材的風味，也要為每晚供應的餐點打造新的有趣組合——還得來得及印出新菜單和等墨水乾掉。還有落實腦中的構想、拿捏做出餐點的時間、盡我所能端出完美料理的壓力，以及排班的壓力，確認從吧檯、帶位、服務、廚房到洗碗，每一班都人員充足。假如有人生病，原本就很有挑戰性的一天會變得更加艱鉅，因為得緊急找人來補缺。忙了一天之後，我仍然是一個母親和妻子。兒子需要我。但為了這家餐廳我投入太多心血，絕不能任由壓力把我擊垮。於是我只好再吞顆贊安諾，灌口酒，硬著頭皮撐下去。

這幾年我不斷跟憂鬱和焦慮對抗，但湯姆都視而不見。他把我的疲憊視為軟弱，把我的眼淚視為對他的壓力，或是「誇張」和「情緒化」的表現，從未認真看待。他隻字不提我日漸消瘦的事，說不定覺得我變苗條骨感是額外的獎勵。我一天十六個小時都跟食物為伍，眼裡、鼻腔裡、腦海裡都是食物，連作夢都會夢到食物。對於我的肚子來說，我已經被餵飽一次又一次。我忙到沒時間吃飯，身體也不再對我發出飢餓的訊號，所以我就不再吃東西。有時候我吃進肚子的東西只剩下贊安諾和幾杯酒。手臂上的燙傷不斷提醒我都是因為我太天兵，不知道要先用紙巾把魚片擦乾再丟進熱鍋，熱油才會噴得亂七八糟。我的手指刀傷累累，不是因為刀子太鈍，就是用多功能切片機時不小心失手。除此之外，我兩腿痠疼，肩背又硬又痛。有時候我只希望湯姆會為我準備一餐，外帶也無妨，吃什麼都好，只要一點點表示，讓我知道他在照顧我也在意我好不好。我希望他鼓勵我，拉我一把，告訴我所有辛苦都不會白費。我希望他以我為榮。我渴望得到他的肯定，一顆心早就因為得不到父親同樣的關愛而枯竭。我默默承受，埋頭工作，把所有感受愈埋愈深。發牢騷只會洩露我的弱點，而我無論如何都不想示弱。

樓下的餐廳蒸蒸日上，我們的婚姻卻在樓上日漸瓦解。關係中的裂縫和缺陷也使我們的互動劍拔弩張。我對湯姆的怨恨日漸加深，每天看他一根手指頭都不肯動，把我當作女服務生，不顧我形銷骨立、眼眶深陷，照樣點他的淡菜和三分熟牛排，我就有氣。我繼續用我囤積的處方藥壓抑沮喪、壓力、憂鬱和焦慮，有時服用的量超過醫生開的四倍，而且全都配酒吞下肚。最後連贊安諾都失效，無法再麻痺我的感覺。但我很快跑了一趟診所，醫生便多開一瓶利福全給我。這種藥不會使長達十六小時的工作日變得比較好過，也不會讓我的腸胃告訴我該吃東西了，卻能暫時振奮我的心情，立即平復內心的動盪，把生命中的一切變得不再那麼難以忍受。但也讓我想喝更多酒。於是兩杯變三杯，有時午夜之前甚至會喝到四杯。開始輪班時我常手裡一杯酒，不是葡萄酒，就是喬納為我特調、希望我給他意見的雞尾酒。不管手上是什麼酒，我都會拿來配幾顆藥吞下肚。這變成一種儀式，一種為了存活的手段。後來甚至變成我的生活方式。

18. 爭吵，衝突，崩潰

星期六晚上的哄鬧聲終於靜下來，餐廳打烊了。再也沒有酒杯叮咚響，再也沒有談天說笑聲。爐子用很厚的肥皂泡泡徹底刷過，錢已點收完畢，餐廳掃過了，蠟燭都吹熄，員工也都打卡下班了。只剩下我，還有今晚播放清單上的最後幾首歌在餐廳中迴盪。我走去吧檯，手指掃過放在檯面上的一排紅酒。賣剩的酒我捨不得就這樣丟掉。每瓶說不定都還剩一杯左右，我已經喝到酒酣耳熱，但再來一杯也無妨。這些酒留到下禮拜二就會走味，而北方人的節儉天性很能說服我把剩下的酒都裝進肚子，一滴都別浪費。對酒精的渴望伴隨著藥物日漸增強，慫恿著我：再喝一杯吧，寶貝。我抓起酒瓶，拔開不太緊的軟木塞，將瓶子湊進嘴巴，把甜甜的醋栗酒當水一樣灌，一口接一口直到見底。我喝多了，吃了藥很亢奮，但多半是因為星期六晚上餐廳高朋滿座，明天星期日又能休息一天，所以心情放鬆又開心。我抓起另一瓶喝剩的酒夾在腋下，走到角落位置坐下來欣賞空蕩蕩的餐廳，邊喝酒邊看著這個地方。前幾個小時我從後面的小廚房變出了六十八份晚餐，幾十道開胃菜，還把自製甜點銷售一空。我很欣慰從頭到尾沒有餐點被退回，看到餐廳裡悠閒用餐的客人臉上滿足的表情，心也暖暖的。時間愈晚，餐廳的氣氛愈加溫馨愜意。桌子是我跟湯姆親手打造的；椅子是我精挑細選的（太硬？太軟？剛剛好！）；深灰色漆是我好幾個夜裡反覆嘗試才調整到濃淡適中；老舊的木頭地板我親自打磨上漆；牆上的古董鏡映照出一根被遺忘的蠟燭，火光搖曳不定就快熄滅。為這個地方流的每滴汗感覺都如此值得。一年多之後，我還是不敢相信這地方能成真，還得捏自己確定我沒在作夢。我辦到了。這個幾乎不可能實現的遠大夢想不但成真，而且非常成功。我喝了酒、吃了藥，開心又驕傲，心中充滿感激。所有的辛苦、燙傷、刀傷、痠痛、焦慮和自我懷疑，全都消失在餐廳逐漸微弱的閃爍光線裡。

側門開了又關，之後是一連串堅定的腳步聲。湯姆走進餐廳，看到我坐在角落的桌子，手裡抓著一瓶酒。離我愈近，愈能明顯感覺到他的怒意。看他斜著眼看我，我就知道他氣炸了。他是哪根筋不對？今天晚上我照樣煮了晚餐讓他在吧檯享用，也把今天的營收從抽屜拿出來交給他。他似乎很喜歡鈔票在手的感覺。此刻我卻感覺到不滿的情緒跟著他走進房間，好像我是個不聽話的小孩。我的身體不由得豎起防備，等著他狠狠教訓我，在我為自己偷來開心與驕傲的時刻——醉了沒錯但還是很難得——把我貶得一文不值。

整個晚上，湯姆坐在樓上公寓，聽著樓下餐廳忙碌不休的熱烈盛況。看到底下座無虛席，他每次都會下來露露臉。先沖澡，刮鬍子，更衣，穿上燙過的襯衫和他最好的一雙擦得晶亮的皮鞋，知道樓下會有一屋子的人迎接他。看到吧檯客滿，沒地方讓他坐下來吃晚餐他有點生氣，但也只能端著喬納用霧面杯裝的無酒精啤酒跟幾張熟面孔聊聊天，邊等位子空出來。他會在話題中穿插自己正在造的船，他遇到的豪奢顧客，或是他夏天去參加的菁英帆船賽。我從廚房就能聽到他的招牌笑聲蓋過音樂聲在餐廳裡迴盪，還有他跟人碰杯或談得起勁的聲音。但餐廳裡的客人對他的造船故事、豪奢顧客或帆船賽似乎愈來愈沒興趣。湯姆，你老婆開了一家厲害的餐廳啊！她還真的辦到了！你一定很以她和她的餐廳為榮！我們看到《環球報》的報導了！她在貝爾法斯特這種古老的小鎮開這麼一家餐廳實在太好了！你想她會再開更多家嗎？接下來她有什麼計畫？聽到這裡湯姆的笑容從臉上消失，頓時變得悶悶不樂。他會咬著牙回說：「這是我們的餐廳。」接著搶坐進吧檯的空位，邊生悶氣邊吃晚餐。風水輪流轉，我漸漸受到前所未有的矚目。有些來自顧客，有些來自老饕，甚至還有到處探人隱私、注意到我們的婚姻明顯出現裂痕的人。這些我全都來者不拒，即使看得出來他很反感。事實上我照單全收，享受顧客、粉絲甚至異性對我的關注，因為我得不到丈夫半點關注。我開始想像其他可能性，甚至懷著與湯姆以外的人在一起的渴望。一個願意餵飽我、愛我、扶持我的人。

「關掉音樂上樓，現在馬上！」他大吼：「你有完沒完。」我不知道他看不看得出來我喝了酒。

「怎麼了？我又沒礙到誰。」

「你礙到我了！馬上關掉。」我沒動，於是他繼續向前。「馬上。關掉上樓！」

「不要。別管我。」話一出口我就感覺到心情一沉，就像東西突然斷裂。剛剛的心滿意足化為烏有，變成煩躁，以及憤怒。我的心跳加速，血壓上升。湯姆不斷想控制我和否定我，這已經折磨我很多年，最後只為我帶來焦慮和煩惱。今天則是憤怒，我感覺到腦中的理智線應聲斷裂。

「媽的，立刻關掉音樂！」他露出他最蠻橫的一面，不悅地看著我。我想起我爸也曾多次用同樣的表情看我。

「不要。」我咬著牙低聲說。

湯姆直直衝向音響抓起連著喇叭的iPod，扯出電線。「派對結束了！」他怒吼一聲後走出門，碰碰碰的腳步聲傳到我坐的地方。我追上去，衝動之下飛奔上樓。湯姆站在樓梯口等我，臉上一抹冷笑。我的心怦怦狂跳，拳頭握緊。兩人站在原地狠狠瞪著對方，動也不動，看誰先出手。他目不轉睛盯著我，一語不發地舉起手，把手中的iPod丟向客廳地板。我撲上去，把他往後方的牆壁推，他用力推回來。我們雙雙摔下地板沿著走廊又推又打。我抓他，踢他，又哭又叫，感覺自己像頭野獸。我從不知道自己有那麼大的力氣，那力量來自我內心深處不知已經沸騰多久的滾滾怒火。此刻我的身體正在釋放那股不知名的力量，彷彿這是一場生死搏鬥，而我的力氣竟然比他大。感覺好像過了很久，其實只有短短幾分鐘，我累到癱在地上猛喘氣，縮著身體，奮力平撫呼吸。湯姆站起來跟我做著一樣的事。兩個人就此打住，各自回房鑽進被窩，一句話都沒說。我背對湯姆呈胎兒姿勢靜靜臥著，還在努力平復呼吸和心跳，最後昏睡過去，沉入酒醉的酣眠中，只希望一覺醒來就會發現這只是個可怕的噩夢。傑姆睡在隔壁房間，沒聽到那天晚上屋裡爆發的衝突。我對於他一睡著就人事不知、不用面對爸媽走到何種地步的殘酷事實感激不已。還是小寶寶時他就很好睡，連煙火也吵不醒；這些年我們在家發生的激烈爭吵和火爆衝突，他都在睡夢中安然度過。

無論我睡得多沉，都抹不去昨晚不只是一場噩夢的事實。白日的光線逼人清醒，我在他臉上抓出的傷痕依然又紅又腫。星期天早上我們各做各的事，氣氛凝重詭異，兩人都知道我們頭上陰霾籠罩，但沒人知道該怎麼辦。昨天我像一頭被拘禁已久的野獸對湯姆發動攻擊，釋放壓抑已久的力量和對他的恨意，還有不斷惡化、業已失控的挫敗感。正常人不會有那種行為，我告訴自己。我對自己的失控行為既厭惡又羞愧，但心裡的憤怒和怨恨卻又讓我覺得錯不完全在我。我不想再過這樣的生活，又不知道該如何跳脫自己惹出的麻煩。腦袋一片混亂之下，我走出家門，拋下在自己房間地上滿足地玩樂高積木的傑姆。湯姆靜靜坐在客廳裡，臉上還留著被我的指甲抓傷的痕跡。我想離開他，我想離開我自己。我想跑去躲起來。

不知道該做什麼或要去哪裡，但我就是得離開那棟公寓。我開著車漫無目的地亂晃，在跳蚤市場布滿灰塵的棚子下逛了幾個小時，挑選二手餐盤，藉此逃避在家裡等著我的殘酷現實——我已經無法掌控自己的生活；我已經變成一頭猛獸，問題大到我不得不正視。我逃避的不只是自己，還有我的醜陋面目帶來的難堪。接近傍晚我回到家，倒出幾顆鎮定劑吞下肚，為等著我的現實預作準備。我告訴湯姆我想離開他，他沉默不語，兩人之間的沉默延續一整晚，直到隔天下午。我一上樓就看見湯姆坐在客廳裡，我媽和蘿達姑姑面無表情地坐在他旁邊。這就是湯姆的「神救援」。

我問他們這是在幹嘛，雖然早已心裡有數。我的生活一團糟，再也藏不住了，湯姆臉上的傷痕就是證明。把一團糟的生活袒露在家人面前，我覺得難堪又羞愧。我的婚姻已經觸礁多年，但我不斷用抗憂鬱劑、抗焦慮劑、鎮定劑和酒精麻痺自己，硬撐到現在。每次去看醫生，他就會開新的藥給我，減輕我的痛苦。如今我天天都得靠藥物過活，而且是大量藥物。每種藥都讓我想喝更多酒，卻沒有一種能挽救我死路一條的婚姻。現在我甚至會自己加藥，擅自把劑量加倍，因為什麼方法好像都沒效。藥物無法補救錯誤，找回過去的信任，把謊言變成事實，或是抹去已說出口的狠話。我們變成了一對怨偶，這段婚姻已經窮途末路。

我徹底失控，忍不住覺得湯姆看我這樣多少有些幸災樂禍。我漸漸發現，湯姆在我媽和姑姑面前說法偏頗，一味強調我的不是，把自己老婆說成不受控制、猛吞藥丸的酒鬼。把這些年來的過錯和問題全部推給我，不檢討他在這段破碎婚姻中該負的責任，對我來說太不公平。他甚至還在我家人面前檢討我、揭露我的瘡疤，我更加羞愧難當，忍無可忍。我覺得自己被抹黑，像在接受審判又無人為我辯護。我暗自祈禱媽媽不會相信這一切都是我的錯，是我一手把自己的婚姻和家庭逼上絕境。她知道湯姆不是一張白紙，她知道是湯姆在主導這一切，但她不是那種會公然跟男人唱反調的人。這些年來湯姆看過多次她跟我爸的這種相處模式，算準了她會唯唯諾諾站在他後面，一如往常像隻溫順的小羊。

我已經準備好跟他攤牌，但我感覺得到湯姆仍舊不肯承認事實，至少還是想盡辦法要掌控我。他給了我兩個選擇。要不就立刻去戒治中心報到，到那裡把癮戒掉，之後再回到他身邊；要不他就要為我昨晚對他做的事向法院聲請保護令。之前我們就經歷過同樣的事，雙方都知道一旦聲請保護令會有什麼後果。他知道他一旦出手，我就得經歷多年前他經歷過的事。多年前的那個晚上是他最後一次喝酒，那天他兩眼發黑，眼神空洞，徹底失控。警察來家裡把他押送到拘留所，此後他就禁止靠近我和傑姆，至少要離我們五百呎遠。假如他對我聲請保護令，我就會失去我的孩子、我的房子，還有我的餐廳。光想我都痛苦不已。但如果去戒治中心待一個月，我同樣得離開傑姆身邊，餐廳少了我也不得不關門。兩邊對我來說都是損失，而我的死活全都掌握在湯姆手中。我已經離他愈來愈遠，想必他也感受得到。或許要讓我真正失去一切，他才有機會奪回他覺得自己逐漸失去的掌控權。他用兩條死路對我下了最後通牒。想到他手中握著左右我未來的鑰匙，硬要把我的人生寫進我不想要的篇章，我就忍無可忍。我寧可去死！把話說出口的那一刻，也是我徹底失控的時刻。我感覺到自己的心臟狂跳，胸口繃緊，焦慮感無限蔓延。我被逼到走投無路。我需要藥物，大量甚至全部的藥物。他媽的一整瓶藥。我拚了命想用藥淹沒殘酷的現實，淹沒家人驚恐的表情，淹沒我受到的羞辱，還有我的自我厭惡。我當場失控，在母親、姑姑和湯姆面前。湯姆早已準備好要撲向我，他把我壓制住，打落我手上的塑膠藥瓶，藥丸散落一地。他打電話叫警察，等著警車連同救護車一起抵達，在傑姆放學之前把我載走。

我被迫在精神病房住了兩天。兩天都關在小房間裡，因為驚恐、悲傷、難以啟齒的深深羞愧和難堪而下不了床。我知道這就是跌到谷底的感覺。我餓肚子懲罰自己，餵養我的自我厭惡。兩天來我在床上翻來覆去，聽著其他病人的尖叫、呻吟在周圍房間迴盪。有時如果尖叫聲太過淒厲，我就會聽到護士一擁而上，押著病人服下鎮定劑。一聲「他媽的別碰我！」之後很快便會平靜下來，再來是熟睡的鼾聲。我迫不及待要趕快回家，卻又對在家裡等著我的命運恐懼無比。出院之後我才知道，這兩天只是暴風雨前的寧靜，而這場逐漸逼近的暴風雨將會把我徹底摧毀。這還不是谷底，更慘的還在後面。

出院那天，我無法打電話叫爸媽來接我回家。我羞愧到提不起勇氣撥他們的號碼，看到他們的臉和他們對我的強烈失望我會受不了。於是我打電話給喬納；他已經有十五年沒喝醉酒，跌破了很多人的眼鏡。二十出頭時他跟一個樂團混在一起，染上毒癮和酒癮，過著放蕩不羈的生活。你絕對猜不到他現在變成什麼模樣——娶了老婆，生了兩個小孩，變得穩定又可靠。那段放浪歲月留下的唯一汙點是他背上一個巨大的十字架刺青；開店前他換上燙過的襯衫時，員工偶爾會瞥見那塊刺青。儘管如此，要把自己軟弱的一面暴露在他——我的員工——面前，我還是覺得難為情。儘管如此，我總覺得他不會評判我；能做到這點的人，我能想到的很少。我跟他幾乎就像兄妹，或是我想像中感情深厚的兄弟姊妹，不像我跟自己妹妹之間的關係。在我脆弱、混亂又亟需幫助的時刻，他是我可以仰賴的人。

從羅克蘭的醫院開車回貝爾法斯特途中氣氛凝重，我們兩人都沉默不語。我暗自思索回到家要面對什麼樣的世界，同時也不想跟喬納分享太多這兩天在醫院的悲慘細節。我的家庭生活慢慢瓦解已經有一段時間，最近卻突然加速惡化，變得慘不忍睹。喬納放我在我住的那條街下車，我在一家旅館躺了幾天，等著我跟湯姆之間的風暴平息。傑姆暫時去跟我爸媽住，遠離失職的父母。湯姆慫恿我接受他提出的選擇：如果我肯跟他回家並答應不離開他，他就不會讓我的日子更難過。我無法保證我做得到，這麼做的後果也非我能想像。

我跟湯姆正在玩一場遊戲，而好牌都在他手上。要是我拒絕認輸，不肯繼續守著這段早已死去的婚姻，我很肯定他會不顧一切把桌上的籌碼搶走。後來他確實豁了出去。他跟法院聲請保護令，還去爭取傑姆的單獨監護權，在法官面前說我不適合為人母親，因為我曾經被抓去關了兩天。我無從反駁他，被抓去精神病院關兩天將會成為我永難抹除的汙點。他暫時得到了單獨監護權，那一刻我彷彿被判了死刑。我失去了我唯一的孩子。他同時間聲請的保護令也規定我要至少離他五百呎遠。但他一時失算，沒想到我們的住家就在我的營業場所上方，所以不得不搬出去的人變成了他。他很生氣這棟房子暫時歸我管，而且他搬走之後我還能住在這裡，繼續工作。他帶著傑姆去借住朋友的一層閒置的公寓。擺脫湯姆之後，我感到前所未有的輕鬆，但失去兒子在我心裡造成的缺口卻把我推向黑暗的深淵。湯姆把傑姆從我身邊搶走，感覺存心是想要懲罰我。他要求法官禁止我探視小孩，也控制我們之間的所有聯繫，常不准我打電話或簡單的報個平安。後來他甚至不讓我爸媽看孫子，所以跟我爸媽的關係也開始惡化。我們被剝奪了一個家庭成員，滿滿的痛苦和憤怒使原本的衝突愈演愈烈。那感覺就像一種極其扭曲的合法綁架。我的孩子被迫與我切斷聯繫，為此我怒火沸騰，因為不安和悲傷，全身像觸電一樣顫抖。各種情緒將我填滿，痛苦、沮喪、心碎、憤怒和羞恥都有。我心力交瘁，努力尋找活下去的理由。湯姆顯然就是希望我痛苦，也很清楚什麼是我的致命傷。「你敢離開我，我就要你生不如死！」他的聲音在我腦中迴盪，我幾乎聞得到他說出這些話時口中發出的琴酒味。幾年前他就說過我要是敢離開他，他就會讓我生不如死。我一直納悶那到底是什麼意思，他到底想對我做什麼。

我能想像的只有小時候天寒地凍的二月下午，餐館在隆冬時節關閉，爸爸會帶我跟妹妹到自由湖上冰釣。爸用螺旋鑽在厚冰上鑽幾個洞，然後把木片陷阱架在洞上。只要有魚上鉤，鮮豔的橘色旗子就會豎起來，接著一條亮閃閃的梭魚就會從冰洞裡被拉上來，驚恐地擺頭甩尾。這時爸會從他的綠色羊毛褲口袋拿出一把鉗子，剪掉血淋淋的魚嘴上的魚鉤。魚持續在他手中扭動掙扎，直到他用鉗子尾端往牠頭上一敲，把牠打昏為止。之後爸會從另一個口袋拿出一把大摺刀，把魚擱在雪地上，刀刃從魚尾沿著魚肚劃到魚下巴，再用手從魚肚挖出血淋淋的內臟丟到旁邊的雪地，最後把剛殺完的魚浸到冰洞裡洗乾淨。那就叫生不如死。兒子被搶走，對我來說感覺就像五臟六腑都被挖了出來。

我一頭栽進餐廳的工作，藉此逃避痛苦的現實。之後五個月，一天長達十六小時的工作如常繼續，但現在多了情緒的負擔和法律攻防戰，比過去更壓得我喘不過氣。一週週過去，我用更多藥物和酒精填補空虛，麻痺痛苦。說我把自己淹死也不誇張。替我做檢查的醫生提高我的用藥量，把我的抗憂鬱劑加倍，還開了新的情緒穩定劑給我。他毫不猶豫就開更多能幫助我穩定心情、振作精神和快速入睡的藥給我。藥丸有粉紅色、藍色、橘色和白色；有圓形也有橢圓形。有些早上吃，有些下午吃，還有一些晚上吃。我用各種酒把所有藥物沖下肚。

不知道為什麼，餐廳奇蹟似的完全不受影響。生意持續蒸蒸日上，一天比一天更快客滿也更受歡迎，但不算小的外在壓力和心理壓力也伴隨而來。久而久之，我吞進肚子的藥物開始麻痺我對一切事物的感受。憂鬱症使我對一切都無所謂。我變得麻木無感。我跟陌生人上床，第一次跟人發生一夜情，儘管藥物麻痺了我的所有知覺，我再怎麼努力也無法高潮。我討厭自己，討厭我的身體，討厭我的生活。我變得連自己都認不出來。每當有人自殺時，旁人都會納悶：他們怎能這樣對待自己的家人？自己的小孩？太自私了。我在絕望中看到了答案。現在我懂了，他們之所以能這麼做而不會自責，是因為他們沒有感覺，因為嚴重憂鬱使他們變得盲目，根本不知道也不了解自己在做什麼。一個陷入絕境的好人做得出自己完全想不到的事。春天就要到來，之後就是夏天，這表示餐廳的旺季甚至還沒開始。如果三月要撐下去都很勉強，七、八月可能會要了我的命。我很快就會完蛋，我很確定，只是時間早晚的問題，而部分的我簡直求之不得。

19. 十九道階梯

這間老公寓的樓梯走到底共有十九階。我站在樓梯頂，突然間腳步蹣跚、猶豫不決起來。唯一支撐我挺直腰桿、免得摔下樓梯的是我右手抓著的滾輪行李箱。樓梯走到底就是前門。我知道一旦我走出那扇門，湯姆就會想盡辦法奪走一切。我也知道一旦我留下來，我就必死無疑。所以我只能往前走，賭賭看，準備前往戒治中心重新開始。我轉身往後看。我媽站在我後面，緊咬著牙，一動也不動。

「走吧。」她說，語氣堅決，很不像她。她臉色蒼白，看起來很累。自從湯姆帶著傑姆搬出去，而我開始萌生自殺的念頭，她就來陪我住了好幾個禮拜。有天晚上我向她傾吐心事，求她壓住我的手，阻止我傷害自己。她陪在我身邊，管制我吃的藥，因為我已經藥物成癮，還得在我情緒不穩定、半夜在床上翻來覆去時安撫我。我的情況一天比一天糟，在樓下拚了命維持餐廳的營運，打烊之後回到樓上整個人情緒癱瘓。土司和花生醬變成我唯一吃得下的東西，但最後也像水一樣被我吐出來。我的五臟六腑像在罷工，因為我失去了傑姆的監護權，也因為我每次吞藥都配酒而傷了身體。照理說，那些藥應該是要用來減輕我內心的痛苦才對。

我媽很少露出悲傷的情緒。即使在她自己母親的喪禮上，我也沒看到她掉半滴眼淚。面對我爸的言語暴力，她從不會吼回去或顯露她的痛苦。她一直有種沉靜的力量。但我之所以站在樓梯頂，準備拋下這裡的一切，是因為前一晚我有生以來第一次看到她傷心害怕得流下了眼淚。看到這個一向堅強的女人淚流滿面，喚醒了我憂鬱症纏身、心神恍惚時一直壓在心底不去理會的事。我突然清楚意識到，我就是她如此痛苦傷心的原因。全是我的錯。想到這裡我痛心不已，因為我在她臉上看到的痛苦，都是我造成的。我傷害了一直以來深愛我、支持我、把我養大的女人。這十九階樓梯，是我唯一能為她減輕痛苦的方式。她從自己辛苦存的積蓄中拿出幾千塊幫我付戒治中心的保證金，希望能救回她的女兒。

「該走了。」她提醒我，眼睛眨都不眨一下。她說的沒錯，我是該走了。也該讓她休息了。就是現在。這段婚姻已經沒救，一旦離婚，我勢必拿不到湯姆保單下的保險給付。我們也擔心拖得愈久，湯姆砍掉我的保險給付的機率就愈高，到時我就得自掏腰包支付長住戒治中心的昂貴費用，問題是我根本付不起那筆錢。非走不可了，因為我的身心都在逐漸停止運轉。

憂鬱症把我整個人吞噬，淹沒我所有的感受。我站在樓梯頂感到麻木又狼狽。在這種空虛又麻木的時刻，我再也不在乎自己的死活；為自己慘不忍睹的人生感到不滿和憤怒時也是。大部分時間我都希望自己不如死了算了。現在也一樣，我不在乎自己會不會從前面的樓梯摔下去。一步接著一步，我開始走下古老的木頭樓梯，粗魯地拖著行李箱砰砰砰下樓。我感覺得到媽跟在我後面，暗自在心裡對她發出訊息，希望她接收得到：不要丟下我，不要放棄我，我已經壞掉，但我還在這裡。我不想傷害任何人。我不想再傷害你了。天啊，我好抱歉。

我不知不覺邁出大門，迎向陰暗冰冷的早晨街道，這個沿岸小鎮已經變成我人生崩壞的中心點。我最後一次轉身鎖上門。短短幾年前，同一把鑰匙曾經帶給我莫大的喜悅。我還記得第一次轉動這把鑰匙的情景。還記得第一次爬上那道樓梯時的氣味，而我有多麼喜歡那股討人喜歡、帶有霉味的古老氣味。我記得那些光線明亮的空房間，還有呼吸著屋裡的古老氣息帶給我的喜悅。我在這棟美麗的房子日漸墮落，把原本用來打造這棟房子的夢想變成了泡影。

把鑰匙交給我媽之後我爬上蘿達姑姑的車，坐上副駕駛座，心裡有數一旦離開這裡，我很可能會失去那扇門後面的一切。但這改變不了我必須離開的事實。至少一旦有專業人員照顧我、看著我免得我又想不開，我媽才終於能好好睡覺。車子開上三號州際公路，往南朝著機場前進，我看見媽臉上浮現鬆了口氣的表情。

我跟蘿達姑姑的關係異乎尋常。她是我爸最小的妹妹，其實從未參與我的成長過程。我還是嬰兒時她就跟我爸鬧翻了。小時候我跟她相處的時間不多，二十出頭才真正有機會跟她變熟，這某程度使我們之間更像朋友，而不是姑姑和姪女。她願意大老遠帶我到戒治中心，其實幫了很大的忙。我不知道她是不是想藉這次機會彌補過去我們錯過的相處時間。

蘿達應我媽的要求替我保管藥物。愈意識到戒治中心逐漸逼近，我對藥物的渴望就愈強烈。我好不容易說服她多給我一顆鎮定劑和在機場買幾罐啤酒方便我吞藥。她想通自己的任務是把我送上飛機和送進戒治中心的大門，而不是保持我一路腦袋清醒。要是多給我一顆鎮定劑和幾罐酒能發揮效用，讓我乖乖聽話，何樂而不為？她知道下次我要再碰到酒是很久以後的事了，就也覺得無所謂。上了飛機，我還是一直想喝酒，明顯想把自己灌醉，就不用面對現實。我看到飲料車慢吞吞推上走道。等車子過來時，我在心裡盤算要點什麼酒才能喝得最醉。以前我爸如果想喝整天的酒就會喝啤酒，想把工作做完就會喝伏特加。

「要喝點什麼嗎？」空服員問我和蘿達。

「兩杯烈一點的雞尾酒。伏特加，或許摻點果汁？」

蘿達已經放棄限制我喝酒，她知道再過幾個小時反正都沒差了。既然管不了我，就乾脆陪我喝一杯。空服員給我們一人一個塑膠杯，裡頭放了冰塊和綜合果汁，外加一小瓶伏特加讓我們摻進果汁裡。

「我的特調，柳橙汁、鳳梨汁再加一點蔓越莓汁。」她笑容可掬地向我們解釋。我不禁想起上一次喝伏特加摻果汁的情景——第一次跟湯姆出去，在羅莉酒吧的吧檯椅上喝的。

「可以給我們雙份嗎？」我問。她眨了眨眼，又給我們一人一小瓶酒。

「兩位小姐要去哪裡？看來你們是要去狂歡！」

我跟蘿達互看一眼，知道我們絕不能說出實情。我想像自己要是脫口說出「戒治中心」三個字，她會有什麼反應。

「好姊妹的週末，」蘿達說：「我們非常需要！」

我把塑膠杯往她的杯子一斜，諷刺地要跟她敬酒：「為這個乾一杯。」

喝到杯子見底之後，我將冰塊吸入口，一滴酒都不想浪費。我需要更多酒。我鬆開安全帶去上廁所，找藉口到後方打探，看能不能說服空服員再給我們一杯。回到座位，看到她果真把酒送來，我開心得要飛起來。坐在位子上喝酒時，飛機開始搖晃，蘿達反射性抓住扶手，用力到關節都發白，我仍端著飲料。連死都不再令我害怕，這件事嚇到我了。我聽到自己腦中不由自主發出聲音：好啊，就讓該死的飛機掉下去爆炸起火，我不在乎。最後飛機穿過大霧，順利降落。

我在四月某個漆黑潮濕的夜晚抵達女子戒治中心。一名監護員來接待我們，帶我們走去上鎖的宿舍，之後幾個禮拜那裡就是我暫時的家。厚重玻璃門旁邊有個門鈴，用來通知裡頭的組員有人來了。門鈴響亮地嗶一聲，門隨即打開，我踏進玻璃門廳。另一扇鎖上的門擋在面前，我身後的門關閉並鎖上。回不了頭了。我不覺得緊張，可能是因為在飛機上喝的酒還沒醒。一名板著臉、戴著眼鏡的護士走向我面前的門，把脖子上的識別證往小鍵盤一掃，然後輸入密碼。又聽到嗶一聲，門打開。

「到了。」監護員說。

「你可以在這裡道別，然後跟我來。」護士邊說邊步上走廊，期待我跟上。我跟蘿達最後一次擁抱。那一刻我對她感到無比的感激和愛，這使我突然間重燃希望，表示內心深處的我尚未死去。

「別忘了這是姊妹的週末，」我打趣地說：「今天晚上替我好好慶祝一下。」她破涕為笑，然後轉過身等著嗶一聲穿過那扇大玻璃門。

現在已經接近十二點，走廊裡除了我跟護士沒有別人。我停住片刻觀察令人清醒的新環境：兩張凹凸不平的沙發，一張空空的咖啡桌（沒放雜誌，擔心會觸發對外表很敏感的女生的負面反應）。地板鋪了淺綠色地毯，牆壁漆成淡黃色，都是能喚起平靜、和諧和樂觀感受的顏色。空氣中有消毒水的味道，但也有人住在這裡的氣味，夾雜一絲絲廉價咖啡味。我轉身跟著護士穿過走廊。她帶我走進一間無窗的小檢查室並關上門。裡頭有另一名護士坐在桌前寫字，她沒抬頭看我，也沒說話。

我按照戴眼鏡護士的指示把身上的東西放在不鏽鋼桌上。她要我脫光衣服，並拿給我一件藍白圓點的病人服。我從她手中接過病人服，等她跟另一個護士離開房間讓我換衣服。但他們都沒動，桌前的護士繼續低頭寫字，戴眼鏡的護士抱著雙臂站在原地，不耐煩地盯著我看。

「已經很晚了，這還得花點時間，抵抗只會把過程拖得更長。脫掉衣服。」她第一次直視我的眼睛。我這才意識到他們都不會離開這個房間。這跟我平常去看醫生不一樣，診療室的護士給你一件長袍並先離開，文明地給你三到五分鐘更衣，還會客氣地幫你把內衣褲和衣服整整齊齊擺在角落的椅子上。

「別逼我們用強硬的方式。」我猛然清醒過來，從她嚴厲的語氣聽得出來她是認真的。

我開始一件一件脫下衣服，把每件摺好並整齊地放在旁邊的椅子上。看到我脫到內衣褲的時候面露遲疑，她說：「全部脫掉。」我先套上長袍，動作小心地脫掉內衣褲，先擺動身體把內褲搖下腳踝，再從袖孔把胸罩摘下來。我快速在背後打個結好讓長袍蓋住身體，不想被看光光。護士量了我的身高、體重、血壓和體溫，還幫我做了酒測，並把數字唸給坐在桌前的護士聽。

「五呎五吋。一百零八磅。一百二十八、七十六。九十八點七。零點一六。」

她檢查我的眼睛和耳朵，從我的左手抽兩次血都失敗，最後從我的右手抽了三小瓶血，之後又在我的右手臂扎針做肺結核檢測。輪到要採尿時，她跟著我進廁所，拿給我一個杯子，不讓我離開她的視線範圍，從眼角盯著我蹲下來蒐集尿液。她宣布我沒有懷孕，我鬆了口氣，畢竟這幾個月來我的私生活有點亂。

檢查室冷冰冰，光線很刺眼。奔波了一天加上宿醉逐漸逼近，我開始覺得筋疲力盡。我猜應該快結束了，但接著她站到我後面，我感覺得到她的呼吸。她鬆開我的長袍上的結，長袍隨即落到地上。我就這樣光溜溜站在冰冷刺眼的房間裡，恐懼又羞恥到怔在原地。

「請舉起手。」她不帶感情地說。我乖乖照做，不由自主發出不自在的傻笑。當她開始用指尖檢查我的皮膚時，我震驚到全身發抖。從我的左手開始，向上移往手腕和前臂，然後停頓，輕輕用戴著手套的手搓揉表面。我的手掌、手腕和前臂都布滿細長的紅疤和之前留下的傷痕。每碰到一個她就會停下來輕輕搓揉，記錄大小和形狀。我知道她心裡在想什麼。她把這些都看成我自殘的痕跡。在她眼中我是會傷害自己的人，而這些傷痕就是我企圖自殺留下的醜陋痕跡。她指著傷痕說：「記下這裡、這裡、這裡，還有這裡。」桌子後面的護士在一張簡略人體圖上畫出小叉，標出我身上的損傷刮痕，好像我是一輛出租了好幾個禮拜的汽車。我沒跟她說那些疤痕從何而來——這些年被熱騰騰的煎鍋、剛出爐的烤盤和狂噴油的油炸鍋燙的。有些是十二歲那年弄的，有些才上個禮拜。如果她認識我，真正認識我這個人，她就會知道這些痕跡代表我選擇活下去，而不是相反。再說，我已經決定就算要自我了斷也要選擇吞藥。我常想像自己走上自殺之路，也打定主意用一瓶藥丸結束生命才是為人著想的方式。那樣才不會一團混亂，藉藥物振奮心情也會走得更平靜。之前我就用一整瓶利福全試過，但很快逼自己吐出來，因為覺得還沒準備好。因為內心深處的我還不想死，只是希望痛苦離我遠去，蒙蔽我心智的雲霧消散，卻又不知道如何才能做到。

戴眼鏡的護士用手指沿著我的手臂、肩膀移動，往下延伸到左背和雙腿再折回右側。手指移到右手臂時她又停住。「這裡和這裡。」更多燙傷，更多誤判。當她的手指移到我的正面時，我的情緒潰堤。淚水簌簌淌下臉頰，我開始顫抖和抽泣。我用雙手抱住身體，本能地想保護自己。

「手放開！」她吼。我閉上眼睛，因為承受不了跟她視線交會。閉著眼睛我也能感受到她的存在。她的手在我光溜溜的身體上下移動，呼出的氣息掠過我裸露的皮膚、胸部、大腿中間，還有腹部。檢查結束，她只找到幾個她有興趣但其實一點都不有趣的疤痕。終於滿意之後，她遞給我一張面紙，叫我穿起衣服。

檢查完後我筋疲力盡，甚至沒發現我的行李袋被上下翻倒擱在檯上，裡頭的東西都被翻出來分成兩堆，一堆「可留」，一堆「不可留」。可留下的衣物和私人物品被塞進一個透明塑膠袋，上面用黑色麥克筆寫上我的名字。他們把袋子交給我，然後帶我去我的房間。光線微弱，我又淚眼模糊，但勉強看到另外兩張床上各睡了一個人。

「那張是你的。」護士指著一張空床說。

我鑽到漿過的被單底下，縮成嬰兒姿勢，全身僵硬，然後閉上眼睛，沉入睡夢中。

這一躺就躺了三十二個鐘頭。我睡睡醒醒，整個人縮成一顆球，滿腦子只希望我人不在這裡，這一切都沒發生。護士從早到晚進進出出，叫我的名字想把我喚醒。我背對著他們不理人，即使醒著也繼續裝睡。我想藉由睡眠逃避現實，當自己只是做了個噩夢，但開門關門、女生大聲嚷嚷，還有走廊對面的洗手間偶爾傳來催吐的猛烈乾嘔聲，都不斷提醒我來到了地獄。三十二小時沒吃東西，最後我還是不得不下床，況且做尿液檢查後我就沒再尿過尿。我口乾舌燥，頭痛得要命（可能是酒精戒斷症狀），用同一個姿勢躺太久導致肩頸僵硬。吃點東西會好一點，我告訴自己。

我到這裡還不到四十八小時，意思是仍在「紅色警戒區」。所以我不能打電話或接電話，不能離開宿舍去餐廳，也就是說我只能去護理站對面的交誼廳用餐。之後我就能跟大家一起在餐廳用餐，但今天只能在小廚房的小桌子上吃飯。午餐放在保麗龍盒裡，用塑膠袋包起來。裡頭有一份濕濕的花生醬加果醬三明治、一包洋芋片，還有一顆放到乾癟的澳洲青蘋。我努力避免跟其他圍坐在桌前吃東西的女人眼神接觸，因為我渾身不自在，這幾天流了那麼多眼淚想也知道我的樣子有多狼狽。但我無法確認，因為鏡子在這裡是違禁品（連我粉餅裡的小鏡子報到時都被仔細拆除），但我覺得眼睛很腫。零零星星的對話在空中飄送，我沒試著加入。有些女生在玩簡單的文字遊戲，感覺很幼稚，淨問些「你最喜歡什麼顏色？」或「你最想成為迪士尼卡通的哪個角色？」這類頭腦簡單的問題。

我們吃東西都跟小鳥一樣少，我是難過到吃不下，但其他人各有不同的原因，主要是飲食失調。周圍的白癡對話還在繼續，我對這種聽起來很笨的遊戲愈來不耐煩，但我發現這可能是因為我血糖太低，強烈渴望藥物拉我一把，還有我不想待在這個地方的緣故。聽著他們的對話，我漸漸發現其中的規律。原來他們玩的遊戲不但不蠢，還有它的道理。那是腦袋遊戲，幫助他們轉移注意力，免得把心思都放在眼前的食物上。

我發現自己一直在心中對其他女人妄下評論。那個身上有過期香菸的味道，還緊張地嚼著口香糖兼抖腿和咬指甲，可能是癮犯了。她靜得詭異嗎？她眼睛凹陷，臉頰浮腫，手老像在編織、玩字謎或數獨，停不下來嗎？或許有飲食失調的問題。我不認為自己跟這群可悲又可憐的人是同一類人，但事實就是如此。我就是那個瘦巴巴、眼睛浮腫、抱著頭坐在位子上的金髮女生。我就是那個消沉憂鬱、對藥物和酒精上癮的女生。

用餐時間結束，有個護士來檢查我們的餐盒並做記錄。能把食物吃光光最好。如果沒有，你就會失去「點數」，而點數可以在福利社買體香劑或指甲油之類的東西。

「你可以的！你可以的！」幾個女生在替另一個奮力吞下最後一口麵包的女生加油。

每次吃完飯我們都要回答：

我的餐點＿＿＿＿＿＿＿＿

我覺得＿＿＿＿＿＿＿＿

我很感謝＿＿＿＿＿＿＿＿

我的答案是：

爛透了

不爽
無

每天早上五點四十五分護士會走進我們的房間，拿出身上的鑰匙打開浴室，鑰匙發出的叮叮咚咚聲就像鬧鐘。浴室只開放半小時，只夠我們爭先搶後進去沖個溫水澡和快速刷牙，門就會再度鎖上，直到傍晚才會再打開。昨晚我因為酒精戒斷流了滿身汗，一定要第一個起床才能搶第一個洗澡。小小的塑膠隔間引起我的幽閉恐懼，蓮蓬頭噴出的水說溫不溫、說涼不涼。在這裡別想痛快地沖熱水澡，因為這地方的設計就是要提醒你來到了地獄。他們只提供手巾大小、粗糙棉布製成的毛巾。大一點的毛巾可能會被一心想尋死的女生綁起來做成自殺工具。我把這條小毛巾當作抹布拿來擦澡，多留一點時間把頭髮弄乾。這裡不准用吹風機，因為有電線，電線可以做成自殘的工具。我還沒刷完牙就有室友大力敲門說該她了。接著我快速換上衣服走去廚房區，看能不能弄杯咖啡來喝。

廚房已經有一小群焦慮的女人在排隊。咖啡因是這附近唯一的非處方藥，所以早上的第一壺咖啡甚至還沒煮，就有人在排隊。唯一比咖啡隊伍長的是早上領藥的隊伍，這樣就能吞下一堆醫生開給我們振奮精神或平靜心情的藥丸，重新活過來。用來煮咖啡的是一臺大型營業用咖啡機，跟我爸的餐館用的咖啡機沒有太大不同，都能把一壺又一壺煮好的熱咖啡注入塑膠手把的圓滾玻璃瓶裡。我們都站在前面，不耐煩地晃著、看著，等最後一滴咖啡滴完便趕緊抓著白色保麗龍杯一哄而上。等我搶到前面時，咖啡已經空了。我拿起咖啡壺確認已經一滴不剩。大家貼著牆用最快的速度喝下滾燙的咖啡，房間跟著安靜下來。

「你不再煮一壺嗎？」站在我後面的女人問，我才發現後面又出現一排人。「它不會自己煮，你知道。一眨眼就七點半，到時就變無咖啡因了。」

「好，抱歉，我是新來的。」我窘得臉頰發熱。

「看得出來。你在床上躺了多久？」她問。

「不知道，三十幾個小時吧。你怎麼知道？」

「泡泡眼。別擔心，前幾天最難熬。我剛來的時候應該睡了三十六個小時。正常。」接著她指指房間裡的其他女人：「別擔心，他們剛來時也都很慘。」

這是我跟蘿達擁抱道別之後，第一次感受到一絲溫暖。

「在這裡有些生活小技巧先學會沒壞處。第一就是咖啡。這裡可不是星巴克，是吧？咖啡簡直淡出鳥來，所以我們就自己想辦法。」她把放咖啡濾網的金屬盒拉出來並停住片刻。「別丟掉咖啡渣。如果你想喝好一點或沒那麼鳥的咖啡，就留下渣渣，然後在上面加一包新的咖啡粉，這樣味道才會帶勁一點。」她把新鮮咖啡粉倒到還在冒煙的咖啡渣上面，然後按下開關開始煮：「資源有限就只好湊合著用。」

「為什麼不直接倒兩包咖啡粉，要用煮過的咖啡渣呢？」我不懂其中的道理。她呵呵笑又很快收住，不想害我更窘。她看得出來我又嫩又脆弱。

「有看到那裡的幾包咖啡粉嗎？」她指著臺子上置物籃裡的三包咖啡粉。我點點頭。「一包可以煮一壺，那就是我們整天的量。你不能一壺就丟兩包吧！那樣的話這裡的女孩腦袋會更不清楚。畢竟不是喝到飽的咖啡吧，一旦沒了就沒了，就得等到明天早上五點四十五分。」

我順從地點點頭。

「喏。」她把熱騰騰剛煮好的雙重過濾咖啡倒進我的杯子裡：「我是安娜。」

「我是艾琳。」我自慚又感激地看著她。

「喝了它，艾琳，不然再過一個半小時就只剩無咖啡因咖啡了。」她把熱咖啡一飲而盡才走出房間。

剛剛煮咖啡時安娜的一席話讓我看清一件事：在這裡悽慘落魄是常態。這個房間的其他女人也昏睡了一整天，哭到雙眼紅腫。大家都在對抗自身的痛苦和內心的惡魔。這裡的每個人都受了傷，就跟我一樣。我伸手去拿檯子上的罐裝奶精，扯下蓋子把奶精倒進咖啡裡。奶精在杯子裡凝結，一塊塊白色奶精浮上表面。我在心裡罵幹，最後把整杯咖啡倒進洗手臺，走到隊伍後面重新排隊。

20. 七十二

來這裡才四十八小時卻感覺已經待了一輩子。沒錯，大部分時間我都昏昏沉沉全身僵硬躺在床上，或許這就是時間感覺過得很慢的原因。但我已經漸漸清醒，開始活動也恢復飲食，還用塑膠杯猛灌水，因為一直有脱水的感覺，很不舒服。由於之前同意前四十八小時暫不使用電話，希望這樣能更快接受和適應新環境，所以現在我還無法跟外面的親友聯絡。四十八小時之後，我就能得到使用電話的特權，但這絕不是免費吃到飽的特權。公共電話室一次開放二十分鐘，但開放時間並不固定。講電話和抽菸時間是勒戒中心最受歡迎的時段。早上十點一到，大家就會成群湧進後露臺用柵欄圍起來的吸菸區哈根菸，或是湧進電話室打電話回家。這個小房間漆成溫暖的黃色，兩邊各擺兩張長桌，桌上放了八部電話。每部電話都配了一張黑色假皮滑輪椅、一盒面紙和一瓶按壓式消毒液。我在牆上的白板登記，用快沒水的白板筆寫下我的名字和使用的時間。我不確定該不該使用這個特權，發現自己擔心離開之後家裡可能發生的事。如果可以打電話給傑姆該有多好，聽聽他可愛的聲音，聊些輕鬆日常的事，比方他在學校學了什麼或午餐吃什麼。沒那麼好的事。湯姆到現在仍然禁止我跟孩子聯繫。而且坦白說，淪落到這個地方，我也沒有臉打電話給他。我現在跟被監禁沒兩樣，何必要在這種時候跟他聯絡。我不禁覺得自己像犯人，所以這段艱辛的黑暗時期不跟傑姆接觸，或許對他最好。

來戒治中心報到的前一個禮拜，我就擬好了簡化的春季菜單，暫時縮減餐廳的營運規模。留下的員工都經驗豐富，沒有我也完全能獨立作業。只希望顧客不會發現我不在，或聽到我的私生活一團糟的風聲。我找了當地的一團爵士三重奏每晚來演奏一、兩組樂曲，賺些小費。離開之前我還做好一大批油封鴨，先用鹽、大蒜和香料把鴨腿醃過，再放進煉過的鴨油低溫烤很多小時直到鴨肉變軟嫩，之後浸入冷卻的油裡保存就可以放好幾個禮拜。要吃的時候只要放進熱鍋把皮煎得酥脆，把豐腴的鴨肉加熱，盛盤時配上拌過普羅旺斯香料和新鮮大蒜的有機薯條。我教會廚房的其他廚師怎麼用溫熱的培根油醋醬、奶油煎過的麵包片和一顆柔嫩的水波蛋做我的菠菜沙拉。我也用本地起司、蜂蜜、果醬、堅果、烤麵包片詳細示範了起司拼盤該怎麼擺。其他主菜也是，包括生蠔（淋上蘋果紅蔥海鮮醬）和水煮鵪鶉蛋。最後可以來一盤濃郁的巧克力塔，或是撒上榛果脆糖的香甜檸檬冰糕，這些我同樣為他們示範過不下幾百次。他們該會的都會了，也準備好在背後支持我，大家都知道我來這裡是為了振作。我相信我來療傷這段期間，他們沒有我也游刃有餘。我相信過一個月我就能回家，但願也能脫胎換骨，迎接夏天的旺季，還有我跟湯姆注定要走上離婚訴訟一途的種種挑戰。

我對著一排電話前面的黃色牆壁，電話前很快就坐滿其他焦慮不安的女人。大多數是打電話回家，跟家裡的人報平安。跌到谷底之後，我甚至還毀了凝聚我們這個家的核心，丟光了大家的臉。唯一沒被我掀起的這場風暴波及的「家人」，大概只剩餐廳的員工。我猶豫著是否該放手讓他們在餐廳盡情發揮，相信他們不用我操心，畢竟就算出了什麼差錯，我人在這裡也幫不上忙。但我還是忍不住掛念，除了想確認餐廳一切順利之外，也渴望聽到熟悉的聲音。我拿起聽筒撥號。現在是早上，助手應該已經在廚房做準備。電話線另一端發出幾聲奇怪的嗶嗶聲就切進語音留言。我掛上電話，心想一定是我打錯了，於是又重打一遍。還是嗶三聲就切進總機的語音留言。我又打一遍，這次放慢動作確保沒撥錯。「您撥打的電話無法接通或已暫停使用，請查明號碼再撥。」同樣的訊息一再重複。怎麼回事？怎麼回事？怎麼回事？我按了好幾次重撥鍵，這次換打給一個我託付代為管理餐廳的女員工，電話響了幾聲她就接起。

「喂……」她用模糊、冷淡又小心的語氣說。

「是我！到底發生了什麼事？我剛打去餐廳卻一直聽到留言說無法接通？都還好嗎？」我連忙問她，只希望她會立刻回答說沒事。

「艾琳，打給你媽。」她慢慢地說，不帶任何感情。

「打給我媽？」我想不出餐廳電話無法接通跟我媽有什麼關係。「打給我媽？」我納悶：「你在說什麼？」逐漸意識到情況不妙，而且是非常不妙時，我感覺得到自己的血壓飆高，心愈跳愈快。

「艾琳，打給你媽就對了。」她又用冷淡的聲音說，然後電話就斷了，甚至沒說再見就掛了電話。我頓了頓，按下話筒撥給我媽。才響一聲她就接起電話，好像正在等我似的。

「喂？」聽她的聲音我就知道她有我害怕的壞消息要告訴我。這是自從她鼓勵我坐上飛機來勒戒中心之後，我們第一次交談，但我們略過了平常該有的問候，像是：你還好嗎？坐飛機還順利嗎？現在覺得如何？裡頭怎麼樣？食物還好嗎？她甚至還沒說出真相，我就已經激動到說不出話，腦中想著各種可能，知道答案很可能是我最害怕的那一個。

「媽……」我忍不住哭出來，等著隨即而來的打擊，但心裡已經猜到是怎麼回事。我等著沉默不語的她說出答案。

我只知道「都沒了……」，接著身體漸漸失去感覺，全身麻木，兩眼發黑。我聽到媽媽在電話另一頭用微弱的聲音詳細跟我解釋湯姆做了什麼事，但一切都太超現實，夢境般模模糊糊。湯姆奪走了一切。我離開沒多久，他就大搖大擺走進那棟三角形磚樓，開除所有員工，換了門鎖，在門前掛上用黑色麥克筆寫的「停止營業」的牌子。鎖一換掉，我花了這麼多年建立的一切瞬間化為烏有。後來我才知道，湯姆想把房子占為己有其實輕而易舉。契約上沒有我的名字，所以我並沒有那棟房子的所有權，可是貸款卻算在我頭上。我總覺得湯姆早就計畫好這一切，或許送我到戒治中心並不是為了幫助他老婆好起來。我回想起這棟房子正式成交那天，律師桌上放了一堆文件，我眼睛睜得又大又亮，興奮得不得了。那天我簽名應該簽了一百次……不可能有錯。貸款上有我的名字，房契上沒有，我不得不懷疑湯姆是故意的，以備哪天需要時就能輕輕鬆鬆、偷偷摸摸把一切從我這裡搶走。他在我最慘的時候把我踢出去，把我鎖在自己的夢想之外，還一併拿走了當年我在那間廚具專賣店工作時存錢買來的攪拌器、湯匙、鍋鏟和刀子。他沒收了每張桌椅，還有那張鍍鋅吧檯。他甚至搶走了我奶奶留下的碗盤，搶走了我的孩子，我的家，我的事業，還捲走我們共同銀行帳戶裡的錢。他奪走了我的一切。

「媽，我得離開這裡，我得離開這裡。」我心痛、怨恨又憤怒，覺得呼吸困難。我掛掉電話，從旁邊的面紙盒抓起一把面紙把眼淚擦乾，然後從椅子上站起來走出去。我走到護理站，激動地敲玻璃窗引起裡面護士的注意。她拉開門，問我需要什麼。

「給我七十二。」我說，把牙齒和下巴咬得愈來愈緊。我是自願進來的，七十二就是申請離開的表格。之所以名為七十二，是因為簽了表格之後要等七十二小時才能離開。我在表格底下潦草簽了名，然後穿過走廊回房間，計畫著要怎麼離開這裡。我要辦好手續，然後飛回家殺了湯姆。憑著此刻在我體內像野火一樣熊熊燃燒的憤怒殺了他。為了他對我說過的所有謊言、他造成的痛苦，還有他從我這裡奪走的一切殺了他。我想用雙手勒死他。我想知道把他肺裡的呼吸擠到一滴不剩，看著他恐慌到上氣不接下氣，直到那雙欺騙人的藍眼珠變成灰色並往上翻是什麼樣的感覺。我要他嚐嚐我受過的痛苦和恐懼。

我帶著這些凶狠的想法鑽進被子。假如我殺了湯姆，誰都知道凶手是我。太簡單了。餘生我都會在監獄度過，而監獄如果跟我的想像有幾分類似，那甚至比戒治中心還慘。或許我倒不如死了算了。我開始考慮這個可能。我希望湯姆乾脆殺了我，他卻偏要一次又一次挖出我的內臟。就算我死不了，看到我變得一無所有他也心滿意足。我的腦袋開始充滿各種灰暗的想法：你現在還有什麼用處？你這個糟糕透頂的女人。你是親朋好友的恥辱。你的孩子被一個甚至不是他生父的男人搶走。你算什麼母親？你失去了你的家，你的工作，你一敗塗地，藥物成癮。還有什麼值得你活下來？你這個一無是處的女人。我活該被懲罰，甚至活該去死。

那種感覺幾乎就像體內有個電燈開關被按掉。現在就結束它，我心想。我硬撐起來走去衣櫃從底層架子拿出一雙運動鞋再走回床上。我慢慢抽出兩隻鞋的鞋帶並綁在一起，想不通他們怎麼沒在一進來就沒收我的鞋子。我想綁一個環，但結卻打不好，發現嫁給水手丈夫的諸多遺憾之一就是沒跟著他學會怎麼打又緊又牢的結。於是我只好臨場發揮，拿鞋帶在脖子上繞兩圈，然後躺下來用雙手拉扯鞋帶，直到感覺到喉嚨被勒緊，壓縮到氣管並堵住呼吸。我把鞋帶拉得更緊，然後打個結固定。我的腦袋開始模糊，心情卻出乎意料地平靜。恍惚之中，我的思緒飄回一路走來的所有錯誤和失敗、我的自我厭惡，以及我心裡的黑暗與面對湯姆的強烈怨恨。我失去了活下去的所有理由。頭昏眼花之際，我腦中浮現傑姆的身影。我看到他在市區公園的遊樂場上盪鞦韆，穿著牛仔褲和白色T恤，踩著Converse小號運動鞋擺動雙腿，盪得好高。他開心地尖叫，不斷喊著我。

「媽媽！看我！看我！媽媽！你有看到我嗎？我飛好高！」

我看得到他，也感覺得到他。我感受到他那燦爛又美麗的笑容，還有生命帶給他的喜悅。那一刻我知道還有一件事值得我去爭取，值得我活下來。我拉開脖子上綁得不太好的結，鬆開勒住喉嚨的鞋帶，大口呼吸。用鞋帶勒死自己不能解決問題。我不會自殺，也不會殺了湯姆。但我會跟他離婚，竭盡全力爭取我生命中唯一重要的東西：我的兒子。

繞住我脖子的鞋帶在上面留下勒痕，用手就摸得出來。我把運動鞋丟回衣櫃，再次納悶綁了鞋帶的鞋子一開始怎麼會被歸於「可留下」的物品。我從衣櫃裡拿出一件毛衣，遮住我軟弱時刻留下的證據，然後躺回床上，從早到晚都沒下床。我原諒自己又臥床不起，允許自己為我失去的片段人生哀悼。明天我就會早起，拿小毛巾去沖溫水澡，排隊拿難喝的咖啡。我會撕掉那張七十二號表格，繼續留下來。我會一點一點活過來，因為有個個子小小、可愛、溫柔、善解人意的十歲大男孩需要我這麼做。光這個理由就非常足夠。

21. 該走了，小姐

在戒治中心待了幾個禮拜後，我漸漸感覺到自己的進步，也看到我的生活有可能逐步穩定下來的細微跡象。我很努力建立固定的日常作息，也很認真看待緊湊的每日課程表。每天早上我都一大早起來洗溫水戰鬥澡，還會用心鋪床，把床單弄得乾淨又整齊。我媽常說，髒亂的房間清楚反映出混亂消沉的內心，那就是我奮力要擺脫的狀態。之後我會走去廚房排幾杯煮過兩次的難喝咖啡，接著去排隊拿早上的藥，再來是早餐，再來是一整天的團體會議、心理治療和身體檢查。做這些事自有一種節奏，我慢慢地、平靜地融入這個節奏，多少有點認命接受的成分。我盡可能充實自己，希望這麼做能找回我認得的那個女人。唯一的出路就是走出去。

白天我們多半在做團體治療。那是戒治中心版本的開麥之夜，是我們——關在這裡的女人——分享自身經歷的時間。這些經歷不簡單也不輕鬆，更不是聽了心情會變好的美好故事。那是我們的掙扎、痛苦、軟弱和恐懼的故事，訴說著我們如何受傷、造成了什麼傷害，自己和他人的生活又如何受到影響而變得愁雲慘霧的故事。有痛苦，有傷害，有悲傷，有羞恥。每個人都有自己的故事。有個女人大學時去參加看似無害的家庭派對，喝醉酒昏睡在沙發上，醒來時發現一個她根本不認識的男生正在性侵她。從此她開始討厭自己、責怪自己、傷害自己，狂塞食物把情緒淹沒。另一個人高中開始碰毒品，因為男朋友說服她這麼做很酷，後來她吸上了癮，無法自拔，甚至因此錯過了她深愛的奶奶的喪禮。那天起她痛下決心戒了毒，之後卻開始懲罰自己，催吐催到幾乎把三餐都吐了出來。她不知道自己是誰或從哪裡來，並為此深深痛苦，這種感覺不斷侵蝕她的內心，她甚至為了了解自己身上流的血而割傷自己。

故事的細節各有不同，核心卻都一樣。無論我們選擇割傷自己、吞藥、喝酒喝到掛、不吃東西或把三餐都吐出來，其實都是在尋找方法處理自己的痛苦。這個發現震醒了我，甚至使我懷疑，長久以來我一直以為跟妹妹關係決裂是因為我們是完全不一樣的人，但或許我們的核心其實很像。在這裡，沒有了藥物、酒精和用來傷害自己的工具，我們得以重新發現人與人之間的關懷和愛。我們都是女人，都有想要照顧他人的本能。因為這種與生俱來的力量，我們又能跟人重新連結。看到他人流淚，我們遞出面紙，拍拍對方的肩膀，為對方加油打氣，給對方溫暖的擁抱。藉由這股力量，我們互相扶持。我們說出內心的祕密，在彼此情緒崩潰時接住對方。長久以來我們默默想辦法自我修復，卻在這裡發現我們需要一整個村子給我們依靠，傾聽我們，關愛我們，提醒我們自己並不孤單。

在這裡我找到了安全感，我放下防備，敞開心房，說出心裡的話。我跟其他人分享我的痛苦和悲傷，發現自己的心好久沒有這麼輕盈的感覺。幾個禮拜一點一點移除心理的重擔，我的臉上終於偶爾出現笑容，甚至不時哈哈大笑。有生以來我第一次可以既脆弱又安全。沒有人會批評我，沒有人會轉過身，沒有人看到我摔得很慘還幸災樂禍，也沒有人會懲罰我。我可以放聲哭泣也不會被嘲笑，不會被說情緒化（例如湯姆）或是軟弱（例如我爸）。他們兩人都一而再再而三地要我「克服它」。我獨自一人來到這裡，找到了一群姊妹，互相扶持變得更堅強。我感覺得到希望逐漸在我心裡萌芽，伴隨著一股確信，相信自己可以重新建立更快樂、更健康的人生。

來到這裡已經兩個多禮拜。四月底的某一天，戒治中心的兩名社工要我跟他們到後面的露臺聊一聊。能到外面透透氣我求之不得，但很快我就發現那並非我想像的額外福利。他們說我的保險已經到期，四天前就已終止，事前毫無預警。如今我不但花光了我媽幫我付的保證金，還背負了前四天沒有保險所累積的幾千塊費用。這個消息對我來說有如晴天霹靂。眼前我有兩個選擇，一是把欠的錢還清，然後自掏腰包把這個昂貴的課程上完，或收拾行李走人。我的處境很悽慘，個人帳戶裡只剩下三十四元，因為湯姆已把我們共同帳戶裡的錢領光。要是留下，累積的醫療帳單會像海嘯把我吞沒，要過好久我才能重見天日。要是選擇離開，我就會被丟在這片中西部郊區冰冷又陌生的街頭流浪，沒有中途安置計畫，也沒訂好回家的班機。我又氣又慌，知道兩種選擇都不會有好下場。

女性員工眼神空洞地唸出我的權利義務，我力持鎮定，質疑他們的做法，但實在很難。不過兩個禮拜前，他們還擔心我會自殺，今天卻要把我踢出去，只因為我的保險到期，而我又沒有錢繳清欠款。這樣的做法既粗糙又冷血，跟之前為了幫助我振作起來而付出的心血背道而馳。即使我沮喪得流下眼淚，他們也不為所動，讓我覺得他們真的不在乎我是死是活，或有沒有好起來。我回房間去收少得可憐的行李，卻發現他們早就拿掉床單，準備讓新病人入住。

我當然想出去，巴不得能脫離這個我忍受了兩個禮拜、有如監獄的地方。我想走出層層上鎖的門，呼吸新鮮空氣。我想要想尿尿就去尿尿，沒人在旁邊監視我。我想好好洗個熱水澡，有大到能包住身體的毛巾可以用，還能用乾淨又鋒利的刮鬍刀剃腿毛和腋毛，喝一杯還算像樣的濃郁咖啡。但我也想留下來，因為我最大的願望就是完成來這裡的目標。我想要繼續努力工作，重新做人，等到跟自己內心所有憤怒、沮喪和自我厭惡講和之後再離開這裡。如果他們現在把我踢出去，之前的辛苦就都白費了。住在這裡的這段期間，我失去了家、事業和小孩。什麼都沒了。現在我只剩下這裡，卻連這個都要被奪走。我只是想得到重新歸零所需的幫助和力量。

「你機票訂好了嗎？」有個不耐煩的護士探進我房間問。我擦去臉上的眼淚，搖搖頭。

「一個小時前你們甚至不准我自己去尿尿，現在卻打開大門要我出去自生自滅。你們都這樣嗎？把想自殺的女生趕出大門？」我困惑地問。不到十分鐘前我才受到意外的打擊，他們就指望我訂好回家的班機？她是認真的嗎？一小時前我還被限制行動，不能在中心裡自由來去，因為我在他們眼中還沒有能力做出有益身心的決定，現在他們卻要我在沒有任何退路、指引或支持的情況下離開這裡，前往最近的機場。

「你們可以至少幫我想辦法到機場嗎？」我哭著問不耐煩地用腳點著地板的護士。「我沒有錢叫計程車。」她轉回走廊去幫我想辦法。我拉上行李袋的拉鍊，拖著滾輪行李箱跟在她後面，然後坐在公共空間的沙發上，等他們把剛進來就沒收的東西交還給我。裡頭有我的手機，開機後我發現電力不足，連要打通電話都勉強。我只需要打一通電話——打給我媽。我打算去機場途中打給她，告訴她我被趕了出來，還背了一屁股債，現在得想辦法看要怎麼買機票回家。我不排除自己有可能得在機場待上一段時間。

每次有人突然離開都會引起一陣騷動，即使我在這裡期間這種事幾乎每天都會發生。突如其來的告別令人難受，因為很多人都在這裡交到好朋友，藉由互相分享痛徹心腑的人生故事而建立姊妹般的信任關係。在人生跌到谷底的痛苦時刻，我們從彼此身上得到支持和安慰，甚至連家人都不一定能有這樣的親密交流。沒人了解我們的時候，至少我們還有彼此。我親眼目睹很多女生因為保險問題被迫流落街頭，說消失就消失。我知道再也見不到她們，畢竟我連她們姓什麼都不知道。我知道她們內心不可告人的祕密和恐懼，卻不知道她們姓什麼。

有些女人看到我拖著行李紛紛圍過來，問怎麼回事。大家匆匆寫下聯絡方式和加油鼓勵的話，然後把卡片塞進我的外套口袋。雖然知道彼此再也不會見面，但這樣的舉動仍有它的力量。我坐在沙發上等車子載我到機場，默默掉著眼淚，經過的人輕拍我的背，溫柔地給我安慰。

此時對講機響起一組代號，公共區域開始變得有點混亂，大家紛紛回各自的房間。那組代號代表有人情緒失控，所以救護人員趕來控制場面。按照指示，碰到這種情況我們要安靜迅速地回到自己房間，清空現場，方便救護人員進來拆除在中心某個角落炸開的情緒炸彈。之後不可避免會有警車和救護車進來把發瘋的女人帶走，場面就會變得很戲劇化。大家都忍不住站在房間門口看這次是誰爆炸被帶走。走廊清空。我因為已經沒有房間，只能拉著行李箱不知所措地站在原地。

「我該去哪裡？」我問護士。

「留在原地。」她慢慢地、平靜地說，彷彿負責拆彈的人是她。果不其然，一排警車和救護車出現在門口。玻璃門旁有個護士輸入密碼，放一群身穿制服的人進門，裡頭有警察、救護車隨行人員，還有隔壁院所的支援護士。好幾個人團團圍住我像要攻擊我，慢慢朝我走近，好像我胸前綁了炸藥。原來情緒爆炸的人是我。我說了「自殺」這個咒語，他們是來抓我的。我一頭霧水，後來意識到他們喊出一個代碼，不可避免地引起了騷動……這導致我得再度入院治療，我的保險也重新生效。這就是醫療系統運作的方式，而我像個犯人被困在裡面。「過程可以輕鬆可以困難，看你怎麼選。」其中一人說。我目瞪口呆、一動不動地站在原地，四周圍繞著一群穿制服的人和一部擔架。他們用威脅的口吻說要是我不配合就要綁住我。我努力克制逐漸湧上來的歇斯底里情緒，擔心要是表現出我內心有多混亂失控會招來什麼樣的對待。一切就像一個從電視節目得到靈感的噩夢，我甚至以為他們會大吼「雙手舉起來」！出於恐懼，我只好配合，任由一群人把我送進救護車的安靜後座，然後關上門，把我載往未知的地方。從後座我看不到救護車要開往哪裡，他們也不肯告訴我。我覺得自己像犯人也像人質，心裡內疚又害怕。我感覺到自己又開始向下沉淪，繞了一圈又回到原點，腦袋像剛開始時一片混亂。這幾個禮拜以來的努力全都白費了。

他們把我送到當地醫院的急診室。我坐在瀰漫消毒水味、裝了窗簾的房間好久，將近一整天。我只能等，不斷累積醫療帳單。等待期間我看到三名戒治中心的女人也被送來這裡，不禁好奇還有多少人在這裡。我們像棋子一樣被移來移去，根據的標準看來是我們付錢的能力。我沒有保險，所以就被送來地方醫院急診室的昂貴病床，意思是說戒治中心不是沒有床位，甚至還有給自費病人的床位。我覺得自己被困在一整個生態系統裡，這個系統把脆弱無助的女人移來移去填滿床位，申請保險理賠。我們就像人質，任由千瘡百孔的精神醫療系統擺布。現在的我只想離開這裡，擺脫這個扭曲墮落的體制。我想前往機場，想辦法回家。但很快就有人來通知我，我暫時還不能回家。救護車不顧我的反對把我送往一家精神病院，這一住又不知道要多久。

他們把我送到的地方不像醫院的病房，更像牢房。我被鎖在一個房間裡服刑，再次喪失了人身自由。一關就是好多天，我困在裡頭無事可做。雖然只待了四天，快瘋掉的感覺卻像過了好幾個禮拜。獨自被關在空蕩蕩的房間時，我徹底迷失了方向。因為沒有時鐘，我分不出時間，只覺得時間慢得令人痛苦。從小窗戶看出去只見一片灰沉的天空綿延而去，無法辨別我面對哪個方向。整天無所事事，我只好看著窗外樹枝上的小蟲在葉芽上跳來跳去，像在慶祝春臨大地。我好想回家，在我的窗前花臺上種花，幫連翹催花，蒐集餐廳的花卉擺飾要用的花，幫忙傑姆用長柄刷和水管打掃人行道。如今那些日子都離我遠去。

偶爾我會躺在冷冰冰的地磚上做些簡單的伸展運動，之前我學會用這些運動平復大哭過後的心情和避免過度換氣。這裡吃飯的時間不固定，但每次送來的食物都難以下嚥，任憑我怎麼努力還是吞不下去。偶爾看到用來裝飾的水果我就會大口猛吃，還把小包裝的蘇打餅和全麥餅乾存起來慢慢吃，真的覺得餓才吃。我躺在床上好幾個小時、好幾天，被迫關在這裡我愈想愈嘔，整個人心浮氣躁又全身麻木。他們把我關在這裡根本毫無道理。我愈來愈不耐煩，一天到晚擔心自己的心智會在這張床上腐爛或是我會真的瘋掉。我以為情況已經糟得不能再糟，偏偏肚子在這時候開始陣陣作痛，我月經快來了。我跟護士要衛生棉條，順便也要了一些止痛藥。她看著我，抓抓頭，用很重的中西部腔說：「OK……呃……我來看看，親愛的。我記得這裡只有衛生棉。」我等了想必有幾個小時都沒等到她回來，只好用衛生紙鋪成厚墊塞進內褲，然後在床上躺成胎兒的姿勢用身體對抗經痛。之前在戒治中心我慢慢試著戒掉幾種藥，如今這些藥卻說停就停，我開始出現戒斷症狀。想當初我很快就對這些藥上癮，現在要戒掉卻要花上很長的時間。就算好不容易睡著，我也會滿身大汗醒來，全身濕到不得不換衣服。白天我的腦袋恍恍惚惚，身體像電流通過一樣抽搐。我感覺到自己愈陷愈深。我擔心這次的挫敗會把過去幾個禮拜以來的進步化為烏有，讓我又跌回深淵。

每天我都會走去一排公用電話打好幾次電話給我媽。那裡的擺設跟我想像中的監獄一樣。三部電話並排在上了漆的水泥牆上，中間隔不到一呎，因此電話上進行的痛苦對話毫無隱私可言。每天會在指定時間開放通話，一次只開放二十五分鐘。假如電話整整二十五分鐘都被其他患者占用，這輪就沒了，就得等上好幾個小時才會重新開放。想打進來的家屬也同樣失望，經常會打不通。跟外界的人聯絡的自由，是這裡的人被剝奪的另一項權利。我需要律師幫我掙脫這個把我像人質扣押下來的可怕體制。我需要答案。我需要有人幫我管理早已亂七八糟的各種用藥，還有戒斷藥物之後的症狀。我需要好好吃一頓飯。最起碼我需要一顆阿斯匹靈和該死的衛生棉條。幸好我媽接收到我的呼救，衝動之下買了機票，在最後一刻搭上飛機，早已負債累累的信用卡又加上一筆昂貴的機票費，還在口袋塞了幾卷零錢付租車費用。我身體虛弱，絕望到已經不顧面子，亟需有個頭腦清楚的人帶我逃離這片混亂，或許也給我一點愛。我需要我媽。她終於抵達的那一刻，我大大鬆了一口氣。

醫生徹底檢查我的狀況，宣布我對自己或他人不會造成威脅，並把我交到我媽手中，過程總共花了四天。等我終於能夠回家，坐上租車前往機場時，我才想到我不能回家，因為我已經沒有家。這四天我失去了在戒治中心那兩週重拾的力量。戒斷症狀令我痛苦，我也不知道如何重新開始。我太虛弱，無力面對在前方等著我的混戰和已經跟我分居的丈夫，而緬因州鄉下也沒有太多能幫助我重新站起來的資源。但無論我準備好了沒，血淋淋的現實都在等著我。

到了機場，我被徹底搜身，連袋子也無法倖免。我已經習以為常。但通過安全檢查後，一種全新的感覺襲來：自由。人來來去去，有的匆忙，有的悠閒，有人在走路，有人坐著，有些在排隊買吃的。大家各自做著想做的事，自由來去，沒有人監視他們一舉一動。還有喝咖啡。我直奔我看到的第一家星巴克，口袋有一卷我媽給我的二十五分硬幣。我點了兩杯雙倍濃郁的卡布奇諾，一手一杯，在登機門輪流輕啜兩杯咖啡，把它們當熱熱的藥水一樣喝，享受每一口帶來的喜悅。從今之後我再也不會把一杯好咖啡視為理所當然。登機門旁邊的女廁人擠人，在馬桶座鋪上衛生紙之後我坐下來，從容不迫地尿尿。我無法想像自己會那麼感謝能如此輕鬆自在地解放。在洗手臺用細緻溫暖的肥皂泡泡慢慢洗手時我不慌不忙，享受這一刻的自由。抬起頭時，我看見洗手間的高大鏡子裡映出的臉。這是我幾個禮拜以來第一次照鏡子，差點認不出自己。過了幾天只吃餅乾的日子，我瘦了很多，顴骨變明顯，眼睛也因為流太多眼淚還腫腫的。我偷瞄在我旁邊洗手的女人的鏡中倒影，只見他們對著鏡子補妝或整理頭髮。我微微一笑，發現周圍可能只有我一個人正在細細感受照鏡子或自己到公廁尿尿這種平凡的日常和簡單的自由。就算這麼一點點的感恩知足，是我從這場混亂中帶走的唯一東西，那也值得了。或許這就足以讓我重新站起來。

第四部

解脱

Liberty

22. 緬因州的黯淡一日

回到家那天，空中烏雲密布，印象中我從沒在緬因州看過這麼黯淡淒涼、愁雲慘霧的春日。外在環境彷彿投射出我的內心風景。我只帶著一個行李箱回到自由鎮，裡頭只有幾件衣服和一些化妝品。難堪、自我懷疑和一無所有的沉重感覺，是我的人生僅剩的一切。坐在副駕駛座上時，愈接近我爸媽在芬妮路上的家，我的人生已經徹底翻覆的殘酷現實就愈來愈真實。我還在奮力對抗全身震顫的藥物副作用，但我不確定自己是因為戒斷藥物而發抖，還是要面對不確定的未來太過緊張而發抖。

一哩長的黃土路走到底，就是我從小長大的那間農舍。我父母願意收留我，給我一個安全的避風港，在我準備面對離婚風暴之際有個地方安頓下來。我打算搬進農場池塘邊、離主屋不遠的小木屋，在那裡承受地獄般的煎熬，同時努力拿回和重建屬於我的生活。我要從頭開始。然而，即使已經回到家，我還是徬徨失措。

住在森林邊的小木屋我能擁有自己的空間，也不會占用到我爸媽的空間。三個人擠在小農舍裡不是辦法，一個屋簷下容納不了三個人的痛苦和憤怒。小木屋簡單樸實，裡頭有張古老的琺瑯桌和兩張上過漆的木椅。一排單片玻璃窗對著我小時候冬天去溜冰、春天去抓青蛙的池塘。一張曾祖母留下來的橡木床架的雙人床。角落有個鑄鐵燒柴爐，潮濕的春日或寒冷的秋夜能讓屋裡暖烘烘。屋裡沒有電，只有幾盞油燈、一個鍛鐵分枝燭臺，還有裝在玻璃杯裡這裡一個、那裡一個的許願蠟燭。沒有廁所，只有放在床底下的白瓷夜壺。陶瓷大碗加水壺充當洗臉盆。我雖然可以去主屋洗澡，但水也要省著用，因為老井的水有限，一下就用完——跟我爸對我的耐心很像。雖然有點克難，但我還是很感激有免費的屋頂能遮風擋雨；需要陪伴時走幾步路就找得到人取暖，也令我安心。

小木屋已經沉睡了一整個冬天，需要大掃除——我自己又何嘗不是？我用濕抹布拍打結了大蜘蛛網的邊邊角角，把屋裡的幾件家具擦乾淨。然後把地板上積了很厚的灰塵掃出去；打開窗戶讓新鮮的空氣進來；清空火爐裡的灰燼，再用上一季留下的零碎木柴生火，去除春日空氣中的濕氣。長大之後我就沒再燒柴取暖過，試了幾次才成功，火終於穩穩燒起來，但看到煙霧滾滾飄進屋裡，我才發現風門入冬之後就已關上。我打開風門，廢氣隨即排出去。火愈燒愈旺的同時，屋裡漸漸暖起來，木頭燃燒的嗶嗶剝剝聲使這個地方活了過來，屋裡彷彿有另一顆心臟在跳動。我在床上鋪法蘭絨花紋床單和拼布被，照小時候媽媽教我的方法把四個角折進去包好。我拿玻璃瓶到主屋裝了幾瓶水放在床邊，把水倒進琺瑯壺裡再放上爐火加熱，睡前就能用來洗手洗臉。之後幾天我忙著把這個小空間變得更像家，包括到處蒐集延長線，把電線從穀倉拉過田地延伸將近一百碼遠，這樣我就有三個插座可以分給兩盞燈和一個風扇（雖然有時我爸會故意整我，扯掉穀倉的插頭，無預警地把房間變得一片黑——他把這當成一種玩笑）。那是我在新家享有的一點點小奢侈，天知道這一住要住多久。除此之外，我還修剪了冬去春來愈長愈茂密、逐漸入侵小木屋的樹叢。窗外花臺上則種滿了我從隔壁森林採來的蕨類和毛茸茸苔蘚。

早餐和晚餐我會爬上斜坡到主屋跟爸媽一起吃。我們在餐桌上的對話經常火爆收場，為了我即將寄來的醫療帳單、愈積愈多的訴訟費、遲早會被收回的車子，或跟湯姆之間的監護權之爭不歡而散。我漸漸發現，我們全家人都是這場慘烈的離婚官司的受害者，包括我爸媽。他們跟我一起掉進人間地獄，心被幾個月來盤據我們生活的中傷、失去和情緒撕裂。他們跟我一樣輾轉難眠，既憤怒又痛苦，也因為被迫跟傑姆分開而心痛不已。我開始擔心我離婚會害死他們，甚至會害他們心碎。這跟上次我害他們承受的精神壓力不一樣。上次我搬回自由鎮時不但破產，還未婚懷孕，把羞恥和挫敗帶進他們的生活，也把壓力帶回家，但最後的結果卻是莫大的喜悅——生下一個男嬰。起先我爸要我拿掉小孩，最後小孩卻融化也照亮了他執拗的心。他甚至流著淚向我承認，這是他有生以來第一次錯了。他無法想像生活裡少了這個漂亮的孩子，而如今我們卻不幸失去了他。我不知道他們還能承受多少打擊，才會跟我一樣徹底崩潰。

我媽一如既往，仍然是一股溫柔而堅定的力量。身為退休的小學特教老師，她受過處理家庭危機的訓練，但面對自己家的危機卻是更大的挑戰。要把情緒區隔開來難上加難。她很努力保持自己務實有條理的一面，不厭其煩地幫我記下看診和跟律師見面的時間，把資訊拆解成我脆弱不堪的心靈能夠理解的片段。我媽相信一個人無法獨自度過危機，好比學校若有孩子情緒崩潰，需要一整個團隊才能把失控的孩子導回正軌。在她眼中，這次危機並無不同，所以她認為這也需要一整個村子的合力幫助。於是她宣布成立「危機小組」，成員包括姑姑蘿達和我的兩個密友大維和艾薇。大維和艾薇跟我爸媽的年紀相當，已經退休又沒有小孩，幾年前我透過湯姆認識了他們，之後變成很好的朋友。艾薇是個美食家，我們都熱愛美食美酒因此愈走愈近。大維是土生土長的緬因州人，待人溫厚，幾乎像慈母一樣，很會照顧人。夫妻一旦決裂，朋友難免也會分裂，各自選邊站。有一陣子，大維和艾薇堅決站在湯姆那一邊，想盡辦法說服我回到他身邊。湯姆狡猾又聰明，寫了很多信跟他們說我們分手的過程，把自己塑造成受害者。他相信憑自己高明的操控技巧一定能慢慢打動大維和艾薇的心，他們就會替他遊說，勸我回到他身邊。他差點就得逞。當湯姆鎖上餐廳的門，把我全部的家當和我的孩子鎖在裡面那天，他們就看穿了他的謊言。「你不會在小動物受傷的時候踢牠一腳。」艾薇跟我說。那扇門一鎖上，門鎖一換掉，湯姆就等於像大維和艾薇證明，他送我去戒治中心不單純只是要幫助我「好起來」。我當然覺得他從沒關心過我好不好，甚至認為他是故意把我送去那裡關起來，趁機掌控一切，就像隻鷹抓準最佳時刻從空中發動攻擊。我總覺得一切都跟控制有關。控制我，控制傑姆，控制餐廳。有天在戒治中心那間瀰漫消毒水味的電話室，白板上的電話留言清楚道出大維和艾薇選了哪一邊。留言板上寫著：

留言給：艾琳
留言人：大維與艾薇
留言內容：早上十點四十八分，離了那個王八蛋。打給我們（抱）。

從那一刻起，他們就給我源源不絕的有力支持。他們跟我一樣恨得咬牙切齒，陪伴我爬出痛苦的深淵。他們就像我的家人，給我愛和支持，溫柔又堅定，隨時準備為我出戰。那很像我跟爺爺奶奶之間的特殊連結，要是他們還活著，一定會在前線陪伴我打這場不公平的戰爭。

我媽安排我們五個人每週聚一次會，一起想辦法把我一步一步往前推。我們都在農舍的後露臺聚會，我媽會幫大家準備小點心，例如剛烤好塗奶油和草莓果醬一起吃的約克夏布丁。那讓一切感覺如此文明，即使我們都知道並非如此。但我們聚在一起不是為了吃吃喝喝，而是很嚴肅地討論我陷入的狼狽處境。我們會一起整理我收到的大量帳單，想辦法減輕我愈積愈多的嚇人負債，還拿我的訂婚戒指去當鋪問到最好的價錢，多少補貼伴隨離婚官司而來的訴訟費用。為了不讓債主找上門，我們這裡寄個十美元、那裡寄個二十美元。這個小小的舉動不只表達了我們的誠意，也能避免有人來催討我的醫療帳單。

每次我陷入人生低潮，我妹總是缺席，但我並不覺得難過，而是早就習慣我們之間的冷淡關係。替我加油打氣本來就不是她的作風。我跟她疏遠已久，兩人之間有太多至今未解的新仇舊恨。我們一點都不像姊妹，甚至連朋友都談不上。一頭金髮、把我們綁在一起的血緣關係，是我們之間唯一的共同點。真要說的話，只要她在旁邊，我就會不安，她不在我反而能平靜，不用擔心她對我的評價、她狂傲的見解，或是她又要說什麼話貶低我或令我難堪。光是面對我爸對這場悲劇的反應就夠我受了，不需要我們本來就很緊繃的姊妹關係來雪上加霜。

我爸壓抑不了自己的熊熊怒火，不但幫不上忙，反而為我帶來額外的壓力和焦慮。對湯姆的鄙視在他內心不斷悶燒，說不定他比我更恨湯姆（如果可能的話）。他的怒火波及周圍所有的人，因為他表達憤怒的方式就是怒吼斥罵和暴力威脅。我擔心他不只會刺破湯姆的輪胎而已。他會不會一時衝動殺了湯姆？我們都有各自傷心難過和忍受痛苦的方式，但他凶狠起來任誰都難以忍受。再說，每天看到我，他就會想到我們正在痛苦面對的慘事。我以為他不可能比之前更厭惡我，但顯然我錯了，現在他對我的厭惡比之前更甚。但因為被男人貶抑而看低自己會帶來多慘的後果，我已經學到教訓，不會再重蹈覆轍。

23. 誰救了誰？

我從來沒真正學會獨處。一出生就有父母的溫暖懷抱，沒過幾年我妹也出生了。從小到大有家人和爺爺奶奶圍繞在身邊，還有姑姑姑丈、表兄弟姊妹、同班同學、球隊隊友、朋友、男朋友、大學室友、同事、自己的小孩，再來是丈夫。我從來不曾自己一個人住或長時間獨處，到了三十三歲，才發現自己或許並不擅長這件事。獨處感覺很陌生又不舒服，而且永無止境。

奧古斯塔市最近開了一家動物收容所。我把車停到正對前門的車位，這樣就能看到他們何時開門。昨天我打電話來問過開店時間，接電話的女人建議我早點去。「先到先選。」她說。時間分秒流逝，更多車開進停車場，把空位填滿。我留意著坐在車裡的人有何動靜，想看有誰會提早從溫暖的車上走出來，在這個寒冷的春日早晨到店門前排隊。一看到有人走出去，我立刻跟上，下一秒玻璃門內就有個穿紫色刷手服的女人打開門，放一群滿懷期待的領養人進門。

進了門，動物糞便味和貓尿味撲鼻而來，我不得不摀住鼻子和嘴巴才不會想吐。響亮的狗吠聲和尖銳的叫聲充斥登記區，在厚實的水泥牆間迴盪。玻璃牆後面是一排排鐵絲網籠，裡頭關了各種混種和大小的狗。牠們跳上跳下，走來走去，嗚嗚哀號，猛搖尾巴，拚命要引人注意。有看似有皮膚病的咖啡色野狗；白色毛髒到變黃色的小型狗，還有幾隻雜種的比特犬。動物把屋裡變得一團混亂，個個都期待有人帶牠們回家，疼愛牠們，給牠們第二次機會。我環視房間幾圈，視線掠過這些充滿野性又激動的小狗再轉回來，然後從眼角看見了牠。牠是隻渾身髒兮兮的母狗，毛是黃色的，耳朵是較深的焦糖色，鼻子也是，脖子上戴著破破爛爛的紅色項圈。是隻有拉布拉多血統的雜種狗，或許也有點牧羊犬的血統，所以有長長的口鼻，大概五、六歲。牠靜靜坐著，腳掌微微往前伸，一片混亂將牠包圍。牠看起來悶悶不樂，你甚至感覺得到牠的難為情，那表情簡直像人一樣。我輕敲窗戶引起牠的注意，但牠不為所動也不理我。牠忙著掃視房間，悲傷的棕色眼睛只跟我對到一秒。那雙眼睛彷彿在說：這不是我期望的人生。這也不是我期望的人生，我在心中跟牠對話。

「請問，可以跟我講一下那隻狗的資料嗎？」我問櫃檯的女人。

「那是芬妮，上禮拜來的，被主人遺棄。」

「芬妮。」我輕聲說，轉頭面對玻璃牆，看著那隻悲傷的小黃狗。芬妮，我在心裡一再重複這個名字。跟我從小長大的那條路同名。動物收容所裡的小狗芬妮，尋找著不一樣的人生——跟我沒有太大不同。我們都一樣狼狽，內心破碎，無精打采，遭受命運的打擊，被混亂包圍，渴望能重新開始。金黃色的芬妮，而我卻身為分文[5]。

牠又跟我視線交會片刻，這次用眼神告訴我：我困在這裡，現在只想逃出去。

我們逃吧。

「我們離開這個鬼地方，孩子。」我隔著玻璃輕聲對牠說。其他人也在四處尋找看得順眼的寵物，我得動作快，才不會被搶先一步。「不好意思！我想領養那邊的那隻黃狗，戴紅色項圈的那一隻。」我指著芬妮說並推擠上前。

填表格雖然很快，卻還是殘酷地提醒了我如今陷入的孤獨深淵。

問：家中有幾名成員？

答：一個他媽的悲慘寂寞走投無路的女人。

問：家中有小孩嗎？

答：沒有。我兒子是我天空中最亮的那顆星，是我看過最可愛的人，我把我知道如何付出的愛都給了他，全心全意地愛他。卻有人把他從我身邊搶走。

我把申請表交給櫃檯的女人，擔心她會追究我寫的答案，結果沒有。她直接給我一條細細的尼龍狗鏈，然後走到玻璃隔板後面把芬妮帶出來，還幫我繫上狗鏈。

「你要不要先帶牠去停車場繞一圈再做決定？」

「不用了，我們可以的。」但願如此，但願我跟芬妮真的可以。我拉著小黃狗走出門，那一刻我們都覺得自由了。收容所裡的空氣太糟，嘴裡幾乎有股狗屎味，我感激地深吸一口外面的新鮮空氣。芬妮開始拉扯狗鏈，猛抓猛扒柏油路，使出全力把我往前拉，迫不及待要坐上我的車。我哄牠爬上後座之後，我們就出發回自由鎮。

回到芬妮路上的小農舍，我打開後車門讓芬妮走進牠的自由新世界。牠看了看四周但沒動，身上仍然散發著收容所的狗屎味和貓尿味，毛色暗沉骯髒，眼睛依舊低垂，透露著悲傷和自卑。我們必須重新開始。我帶牠到穀倉後面，把狗鏈綁在爺爺以前用來綁住馬幫牠們釘馬蹄鐵或洗澡的生鏽吊鉤上。先把牠全身噴濕再抹上洗碗精，然後沖掉泡泡。我找到一隻以前的馬毛刷，把牠從頭到腳刷一遍，從牠身上扯下一團又一團舊毛髮。洗完之後牠變得更乾淨、更輕盈，清新得宛如重生。我鬆開狗鏈讓牠自由活動。牠立刻躺下來，在碎石車道上展開四肢翻滾磨背，鼻子呼嚕嚕響，沿著碎石開心地扭轉背脊，最後站起來把全身甩了甩。牠站在那裡直視著我，咧開嘴露出牙，舌頭垂在外面，尾巴開心地擺盪，耳朵高高豎起。牠知道這是牠的第二次機會。就在那一刻牠甩開過去，迎接新生活。我很佩服牠能夠這麼快地往前走，拋開之前的痛苦和委屈，不對過去耿耿於懷。抱著怨恨和憤怒不放不是牠的天性，不到一天，牠就重新對愛和信任敞開心房。我也想跟牠一樣。

那天凌晨三點左右，醒來時我聽到哀鳴聲，猜想芬妮應該是想上廁所。我摸黑起床，搖搖晃晃走向紗門，只靠著些微月光指引。我拉開門拴放牠出去，牠一溜煙衝進

5 Penney與penny同音，後者是一分錢的意思。

黑暗中。我在屋裡等牠回來，見牠沒回來我叫牠名字、吹口哨、拍手喚牠回來，卻還是不見牠出現。我沒慌，心想牠可能在到處嗅一嗅，認識新地盤。我在黑暗中摸索，找到床底下的夜壺並蹲下來尿尿，希望等我上完牠也上完了。燒柴爐裡的火炭快燒完，我又丟了一塊木頭進去，再拖一下時間。我再次大聲喊牠、拍手和吹哨，但牠都沒回來。剛剛我一開門牠就衝了出去。恐懼漸漸襲來，牠可能不會再回到這個陌生的地方了。牠在黑暗中找得到路嗎？牠知道這是牠的新家嗎？牠知道在這裡很安全，有人會疼愛牠嗎？我走到門廊上喊牠，仔細聽周圍的動靜，但還是沒聽到牠的回應。我走進黑暗中，赤著腳在四周摸索，一再喊牠的名字。假如牠跑了，那就不會再回來了。我不由得想，如果我連照顧一隻狗二十四小時都照顧不好，我有什麼資格為人母親？也許湯姆說的沒錯，我是個不合格、不適任、注定失敗的母親。他把傑姆從我身邊搶走或許是對的。我走進小木屋鑽回被窩，知道只能等太陽出來再說了。我又自責了一會兒好不容易才睡著。

早上醒來時，刺眼的陽光從老舊的玻璃窗透進來，我立刻想起昨晚小黃狗不見的事。爐裡的火滅了，但早上天氣晴朗和煦，不用生火。我爬出被窩，踏上被陽光烘暖的木頭地板，思緒又飄回芬妮身上。我怎麼會把牠弄丟？牠能跑多遠？希望牠平安無事。我決定先去忙早上的事，包括把夜壺拿去樹林裡倒，再用一點池塘水把陶瓷大碗洗一洗。我走出門，小心翼翼拿著已經半滿的夜壺，看到牠時差點把裡頭的尿灑出來。只見芬妮坐在門廊上，背對著紗門，守護著牠的新家，滿足地沐浴在溫暖的晨光下。那天之後牠就沒再離開過我身邊。牠需要我，好像知道我也需要牠。我或許把牠從收容所救了出來，但牠也救了我。或者是我們救了彼此。雖然我失去了家和兒子，世界徹底瓦解，但至少還有晚上可以尿尿的夜壺，還有一隻在這種艱困時刻願意愛我的忠狗。而且我打從心底知道自己是個好媽媽。我會把我的孩子搶回來，一起在自由鎮把生活過好，我有十全的把握。因為今天是我長久以來第一次感受到一絲希望。

24. 前往蝙蝠洞！

湯姆緊咬我不放，鐵了心不讓我好過。為了擺脫他，我耗去全部的時間，把自己弄得筋疲力盡。決定跟他離婚時，我無法想像會引起這麼大的風暴。他拚了命要奪走我的一切。我離開他之後，他似乎認為把我逐出家門、讓我失去一切、從此悲慘度日才是對我公平合理的懲罰。從布沙發到我的親生骨肉，每一樣他都跟我力爭到底。每次對峙，他都像在挖墳墓讓我往裡頭跳。那是既深又廣的情緒黑洞，每當我脆弱時，他就穩穩占了上風。他藉由訴訟狠狠打擊我，因為我手頭拮据，精神也不夠強大到能存活下來。我難以想像他說了哪些話中傷身為母親和女人的我，但從其他人的眼神就看得出來，因為他們腦海中都是湯姆的說詞。除非把我重要的東西全都奪走，我想他不會善罷干休。我當然知道能夠改變事情走向的唯一方法，就是回到他身邊。只要我回去，湯姆答應會把他奪走的東西全部還給我。但我會從此活在謊言中，餘生都困在他為我設下的隱形牢籠裡，翅膀被剪斷，每天過著裝聾作啞的生活。

湯姆的年紀比我大，幾乎比我多活了一輩子。他有過一段婚姻，目睹兩個女兒出生，後來自己蓋房子，創業，離婚，失去房子，爭奪孩子的監護權。過程中他也學了幾招，知道怎麼跟法院周旋。他去找了方圓五十里內每個有名望的律師諮詢，即使自己早就請了律師。基於利益衝突原則，排除了我找到好律師為我反擊的機會。他也找到在法庭上很好用的關鍵詞：她很情緒化、她情緒不穩定、她不適合當母親。我沒有快速又簡單的方式能澆熄他為這場離婚官司煽起的烈火，所以只能忍耐，等這把火逐漸減弱，待悶燒的灰燼冷卻再去撿拾碎片。我必須挖得很深，才能找到力量重建生活，出去找工作，設法經濟獨立好為傑姆打造一個安穩的家。在赤裸裸檢視我的律師和法官面前，我必須證明自己一直以來都是、未來也會是一個好媽媽。

每天我都因為沒跟湯姆住在同個屋簷下而心懷感激，但每分每秒都因為沒跟傑姆住在同一個屋簷下而傷心難過。我奮力對抗他不在的痛苦，同時繼續每個禮拜跟律師開會、出庭、跟訴訟監護人訪談、做心理治療，還有跟危機小組聚會。過程緩慢，磨人，令人挫敗。我被放進裁決審判的培養皿裡用顯微鏡觀察，短暫婚姻裡的一舉一動都要任人檢視，現在的每個動作也都要被詳細檢查。她是怎麼樣的母親？有幫孩子做營養的早餐、準備均衡的午餐、每天接送小孩上下學、在睡覺時間趕他去睡覺嗎？有沒有替他蓋被子？唸故事給他聽？唱歌給他聽？工作時間是不是太長？沉重的工作負荷會不會妨礙她照顧孩子？如果她大半時間都在工作，怎能扮演好母親的角色？才十一歲大的傑姆不能表達自己的想法。法院不採納十四歲以下的未成年人的意見。對他們來說，他的話沒有參考價值。

我不但親手為傑姆做早餐，還用他幫我在市場挑的食材用心為他準備午餐盒。有時候是英式馬芬夾半熟蛋，水果是從我們家院子摘的新鮮藍莓；有時候是天然酵母麵包夾原種番茄和一點美乃滋做成的培根生菜三明治（他喜歡這樣吃，但不喜歡番茄放太久把麵包弄得濕答答）。天氣好的時候，早上我們會一起走十分鐘路去學校，邊走邊喝熱巧克力，或是一起騎腳踏車。我每天晚上都替他蓋被子，親親他，念書給他聽，幫他抓背，然後唱他最喜歡的貝蒂・蜜勒的〈我的小寶貝〉（*Baby of Mine*）哄他睡覺。晚上我會打開他房裡的電風扇，蓋去我跟湯姆不可避免發生的爭吵聲。我在餐廳工作的時間雖然長，有時一天長達十八個小時，但還是會騰出時間陪他走路上學，晚上也一定會到他房間親親他，跟他說晚安，即使他已經睡著。母親的角色永遠有不同的挑戰，我雖然做得不夠好，但一直以來都盡我所能地付出。我因此不夠資格扶養自己的孩子嗎？我是一個好母親嗎？種種指控使我開始懷疑自己所做的一切。

離過婚的人都知道，過程除了煎熬還是煎熬。無論如何你都躲不掉勢必會將你的生活四分五裂的痛苦和羞辱。對我來說，離婚的感覺就像有人拿手術刀切開我的胸腔，露出我的內臟公開展示，讓所有人都看到毀掉我們家的家庭悲劇。我們離婚的八卦變成這個小鎮茶餘飯後的熱門話題。憂鬱症、精神疾病、藥物成癮，各種流言滿天飛，走在街上不認識的人看到我都會搖頭、斜眼瞄我或說我不好。這種情況你很難不想躲在被窩裡，逃開所有的指指點點。但我同時也知道，一旦自暴自棄我就會失去一切。要是我躲在被窩裡，就等於證明那些質疑我的人說的沒錯，我確實就像他們說的一樣情緒不穩、不可靠。我非下床不可，所以我拚了命把把自己從床上挖起來。

一直以來我不知如何說服了自己，那棟磚樓的四面牆壁珍貴無比，而那四面牆壁就是我從頭打造的餐廳的精髓所在。一旦餐廳沒了，我也就窮途末路。路的盡頭只有兩個選擇，一是回頭，二是新鋪一條路。我絕不可能回頭。但若要往前走，我就得忘了那棟磚樓，把那四面牆壁拋到腦後。我需要的是輪子。

起心動念很單純，並帶有些許求生的意志。那是我多年前的一個小夢想，但從未實現，如今又找到新的機會。我曾經作過比這個小夢更大的夢，因為遇見那棟三角形磚樓而勇敢追夢，甚至突破萬難抓住那個遙不可及的夢。但或許現在，我比任何時候都更需要這個簡單渺小、平凡無奇的夢幫我重新開始。把一輛老拖車改成販賣美食的行動餐車，多年前的這個想法又浮現我腦海。而且這是我第一次有一支後援團隊支持我嘗試這條人跡罕至、多年前聽起來就有點大膽的路。於是，我開始尋找價格便宜的老拖車來進行大改造，給它一次重生的機會。「輪子，各位。輪子才能讓這女孩動起來。」艾薇冷靜自信地說，邊抽電子菸邊把她找到的分類廣告推給我。

廣告上寫著：

出售：一九六五年出廠的 Airstream 露營車
地點：北卡羅萊納州，蝙蝠洞社區
價錢：最優惠價

決定我是誰的不是四面牆壁，我之前的想法錯了。而是我用真心、用雙手和靈魂在四面牆壁裡呈現出來的東西。比方親手縫製的亞麻餐巾、一一挑選的復古瓷器、大束當季花朵、桌上的細口小花瓶之類的個人巧思。還有溫暖的燭光，背景飄揚的美好音樂。決定我是誰的，是我每天晚上用心、用愛準備、用可食用花朵裝飾的餐點，是我端到客人桌上的食物。我不需要湯姆從我這裡奪走的四面牆壁。一旦放掉自己必須拚了命奪回一切的執念，我就鬆了好大一口氣。現在我要做的只有一件事：「前往蝙蝠洞！」

那輛老露營車已經在閒置在營地上一段時間，這些年在附近進進出出的齧齒動物和蛇漸漸以它為家。曾經閃亮的鋁皮外殼已經褪色，變成黯淡無光的乳白色，上面還布滿松樹滴下來的樹脂黏液。車裡的原裝配備已經老舊，深色薄板片片剝落。狹小的廚房有個淺淺的琺瑯水槽、一組公寓規格的四口爐但已經不能用，還有刻著「上帝保佑我們的露營車」的木匾。另有一張可以收合的雙人床，後面還有已經拆除的浴廁，裡面的塑膠浴缸大得出奇。樟腦丸和霉味強烈刺鼻，甚至滲入便宜的印花窗簾裡。窗戶年久失修，少數還在的紗窗不是很破舊就是千瘡百孔。漆成咖啡色的膠合地板已經腐爛，不然就是被動物咬爛，看牠們留下來的糞便就知道。水箱不見蹤影，熱水器已不堪使用，車上的發電系統很不可靠，凹凸不平的保險槓鏽跡斑斑。看起來一塌糊塗，我突然懷疑自己是不是真有那麼想買下它。我也懷疑大維和艾薇是不是真想鼓勵我大膽出手，甚至幫我大老遠把這輛老車運送回家，相信我可以利用這堆黯淡無光的破銅爛鐵創造出小小的奇蹟。看來沒有任何一個上帝保佑這輛露營車，這讓我想起多年前上帝任由我的小貓死去，我就打定主意不再相信祂，也深信自己的決定沒錯。這輛露營車需要的不是上帝的保佑，而是一個知道因為不夠完美而得不到愛是什麼感覺的人為它帶來奇蹟。除此之外還要一組能把它送回緬因州的新輪胎。因為它破破爛爛，我就有機會討價還價，意思是我能用很划算的價錢把它買下來。不過，它要能上場打拚還得經過一番大工程，我也會因此欠下更多債，但這是邁向更大計畫的關鍵第一步。

這輛老爺露營車在六月的某天下午抵達我爸媽的農舍。大維和艾薇自告奮勇去牽車，因為我被官司和諮商綁住，走不開。此外，若說我要南下帶回一輛破破爛爛的露營車，打算日後把它改裝成行動餐廳，聽在法官耳裡只會覺得我瘋了，還會給湯姆更多彈藥，證明我有多不可靠。大維和艾薇願意為我做任何事，但我知道讓他們跑那麼遠會永遠欠他們一個人情。有時候我會想，他們為什麼要為我跑那麼遠，站在我這邊陪我度過難關和考驗，陪我一起哭一起笑。是因為內疚嗎？補償之前被湯姆牽著鼻子走的時候，極力要說服我回到他身邊？還是因為這就是真心相待、值得信賴的好朋友會做的事？像家人一樣，有福同享，有難同當；守護心愛的人，為他們挺身奮戰。例如放一隻狗去把凶狠的公雞咬死。我們的感情跟家人一樣深厚。

迎接這輛破舊的露營車回家，是我們很長一段時間以來最興奮的事。那也是我很久以來第一次有開心慶祝的理由，所以我湊出一小桌菜跟替我奔波的兩個好朋友分享。一份很適合我們的小組新成員的復古菜單。我用雞舍撿來的新鮮雞蛋做魔鬼蛋，用小時候媽媽送我的花嘴組把滑潤的蛋黃美乃滋醬擠進煮熟的蛋白裡，上面撒些許紅椒粉和片狀鹽，然後擺在一個古董蛋盤上。還有酥皮熱狗卷，用酥皮裹小段熱狗，放進烤箱烤得金黃飽滿，配上一小碟優質芥末醬熱騰騰上桌。我從媽媽的院子裡摘了幾把萵苣，把新鮮翠綠的嫩葉跟自製法式醬混合，醬汁紅中帶橘的顏色和濃稠度都恰到好處。我們坐在顏色鮮豔、我從穀倉挖出來的泳池藤椅上，一起用小玻璃杯喝潘趣酒。最後的甜點是一小碗奶香濃郁還帶點微溫的西米露，旁邊搭配少許鮮奶油、新鮮的切片甜桃，再撒上幾顆藍莓。正常過日子的感覺真好。我這才發現，這輛黯淡無光的小露營車或許正能為我的生命注入光輝和色彩。

大維和艾薇走了之後，我立刻切換成工作模式。首先打開所有窗戶透透新鮮空氣，然後用玻璃清潔劑把全部窗戶擦洗一遍，再來是牆壁、平臺、櫃子，接著把床上累積多年的灰塵抖掉。之後我用吸塵器吸走之前的齧齒動物房客留下的糞便和骨骸。我一直忙到太陽西沉、暗到看不清楚才收工。回到小木屋後我往床上一倒，雖然很累但也有揮汗勞動之後特有的快感——我的身體想念這樣的感覺。

隔天早上，沐浴在陽光下的露營車，內部看起來沒有比昨天開進車道時好多少。昨天刷洗了半天卻沒什麼用，我有點洩氣。車子還是灰灰髒髒，破破爛爛，而且還是有臭味。我下車去透透氣，往我爸在穀倉裡的工具間走去。我在亂七八糟的工具和偶爾出現的空啤酒罐裡摸索，想找一把簡單的一字起子。翻了幾分鐘之後終於找到一把。轉身離開時，我看到牆邊有一把老舊的大鐵鎚便停下腳步。就算我花好幾天甚至好個禮拜洗洗刷刷，努力讓那輛露營車重新活過來，車子內部也還是一片灰暗。我抓起大鐵鎚走回去。當我走進車裡，一手抓著沉重的鐵鎚，吸入難聞的味道，望著黯淡的車子內部時，我知道我正在為我們做一個重要的決定。我們都已經準備好甩掉別人替我們做的決定。我們都受夠了被過去困住。我們可以繼續抓著已經發生的事不放，也可以從此放手。

我把大鐵鎚舉到左肩大力一揮，敲碎第一面木板牆。每揮一次，我就把湯姆對我造成的所有傷害細數一遍。

貶低我。數落我。讓我覺得自己又笨又蠢又嫩又情緒化。從來不讓我做自己。

轟！

恐嚇我，欺負我，讓我在情感上極度匱乏。要我相信我只有他認為的那種程度的好。威脅我要是敢離開他就會毀了我。因為害怕我會勝過他，所以從不讓我成長。

轟！

酗酒成癮。喝到不醒人事，甚至動手推我，把我摔來摔去，對我破口大罵。

轟！

欺騙我。

轟！

滿口謊言。

轟！

搶走我的小孩。

轟！

每次轟一聲，我就會縮起身體然後嚎啕痛哭，發出淒厲的哭喊聲。那頭困坐在內心鐵籠裡生悶氣、渴望獲得自由的野獸，此刻正要破籠而出。我一口氣把悶在心裡的所有委屈、憤怒釋放出來，放開腦中所有說我不夠好的聲音（他的和我的都有），放開所有的懷疑、指責和羞恥。放開一切。

完成之後，眼前只剩下一個空殼和地上的一堆殘骸。小小的死去之後將迎來重生。湯姆奪走了我的餐廳的四面牆壁，卻永遠奪不走遍布我血液中對料理的熱愛。我會接收這個空殼，重建它的內部，把它布置得美輪美奐，變成一間行動廚房。我再也不需要四面牆壁，因為我有了四個輪子。

我打算重建晚餐俱樂部。行動廚房有無限的發揮空間，於是我開始想像自己能張羅出什麼樣的晚餐。我把一些小農和朋友的電子信箱和電話號碼彙整成一份通訊錄，這些人有些有趣的場地能把夜晚變得充滿活力，我希望能爭取到這些地方。我們可以在原野上舉辦快閃晚餐，在秋麒麟草叢間擺設長桌，桌上鋪亞麻長桌巾，放上古董餐盤。我可以在戶外料理食物，用炭火和濃煙燻烤剛採的蔬菜和草飼肉。我可以把桌子擺在果園的樹蔭下，在樹枝上掛閃亮的燈光，用蘋果做出各種料理——美味的雪酪、湯、沙拉和餡餅。我可以到當地的溫室舉辦溫室晚餐，桌子擺在番茄藤間，當我們切開成熟多汁、上面撒了優質橄欖油和少許鹽的原種番茄時，鼻腔充滿了草香。或者，何不找間可以改造成用餐空間的老穀倉，讓裡頭迴盪著笑聲，夾雜著新鮮乾草和美食的香氣？我在腦中看見用野花裝飾的餐桌，賓客盡情享用當天我在當地尋找和採收的食物做成的料理。想到又能站在爐子前做菜，我心裡就得到安慰。這提醒了我，我能帶給人哪些東西。那種感覺就像再度接上電源，我獲得了重新振作起來的動力。

25. 苦甜布朗尼

這些年來，焦慮變成我日常生活的一部分。每天夾在吃力的工作、破碎的婚姻和隨之而來的憂鬱之間，我給了它日漸壯大的沃土。就像一顆種子埋在深處，一年年長大，根莖四處蔓延，從裡到外將我纏繞。我曾經藉由藥物來抵擋緊張難受和焦慮發作時快要窒息的感覺，但那都過去了。我已經戒掉那些藥，但焦慮並沒有離我而去，我還是感覺得到它對我的強大控制力。起初是肺部勒緊，呼吸開始不順，接著必定會有一疊隱形的磚塊壓住我的胸口。再來是恐懼和大禍臨頭的感受：手抖了起來，人開始暈眩，耳朵嗡嗡響。現在不能再用白色、橘色和藍色的小藥丸擋住這些感覺，我得自己想辦法面對。我雖然想念那些藥丸，卻不想念過程中的憤怒、情緒波動、對酒精的渴望和全身麻木的感覺。也不想念藥物的副作用把我變成一個自己都認不出來的怪物，最後甚至摧毀全部的我。我一定得學會跟焦慮共存，也要學會不靠藥物達成目標。

我試了瑜伽和呼吸練習，試了針灸、芳香療法，還有順勢療法用的噴霧和滴劑，沒有一樣能像藥物一樣減輕我的焦慮。當初我有多快不敵誘惑，落入那些藥物的掌控，現在就得花多少時間擺脫在我心裡挖了洞並住下來的焦慮。

有一天，姑姑看出我的內在掙扎，給了我一小包用夾鏈袋裝的大麻，還說這或許可以用比較自然、不會上癮的方式「減輕我的焦慮」。

「試試看。哈點草又不妨礙誰，還能讓你睡得又香又甜。」

我是個腦筋很死的女生（至少在我沉迷藥物之前），長到三十三歲甚至還沒碰過大麻。我妹跟我剛好相反，十四歲就開始碰迷幻藥。在緬因州鄉下要弄到大麻不難，到處都有人偷偷種大麻葉，但我從來不曾感興趣，或者我更感興趣的是跟我的叛逆妹妹劃清界線。姑姑送我大麻是出於好心，但我卻害怕勝於興奮。我從沒碰過大麻，根本不知道怎麼捲甚至拿大麻菸，更何況是真的吸。要是我妹看到我現在笨手笨腳拿著一包大麻，不知該拿它怎麼辦，真不知道她會作何反應。我腦中響起之前她多次嘲笑我的愚蠢時發出的咯咯笑聲。我想像著她的樣子：對大麻絲毫不陌生，像個老手捲好一支又大又粗的大麻菸，把菸點燃，深吸幾口，然後把菸圈往我臉上吐，從頭到尾笑聲不絕。她好像很能抓到打擊我的方法，並常從中獲得奇怪的樂趣。我猜想這麼做能證明當妹妹的比姊姊還聰明，她就會覺得能跟我平起平坐，甚至自我安慰。我又幾乎能聽到她的笑聲在我耳邊迴盪，不知不覺臉頰發燙，肚子開始怪怪的。於是我把那一小包大麻塞進ＯＫ繃包裝盒，藏進小木屋的床頭櫃。

爸媽農場上的穀倉已經有一百五十年歷史，過去曾用來當乳牛場。穀倉旁外推了一間四方形的牛奶處理室，後來改成夏天用的廚房。裡頭只有一張桌子，與幾張陸續蒐集來的椅子（多半是別人送的），搖搖晃晃，禁不起久坐。天花板上掛著幾盞鋁燈，但延長線被松鼠咬得坑坑疤疤，所以只剩幾個能用。當初餐廳整修時，我們就把老舊的玻璃門冰箱和不鏽鋼雙格水槽搬來這裡。橡木平臺是我媽用同一條路上的鋸木場的便宜木材訂做的，塗上一層防水漆，還有開放式置物架，裡頭擺了許許多多從跳蚤市場買來的零散碗盤、不知哪裡挖來或送的銀製餐具、一臺經典的直立式攪拌機、一支舊式打蛋器、一個塞滿褪色木湯匙的瓦罐，還有幾個裝滿麵粉和糖的金屬罐。我媽給水泥地板上了一層漆再鋪上地毯（地毯有塊地方被狗灑了尿，丟了可惜，放在這裡剛好），看起來就沒那麼冷冰冰。我媽一向很擅長化腐朽為神奇。最後一樣不能不提的是奇異牌的四口電爐，之前擺在我的公寓，就是幾年前我成立晚餐俱樂部時用的電爐。後來我們升級改用高級的電磁爐後，湯姆巴不得把舊的丟掉。我雖然表明自己對舊電爐有特殊的感情，但他根本不在乎。相反的，我媽很高興電爐移到舊空間能重獲新生。

這間牛奶處理室改成的夏季廚房帶給我很多歡樂，就像我的遊樂場。我可以用院子現摘的蔬菜和雞舍撿來的雞蛋為自己簡單煮一餐，或偶爾為芬妮很快變出一份特製點心，通常是把冰櫃凍壞的肉拿出來跟煮熟的燕麥和胡蘿蔔煎一煎，上面加一坨優格。夏日微風從打開的紗門飄送進來，我赤著腳，不受打擾，聽著爸媽以前蒐集的老唱片，那些專輯都是他們對「美好往日」的回憶。我漸漸發現一個人獨處不一定很可怕。我可以在廚房裡用我心愛的老電爐下廚，腳邊有心愛的老狗陪伴，耳邊傳來史蒂薇・尼克絲（Stevie Nicks）的清亮嗓音。到池塘邊的樹上找野花來實驗新菜色，把花浸入麵粉、糖粉、蘇打水調成的麵糊中，再下鍋炸成金黃色，最後撒上一點糖，再把香甜酥脆的接骨木花油炸餅吃掉。我找到一片鄰居丟棄的大理石，上面雖然有裂痕和汙漬，但正適合用來烤糕點和司康。我用它來練習司康食譜，拌入薑糖，在一個個奶油麵糰上塗濃稠鮮奶油再滾一層白糖，然後把它們烤出層層口感，上面是脆脆的糖衣。吃的時候擠上鮮奶油，放上我到附近雷文路上草莓觀光農場摘的香甜草莓。

烘焙幫助我放鬆，既能讓我專心，又能分散我的心思。我可以利用雙手暫時拋開煩惱，變出看得到、摸得到又能吃的東西。有天下午我開始思考烘焙的事，還有放鬆的事，甚至把烘焙和放鬆兩件事放在一起想。我想起我藏在床頭櫃的那盒OK繃裡用夾鍊袋裝的東西。我或許不知道怎麼抽大麻，但我絕對知道怎麼烤蛋糕。

我開始在夏季廚房準備所有需要的材料，包括兩條無鹽奶油、九盎司苦甜巧克力豆、一杯白糖和一杯黑糖。我去雞舍撿了四顆新鮮的雞蛋，然後量好一杯中筋麵粉、四分之一杯鹼化可可粉、兩小匙香草精和一、兩撮猶太鹽。還有一袋大麻。我暫停片刻，盯著眼前的材料和那包大麻，不禁懷疑這些年妮娜會不會其實比我聰明，知道用一點點有機大麻葉趕走心裡的難受痛苦。我幾乎聽得到她嘲笑我的聲音。

「管他的。」我對著芬妮的方向大聲說。只見牠已經在廚房地上躺平，早就進入完全放鬆模式。

我把兩條奶油一起放進小鍋子用小火加熱，不斷轉圈直到融化成黃色液體再把鍋子從電爐移開。我把一小球一小球綠色花苞倒在桌上，呼吸它們散發的刺鼻草香，然後用蔬果刀把花苞切得跟五彩碎紙一樣細。接著把切碎的花苞（約半杯左右）倒進融化的奶油裡拌一拌，重新放回爐子用小火加熱，稍微浸泡一下。這跟我之前在祕境餐廳用過無數次的技巧沒有兩樣，例如用洋甘菊茶煮卡士達，或把羅勒或迷迭香放進糖漿裡煮用來做香草雪酪，為基底增添風味。

我拿出雙層鍋隔水加熱融化苦甜巧克力豆，放涼到室溫的程度。我留了少許大麻碎片等最後撒在濃郁的布朗尼麵糊上，這樣進烤箱之後就會融進麵糊裡，形成滑膩可口的巧克力緞帶。

我把雞蛋打進小碗，蛋黃是深橘色（表示母雞開心又健康）。接著我拿起電爐上的溫熱奶油，用細網篩一篩浸過大麻的奶油，拿木湯匙背去把每一滴奶油都壓出來。再來把調味奶油混入蛋液中，加入香草精和一撮鹽，最後拌入融化的巧克力，直到又滑又順。我拿出一個攪拌盆，篩入麵粉和可可粉，然後輕輕把濕料折疊拌勻，最後把麵糊放進鋪了烘焙紙的烤盤。小心翼翼放進烤箱烤之前，我用手指沾一下絲絨般柔滑的麵糊嚐嚐看。巧克力味濃郁，奶油香撲鼻，夾雜隱約的香草味、鹹味，還有大麻的青松味。我又沾了一口嚐一遍。不錯。或許下次多加一撮鹽，但第一次這樣已經很不賴。我順平麵糊，把刮刀舔乾淨，再將烤盤推進烤箱，時間設二十五分鐘，然後就去整理桌面。攪拌盆內側還有殘留的麵糊，我把橡皮刮刀當刮水板用，盆裡的麵糊都被我舔得清潔溜溜，跟小時候幫媽媽做蛋糕時一樣。也跟小時候一樣，我看著在烤箱裡烘烤的布朗尼，巴不得蛋糕快點烤好。只見邊緣開始膨起，表面裂開，時間到了。我從烤箱裡拿出烤盤，往桌上大力一敲，讓布朗尼的濕潤度更均勻集中。

布朗尼要放涼才能切，那也無妨，因為我突然很想吃香草冰淇淋。太好了，我心想。等的時候剛好可以跑去諾克斯嶺，到我爸之前的餐館買支甜筒。我跳上車，開五分鐘的車到那間我從小時候、青春期到未婚懷孕變單親媽媽、在裡頭翻漢堡排和轉霜淇淋不知待過多少時間的餐館。幾年前我爸把餐館賣了，但它幾乎完全沒變。我走上冰淇淋吧的木頭平臺，按下窗口旁邊的點餐鈴。裡頭響起熟悉的鈴聲，連聲音都沒變。我點了小支的香草口味甜筒，拿出零錢付款。櫃檯後面的女店員把霜淇淋拿給我時，我忍不住讚嘆她捲得真好，跟我爸很久以前烙印在我腦海中的方式一模一樣。

「一圈、二圈、三圈，好棒！」我脫口而出。「不好意思，」我接著說：「我想撒點彩虹糖粒，可以麻煩你嗎？」甜筒重新出現時，上面撒滿七彩繽紛的糖粒。有紅色、粉紅色、綠色、黃色！甚至連藍色和橘色也有！顏色鮮豔亮麗，美呆了。

「哇！」我情不自禁地說：「好酷！」

我回到車上，對手中萬花筒般的甜筒感到異常興奮，等不及要把整個嘴巴湊上去。我伸舌頭去舔，霜淇淋又冰又軟，乳香四溢到不可思議、難以置信，完全撼動我心。這是我這輩子吃過他媽的最好吃的霜淇淋甜筒。嘴裡的感覺太過美妙，簡直可比肉體的歡愉，我忍不住發出愉悅的呻吟，因為那滋味好到無法無天。哇！真他媽的棒透了！我心想。

我慢慢開回芬妮路。一路上彎彎曲曲，我無法不注意到風從窗戶灌進來撲在臉上的感覺，還有從音響飄送而出的音樂有多鮮明清晰。風很舒服，歌很好聽，甜筒——該死的甜筒！車子爬下最後一個小斜坡，接著向右轉進我熟悉的黃土路，感覺就像在坐雲霄飛車。

「啊啊啊啊！」我大叫。

那時我才驚覺用不著急著回去看布朗尼涼了沒，因為我他媽的早就茫了。長到三十三歲第一次那麼嗨，因為吃了布朗尼麵糊。再開一哩路我就會回到爸媽家，而且嗨到不行。我開始亂想，也有點害怕。他們會不會氣炸？可能嗎？我會不會被禁足？

那一哩路似乎延續了幾個小時那麼久，我對現實的感覺已經扭曲又變慢。我好不容易停好車，好不容易下了車，但不確定還能撐多久，因為剛剛那種美妙亢奮的感覺開始轉變。手腳刺刺麻麻，肢體動作失靈。我覺得靈魂脫離了身體，脫離了現實，只想躺下來。太陽已經西沉，我擔心自己茫成這樣沒辦法摸黑下坡走回小木屋。經過爸媽的車道時，我放下墨鏡，心想這樣就能遮住我只能睜開一半的無神眼睛，偷偷跑去躺他們的沙發也不會被他們看見。因為我不是戴著墨鏡嗎？我成功抵達沙發，卻沒逃過我媽的眼睛。她本來人在廚房，看到我便走進客廳，一眼就看出我不太對勁。看到我怪模怪樣她很擔心，跟我一樣開始亂想，擔心我是不是吞了什麼（或許是一整瓶藥）又想結束生命。我向她保證我沒有要自我了斷，我只是被加了邪惡香料的布朗尼麵糊控制住了。

「媽，我只是茫了，」我告訴她：「但我再也不想要這樣了。我要怎麼喊停？」

「沒辦法，只能等了。」她很不高興，轉身大步走回廚房，之後一、兩個小時都不理我。

我躺在沙發上等那種極度壓迫的亢奮感消退。閉上眼睛卻好像反而更糟，只覺得噁心想吐，跟現實脱節，甚至有一度發現自己坐起來看自己的手，心中納悶：我是不是昏了過去？我是不是殺了湯姆？後來我把這件事說給艾薇聽，她說吸大麻正亢奮時去殺人的可能性很低，要我放心。「那是一種很平和的迷幻藥。」她向我保證。

幾個小時後，亢奮的感覺終於漸漸散去，但一定還殘留了一些後遺症，因為清醒之後我超級想吃甜的。我看到我媽獨自在廚房檯前吃晚餐。她什麼都不用說，我就知道她對我很不高興。那種沉默的責備跟小時候我被主日學校踢出來那天沒有太大不同。跟小時候一樣，我從廚房櫃子裡找出一包棉花糖、一包全麥餅乾和一條牛奶巧克力。我拿起竹籤，把一顆棉花糖穿進去，放在爐子上用低溫烤，慢慢轉動竹籤。我感覺到背後我媽安靜而沮喪的眼神，這時客廳傳來我爸進門的聲音。現在已經過了九點，我爸想必已經醉了，天知道他灌了多少啤酒。但今天晚上他也茫了，眼睛充血，蹣跚的步伐緩慢而平靜——喜孜孜的，不像喝了滿肚子的伏特加。他打開收音機，走到爐前加入我，拿起一個鍋子放我正在翻烤棉花糖的爐子旁邊。他往鍋裡倒了幾大匙橄欖油再丟進一把玉米粒，然後蓋上鍋子，開始繞著爐火慢慢轉圈晃動鍋子，一邊跟著收音機的輕快旋律吹著高亢的口哨。我想起小時候看到他在餐館跟爺爺並肩工作，翻著煎盤上的鬆餅，開心吹口哨那天的情景。如今我們父女站在爐火前，一個在爆玉米花，一個在做棉花糖巧克力餅乾，兩人都有點茫，卻是很久以來第一次和平共處。我跟著他一起吹口哨。我們不是最好的朋友，或許永遠不會是。我們常常意見不合，但或許（只是或許）這個感覺獨一無二的時刻能幫助我們找到當父女的方法。

隔天早上醒來，我看到自己忘在夏季廚房的爛攤子。我把我動都沒動的布朗尼丟進垃圾桶，發誓下不為例。雖然希望跟我爸能像昨晚一樣更認識彼此，但或許下次可以稍微清醒一點。

26. 坑與路

我爸的福特貨車就像一頭野獸。巨大，笨重，懸吊系統硬邦邦又沉甸甸，每次經過坑坑窪窪的芬妮路，我在車上就像布娃娃一樣被甩過來甩過去。光要爬上車都很吃力，上了車之後我還得坐在座椅邊邊才踩得到踏板。開車更是一大挑戰，我討厭這種只能任由比我強大的東西擺布、覺得自己脆弱又渺小的無助感。

之前我從沒用貨車拖拉過任何東西，一開始就得拖一輛二十四呎長的Airstream露營車絕不是件簡單的事。而我爸不但會，還有過幾年的拖車經驗，現在也多得是時間把他會的技術傳授給我。但當我需要他的指點時，我才發現他根本沒興趣教我。「自己想辦法。」他斷然拒絕我。這句話很耳熟，是他用來打發我的一貫回答。每次要教我東西、跟我解釋事情或相處，他的興趣和耐心都很有限。

當初我學開車時也差不多是這樣。我開的第一輛車是一九八四年出廠的福斯Rabbit敞篷車。那年我十六歲，有天下午我爸把這輛老車開回家給我，但我根本不知道怎麼開一輛五檔的手排車。

「你可以教我嗎？」我問。

「自己想辦法。」他說完就跳上自己的貨車：「開開看就知道了。最慘能怎樣？不過就是把離合器燒掉，你得再自己花錢買一個罷了。」他滿不在乎地說，之後就加速開去雜貨店買一箱百威啤酒，揚起一片灰塵。我買不起新的離合器，但也沒辦法等他奇蹟似的突然有興趣教我開車。我媽已經被青春期問題一大堆的妹妹弄得心力交瘁。管好妮娜變成我媽的全職工作，而我爸卻完全不幫忙。我爸把情緒看成一種軟弱的表現，而軟弱就是缺乏男子氣概。從小到大他就被灌輸要忽略情緒，壓抑情緒，是個男人就該這麼做。所以有一天當他的小女兒情緒失控，他的反應就是從小大人教他的方法：忽略它，壓抑它。於是管束我妹的重擔就落在我媽身上。我能諒解她為了避免妹妹走偏已經很辛苦，所以凡事都盡量不去麻煩她。我有種感覺，這輛車的四個輪子或許能為我帶來一點自由，在必要時讓我暫時逃離陰霾籠罩的家。但我得先自己學會開這輛車。眼前的唯一選擇就是直接開開看，但願我很快就能學會。或許車輪反而能幫助我忽略和埋藏自己的情緒和焦慮。我們都在默默用各自的方法對抗現實。

我花了二十分鐘終於把車開出院子，感覺卻像過了好幾個鐘頭。我一試再試，努力摸索在一檔時放掉離合器的時機，免得車子猛一晃又突然啪一聲熄火，我又得全部重來。等我終於順利起步，加速把車開出車道，我才鬆了一口氣，發現車子一旦轉動起來就容易多了。從一檔切二檔、二檔切三檔有點困難，我飛速碾過路上的坑洞，順勢切到四檔，很怕一慢下來又會熄火。我沿著一哩長的芬妮路平穩地往前開，直到看到停止標誌，心裡開始預期再過幾百碼車子就會不可避免地停下來，然後熄火。車子完全停住時，離合器燒焦的味道飄進我的鼻子。我看看後視鏡，確定後面沒車（有車的機率不高）才試著打一檔重新發動，但試了幾次都失敗。我的心臟緊張地怦怦跳，離合器燒焦的味道愈來愈重。最後我終於發動車並加速開走，一心只想讓車子繼續轉動。之後幾個小時我開車繞來繞去，避開大路，只走我們家周圍沒鋪柏油的小路。我繞過一片寧靜樹木茂密的彎道，經過潺潺溪流，爬上山坡，穿過開闊的原野和遭人遺忘的古老墓園。我搞砸很多次，齒輪被我操得吱嘎響，車一而再再而三熄火。我心裡很清楚每次失敗我都在提高風險，再這樣下去我就得打一整個暑假的工才買得起需要更換的零件。我在黃土路上留下破碎的輪胎印痕和尾巴似的打滑痕跡，但周圍沒人看到我漸入佳境。開著這輛小車，我漸漸感到自由，自信，甚至有點陽剛。燒焦味逐漸淡去，我一次轉彎比一次轉彎進步，先切到二檔再加速再繼續換檔。偶爾看到停止標誌我會慢慢停下車，練習靈活切換離合器和排檔，愈開愈順暢自如。覺得自己準備好了之後，我大膽開上大路，知道一旦開上柏油路我就天不怕地不怕了。

幾年之後，如今我又回到這裡，還是一樣沒時間等我爸願意教我，也沒力氣爭取他對我的關心。而且這一次，問題一大堆、害我媽心力交瘁的女兒變成了我。就算她知道怎麼拖車，我也絕對不會去問她。我下定決心要靠自己的力量學會拖動這輛露營車，重新從泥沼裡爬起來。我花了幾個下午摸索露營車和組成扣鉤的金屬零件，努力搞懂每個零件的用途和使用方式。每次卡住，我就打電話問大維。當初是他把這輛老露營車從卡羅萊納一路拖回來，所以對於怎麼對付它還有點概念，而且他會很有耐心又親切地解釋給我聽，確保我扣的方式正確無誤。我練習把貨車倒退，盡我所能用最少次數讓滾珠接近球窩，靠著直覺一點一點倒車，每次移好就跳下車看看成果。我會記下距離再爬回車上，繼續倒退，重新調整或慢慢移近，然後確認、確認再確認。過程雖然緩慢，但最後我終於能控制拖車鉤，三兩下就讓球窩蓋住滾珠。再來我把沉重的金屬桿一轉，讓拖車降下，跟滾珠扣合，之後鎖住球窩並連接電線，打亮露營車的尾燈。露營車的整個重量掌握在我手中，如果那種力量不是很帶種的感覺，我很難想像什麼才是。

下一個挑戰是學會怎麼拉動這頭鋁皮巨獸。我得摸索在路上怎麼控制它、怎麼煞車、怎麼俐落地轉彎，還有感覺它的加速點，最有挑戰性的是怎麼倒退。就像當年用那輛福斯敞篷車學開車，我想只要反覆練習、有耐心和相信自己就能練成。周圍沒有人看到我的失誤和挫敗，只有我和地上破碎的輪胎印痕及打滑痕跡。再過不久我就能把這輛鋁皮老露營車從自由鎮的僻靜小路開上柏油路，看看我能從廚房救回多少自己剩下的生命（如果還有剩的話）。我要帶著我的行動廚房上路，前往原野和田地、溫室和穀倉、星空下的果園，以及任何有人願意冒險前來的地方。我有桌椅，一些東拼西湊的瓷器和餐具，一個老舊的丙烷爐，一臺復古冰箱，還有兩個Weber燒烤爐。獨獨只缺一樣。但要奪回傑姆的監護權，向法院證明我是個堅強、適任且真心付出的母親，將會是一趟漫長的旅程。旅程需要花時間，而這趟旅程的第一哩路此刻就在我的後視鏡裡，至少起步很平穩。

那個星期三的一大清早，我開著這輛野獸一般的福特車上路，旁邊坐著芬妮，後面拖著露營車駛過顛簸不停的黃土路。我很小心不要開太快，免得堆疊在車斗上的桌子飛出去，或重達不知幾噸、固定在拖車內壁的舊冰箱掙脫螺栓。這是我第一次把拖車開上柏油路，心裡又緊張又期待。我打開右轉方向燈，往山嶺上的閃光紅燈前進。經過農機行、雜貨店，當然還有餐館時，我輕輕揮手，繼續往東朝沿岸開去，爬下山坡經過英格拉漢家的乳牛場，經過樹木茂密的小路，繞過桑柏湖周圍的狹小急轉彎道。涼爽的海風尚未撲面而來，我就感覺到愈來愈接近貝爾法斯特，因為我的呼吸開始變急促，腸胃開始翻騰。我跟帕夫洛夫的狗一樣，每次接近造成我所有痛苦的小鎮，身體就會自動產生反應。餐廳還在那裡，但湯姆把它改成「南加州好棒棒」的素食餐廳，賣些類似藜麥沙拉、酪梨土司和「按摩過的羽衣甘藍」的食物（對藜麥、酪梨或雨衣甘藍沒有不敬之意）。而我的孩子，我的天空中最亮的一顆星，我的骨肉，我的一切，跟那個把他從我身邊搶走的禽獸住在樓上。我想要呼天搶地大哭大叫，但我沒有。我把情緒埋進心底，繼續往前開。

我轉進北向一號公路，開了二十哩一路到巴克斯波特的大橋，腸胃和呼吸才漸漸平靜下來。繼續往前開幾哩之後，我忍不住轉進麥當勞的停車場。因為技術還沒好到能把拖車停進得來速，只好把車停在停車場外圍一個最簡單好停的位置，這樣就不用倒車。我數了四塊零錢便跑進去點餐：一份快樂兒童餐，雞塊沾糖醋醬加一杯巧克力牛奶。兒童餐比「大人餐」便宜，而且我真的很想喝巧克力奶昔。傑姆很愛雞塊，還有糖醋醬跟巧克力牛奶。我忍不住想，若能拖著這輛鋁皮太空船在路上跑，他會有多麼興奮。他旁邊坐著芬妮，腿上放著一盒雞塊，副駕駛座的車窗上還黏著他幾年前貼上去的土星貼紙。看到貼紙我有時會笑，有時會哭。不管再怎麼壓抑，我都因為想念他而心痛不已。他待在湯姆身邊已經好幾個月，只有法院允許的少數時間我們才能見面，見面時還得有人在旁邊監督。跟他短暫相聚的時間，感覺就像肚子挨了一拳，而不是湯姆口口聲聲「善意」的表現。他總是說：「算你好運，我還肯讓你見他。」到了告別的時刻，傑姆必定會黏著我不放，整個人埋進我懷裡，讓湯姆看了一肚子火。我耳邊響起傑姆的懇求聲，伴隨著湯姆伸手把他從我身上扳開的畫面。那畫面在我腦中揮之不去，心裡總有少了什麼的感覺。我坐在車上吃雞塊，每吃一口就餵芬妮一口，滿腦子都是不在我身邊的孩子，一邊痛恨把他搶走的男人，一邊責怪自己怎麼會把事情弄到這個地步。

我右轉下一號公路，離剛剛的麥當勞沒有太遠，繼續往藍山鎮前進。過了藍莓荒野，路逐漸變窄，每次的轉彎也愈來愈明顯。看到雜貨店和轉角的溫室右轉，然後經過巴加杜斯早午餐和底下的感潮河。接著再右轉，看到二樓窗戶掛了鵝造型塑膠燈的大穀倉再往左急轉，就差不多到了。進入布魯克斯維爾鎮之後，路面不再出現黃線，路彎來彎去，彎道又小又窄。開到跟海岸路交會處就沒路了，目的地就在正前方：大衛的傻瓜農場。只見一間白色的大農舍和一棟三層樓的紅色大穀倉，這裡就是我要舉辦第一次行動晚餐的地方。之前我就經過這個美麗又淳樸的農場，還放慢車速從路上欣賞這棟大穀倉，最後才把車開進隔壁的小麵包店買烤得脆脆的窯烤麵包。麵包不枉費我開幾個小時的車來買，而隔壁的農場明顯潛力十足——是我舉辦大型快閃晚餐的理想地點。跟以前我在公寓舉辦的祕密晚餐一樣，但多了更多空間，規模更大！也像之前在晚餐俱樂部辦過無數次的晚餐一樣，費用隨意，飲品自備。若是願意，賓客可以留下我們建議的捐款金額，資助我購買食材和支薪給我請來幫忙的朋友，好讓這個計畫順利達成。眼看這場盛大的晚餐愈來愈真實，我興奮不已，迫不及待要走進院子開始準備。

我把貨車和拖車開上黃土車道，搖搖晃晃碾過我從離開自由鎮之後第一次看到的坑洞。住在這裡的一家人我其實不認識，卻有種熟悉自在的感覺。我跟艾特曼一家人只見過一次面，還是透過朋友的朋友熱心介紹，我當場立刻跟他們推銷我想到他們美麗古老的穀倉辦一場盛大的晚餐會的瘋狂構想。他們露出興奮期待的眼神，邊聽邊點頭附和，答應讓我到他們的農場用真心煮一頓飯招待大家。他們躍躍欲試，也很樂意幫我忙，而我得到了實現晚餐構想的機會，更是開心得要飛上天。

房子前面的草地上散落小朋友的玩具，有水桶和鏟子、球棒和球、翻倒的三輪車，還有掛在一棵老楓樹上的鞦韆。我小心翼翼把我的「車隊」轉頭再慢慢倒退，不慌不忙，方向盤切過來切過去，像個新手盡力要把露營車開近並對準穀倉的後門。那一刻我才發現反向移動拖車多麼像操控一艘船的船舵，希望車子往哪個方向走，就得把方向盤往反方向轉。船舵讓我想起湯姆，想起湯姆我就怒火沸騰，心臟堵在胸腔像燒焦了一樣。但這一次我馬上被拉回這個美麗的地方。因為我看到一個才兩歲大的小男孩騎著三輪車從轉角衝出來，光著屁股，一頭金色捲髮，一雙炯亮的藍色眼睛，臉上掛著燦爛的笑容。他後面跟著四歲大、穿著背心裙的姊姊，小女孩光著腳騎車往前滑，開心得不得了。一小隊虎斑貓緊跟在她後面。孩子看到我的車隊都雀躍地尖聲大叫，好像看到盛大的遊行隊伍。他們的媽媽艾瑪出現在穀倉門口。她身材高大，散發質樸的美，一頭棕色短髮，待人溫暖和善。她粲然一笑，熱情地跟我招手。她丈夫約翰開著一部橘色的久保田牽引機慢慢跟在孩子和小貓後面，我立刻就看出小男孩的一頭捲髮遺傳自誰。我停好車就跳下來。艾瑪過來拉我，彷彿我們是老朋友一樣緊緊抱住我，好像永遠不會放手，緊到我的一根肋骨彷彿移了位。從來沒有人抱我抱得那麼用力又那麼久，印象中也從來沒有人看到我那麼開心過。他們的親切和善出乎我意料，後來我才知道他們全然不知道我經歷了什麼事。全然不知道我有如火車事故的悲慘遭遇。不用在意別人的眼光，不用覺得羞愧或難為情，這種感覺很新鮮。他們對我的混亂世界一無所知，這對我來說是天上掉下來的禮物，有一瞬間我把律師、訴訟監護人，以及所有耗損我生命的爭吵都拋到腦後。好長一段時間以來，這是我第一次只專注於眼前的美好，那一刻我好像又知道正常是什麼樣的感覺。

那天晚上艾特曼夫婦在家裡接待我，彷彿我是他們失散已久的姊妹，即使我跟他們根本還不熟就出現在他們的家門前。他們讓我在菜園旁偶爾會有農場實習生來借宿的小木屋裡過夜。晚餐我們吃了巴加杜斯早午餐的炸海鮮、薯條和涼拌菜絲。有乾淨的床單，跟自由鎮又隔幾哩遠，我暫時有了置身天堂的感覺。鑽到羽絨被底下，四周圍繞著蟋蟀聲和準備睡覺的山羊咩叫聲，旁邊地上躺著芬妮，我不知不覺沉入夢鄉。

早上醒來，我立刻意識到眼前的現實和逐漸逼近的壓力。自從失去我在離這裡不遠的餐廳以來，這是我第一次舉辦午餐會。我有兩天的時間準備，到時會有六十名賓客來參加。儘管不乏慌張的理由，我卻巴不得能重拾自己熱愛的事，滿心期待能將所有情感投入料理工作，暫時把私生活拋開。艾瑪來小木屋接我一起去底下的牧場，他們養的母雞都在草地上開心地嬉戲。小朋友和小貓跟在我們後面，還有芬妮。約翰騎著沙灘車殿後。今天我們要屠宰三十二隻週末晚餐要用的雞。我跨過圍住母雞的鐵絲網，開始用我最快的速度圍捕母雞。此情此景喚醒小時候我跟妹妹在家裡的雞舍抓雞的回憶。以前我們在穀倉可以玩好幾個小時。天氣熱，為了消暑，我們還會以騷擾母雞為樂。因為我們發現只要抓住母雞尾巴的羽毛，母雞就會瘋狂拍翅，搧起涼風往我們臉上吹。我繼續跟艾瑪一起圍捕母雞，一隻接一隻抓住，牢牢捏著牠們的翅膀，再輕輕放進約翰固定在沙灘車後座的板條箱裡。箱子全都裝滿後，我們又浩浩蕩蕩爬坡折返，回到艾特曼家改成屠宰室的鋁皮小拖車裡。裡頭的擺設很簡單，有三個圓錐形金屬屠宰桶、一大盆滾燙的熱水，還有一個大型塑膠脫毛機。我們決定由約翰和艾瑪負責宰雞，我跟對街的一個鄰居負責取出內臟並加工。小孩和小貓在我們腳邊徘徊，興奮地看著大人忙成一團。

約翰把第一隻雞的頭朝下放進圓錐屠宰桶，從底部的洞拉出雞脖子，然後抓住牠的頭，用銳利的刀子飛快一抹，隨即割斷雞的頸動脈和氣管，溫熱的血液流進底下的桶子。接著他抓起下一隻雞重複同樣的步驟，然後再下一隻。前三隻雞先靜置片刻，等深紅色血液慢慢滴光。他抓起一隻母雞的腳，把已無生命跡象的母雞移出圓錐桶再浸入熱水裡，稍微泡一會兒並攪拌片刻，這樣待會比較容易脫毛。接著他把軟趴趴的母雞從熱水裡抓起來，母雞全身熱氣蒸騰，他開始一把一把拔掉雞毛，直到母雞變得光溜溜，露出身上的肉。他拿出一把剪刀剪掉雞頭和雞腳，鮮紅色雞冠和深黃色雞爪掉在拖車地板上高高堆起。他繼續處理更多隻雞。小貓變得格外興奮，小孩也是。

「爸比，我們在做什麼？」其中一個小孩尖聲問。

「我們在處理雞肉啊。」約翰輕鬆如常地說，繼續割斷下一隻雞的喉嚨。

「媽咪，我愛吃雞肉！」小女孩開心地大聲說，一一細數她喜歡的雞肉料理，還有她有多麼期待我們用約翰手中的雞肉烹煮的晚餐。

我忍不住停下來，希望能牢牢記住這一刻。即使到處都是血，地上堆滿雞頭和雞腳，她對死亡的理解如此純粹，美得不可思議。從小她就從大人身上學到她吃的食物從何而來，絕對不會把淡而無味、打了很多抗生素、包在塑膠袋裡放雜貨店架上好幾個禮拜的雞肉，誤認成在草地上自由放養、吃小蟲長大、沐浴在陽光下的健康雞。看到溫熱的雞血滴下來，死去的雞被丟進熱水裡，團團羽毛從雞身上拔下來，或是一團內臟被挖出來，她也不會畏縮害怕。因為這就是處理雞肉的方法。她會從她母親那裡學會料理雞肉的方式，醃，烤，炸，或是用奶油下去煎。真希望傑姆也在這裡看到整個過程，理解這一切。我無法想像湯姆會怎麼跟律師告狀——雞血，還有堆在地上的雞頭和雞腳。他們一定會指責我：什麼樣的母親會做這種事？我會回答：一個好母親。

艾瑪把一隻剛宰完還濕答答的雞交給我，我急忙跑進穀倉裡的廚房啟動我們這邊的生產線。我們架起一張不鏽鋼桌，上面有塑膠砧板、幾把鋒利的菜刀，還有一個裝滿冰水的大塑膠桶。我把第一隻雞放上砧板，從尾部下刀，繞著雞屁股劃一個V形切口，小心避免刺破腸子。我把手伸進雞的體內摸到內臟，還溫溫的，然後弓起手轉圈，扯斷腔壁的結締組織，就跟我的鴨農朋友吉娜幾年前教我的一樣。某個秋高氣爽的下午，我跟吉娜兩個人宰殺並挖空了六十八隻鴨，只偶爾停下來喝口冰涼的蘋果汁，稍微沖淡溫熱內臟的強烈味道，或是複習我學會的技巧。那是我第一次親手殺死一隻動物，感覺溫熱的血滴下手臂，看著生命從牠眼中逐漸消逝。至今我還記得那天的事，還有那種既悲傷又力量強大的感覺，從此記住了處理家禽的方法。我把指尖戳進胸腔，摸到肺臟一扯，然後抓住氣管頂端使點力氣輕輕一拉，感覺到裡頭啪一聲鬆了開。我把雞內臟放在塑膠砧板上，用乾淨的水輕輕噴灑，然後仔細切開要保留的部分。例如雞肝可以做成滑順的慕斯搭烤麵包；雞胗可以熬出黏稠的高湯；雞心可以醃過再跟迷迭香叉在一起放在炭火上烤，但其實通常在那之前就先進了芬妮的肚子。

我把清空的腔室沖洗一遍，再把乾淨的雞放進冰水裡，同時繼續處理拔完毛的雞。雞持續送進來，愈積愈多。那天下午我們總共殺了三十二隻雞，清除內臟之後裝袋。明天我會把雞支解，再將雞胸、雞腿、雞大腿和雞翅丟進鹽、糖、胡椒粒、杜松子和幾片月桂葉調成的濃郁醃料裡裡外外醃透。浸了一夜之後，我會先把雞肉稍微燙過，再裹上酪乳、麵粉和玉米碎片，然後放進蔬菜油裡炸。星期五我會在這道炸得金黃酥脆又可口的炸雞上面撒上馬爾頓海鹽，供六十位賓客享用。那將會是我付出真心做的最新鮮也最美好的一道雞肉料理。若說最好的食材是愛，那麼這場晚餐肯定會無比精彩。

晚餐會的前一晚，我媽開車從自由鎮翻山越嶺來找我，跟我一起在小木屋過夜。她早已準備好盡她所能用各種方式支援我，好讓這場晚餐一舉成功。她很能幹又什麼都願意做，擺餐具、切香草、切番茄樣樣來。我需要這個計畫順利成功，她也一樣。這場晚餐不只是一頓飯，它的成敗會影響很多事。它是一個象徵，是證明我有能力繼續做菜、找到方法謀生和好好活著，還有證明我沒有問題的起點。只有這個證明能讓我更接近我的兒子、讓她更接近自己的孫子。晚餐會的前一晚要睡著看來很難。我興奮得輾轉難眠，醒來時天還沒全亮，陽光才剛探進樹縫。我媽卻已經起床打掃穀倉，為桌上的粗麻長桌布做最後的修飾。一長串得在晚上六點賓客抵達農場之前完成的清單在我腦中打轉。我穿上衣服和長筒雨靴，提著空空的柳條籃出去尋覓晚上盛宴要用的夏季食材。但在那之前，我先在小木屋門外的灌木叢摘了幾把野生覆盆子當早餐。

覆盆子被夏日的暖陽烘熟，嚐在嘴裡的味道又甜又香，喚醒我的味蕾迎接新的一天。那種覆盆子的純粹味道獨特又少見，我細細品嚐它在舌頭上轉瞬即逝的滋味。

我沿著牽引機壓平的小徑穿過農場後方的廣闊原野。芬妮蹦蹦跳跳跑在前面，邊嗅著空氣邊搖尾巴，不時轉頭確認我有沒有跟上來、是不是都沒事。我沒事。沿途我停下來剪些野生草莓開的小白花，摘下成熟的野生藍莓送進嘴裡。大茴香和溫暖的乾草香在空氣中飄送，使我想起小時候我們家後面的原野散發的氣味。我彷彿又回到那個地方——我跟妹妹光著腳在秋麒麟草原裡奔跑；無數個下午待在乾草棚裡跟小貓玩耍，循著細微的喵喵聲尋找一窩窩把大捆大捆乾草當作溫暖小窩的貓咪寶寶；在路邊販售雞蛋和媽媽種的蔬菜，還有大把裝在寬口玻璃罐裡的白色和和粉紅色的波斯菊；兩人是那麼天真無邪，無憂無慮。我脫掉雨靴，渴望踩在泥土上的感覺，想念夏天的乾枯雜草沙沙拂過腳趾的觸感。我停下來採更多野花，想起每次提著空籃子走進媽媽的園地就會帶回滿滿的旱金蓮、蝦夷蔥和牛至花，無論烤箱端出什麼都撒上一些。認識湯姆之後我放掉了那個女孩，因為那似乎不是他想要的女孩。他不喜歡活潑奔放的女孩，不喜歡愛作夢的女孩。因為害怕他不要我，害怕他像我爸一樣丟下我，我放掉了那個女孩，從此失去了她，那個不在乎腳上黏了雞屎或衣服沾了泥巴的女孩。為了迎合別人，我已經過了太久安穩卻可悲的人生——不屬於我的人生。

我把雨靴擱下，光著腳繼續沿著小徑愈走愈遠，直到農場消失在視線之外。這片原野如此平靜，我跟芬妮周圍唯一的動靜是在高大草叢間吹送的微風。雜草迎風前前後後搖曳，我慢慢轉圈，把這片美景盡收眼底，吸進芬芳的空氣。每走一步就彷彿把手伸向那個被我拋下的小女孩。我直視她的眼睛，告訴她從來沒人對她說過的話：你很完美，你很安全，你不會有事的。她把手放在我的手上，只說了句：「我原諒你。」

我沿著小徑走得更遠一些，轉了彎就撞見一個隱密的小海灣。這個與世隔絕的美麗小海灣依傍著池塘一般的藍綠色海水，四周松樹圍繞，還有一片沙灘，神奇又迷人。我走到水邊坐在一截漂流木上，潮水漸漸後退。我用光腳丫去撥粗糙的沙子和小圓石，享受清涼的海水。芬妮早已涉進水中，滿足地泡在裡面，涼快溫熱的肚子，尾巴搖個不停。我脱掉外衣踏進冰冷的海水，雙臂交叉抱胸，直到海水淹到肚臍才停下來，然後深呼吸。從現在開始，我要打開我的眼睛和耳朵，最重要是打開我的心。我保證從今以後要忠於自己，活出真實的自我。今天的晚餐就是我的新生之夜。

晚餐之約

地點：大衛的傻瓜農場

緬因州，布魯克斯維爾鎮

菜單

小島生蠔佐小黃瓜海鮮醬

傻瓜農場炸雞

原種番茄羅勒沙拉
迷你馬鈴薯佐馬鬱蘭芥末油醋醬
酪乳比司吉搭配澤西奶油和蜂蜜
楓糖卡式達派搭配藍山藍莓

今晚我們要讚頌真誠和樸實。我們要在我用搶救回來的穀倉木板親手打造的餐桌上享用晚餐——我有木板碎片為證（還有桌鋸機飛出的木片在我右上臂上留下的小疤）。零散的復古碗盤和銀器是我夏天以來從舊貨拍賣蒐集來的；四方小餐巾是我跟我媽找碎布料用奶奶的縫紉機親手縫的。花瓶裡插著當天早上我從後方田野摘來的野花。我們為賓客準備了從附近的巴加杜斯河現撈的生蠔，沾切細的小黃瓜、紅蔥和院子摘來的新鮮蒔蘿調成的醬汁。還有炸雞，使用在這座農場飼養和屠宰的雞。原種番茄沙拉，番茄是幾小時前才從溫室採來的，加入菜園裡種的各色羅勒、少許優質橄欖油和一小把片狀鹽。剛採收、口感軟嫩的小馬鈴薯，淋上芥末油醋醬再撒些芳香的馬鬱蘭。烤得層次分明的酪乳比司吉，搭配農夫市集買來的當地生產的發酵奶油，還有在對街裝瓶的蜂蜜。最後是用營養豐富的農場雞蛋和鮮奶油做成的楓糖卡士達派，上面裝飾當地採的藍莓，還有打發鮮奶油跟我今天早上摘的草莓小白花。今晚，在六十名賓客的陪伴下，包括幾位來幫我擺餐桌、切番茄，讓這一切順利成功的知心好友和我親愛的媽媽，我默默在心中慶祝自己的重生。那天晚上，老穀倉在談笑聲和酒杯叮噹聲中活了過來。夏日微風鑽進寬敞的穀倉，開心熱鬧的對話在餐桌間迴盪，燭火迎著風和陣陣笑語搖曳。我看見來赴會的賓客享用一道又一道餐點，把炸雞啃光光，還意猶未盡地舔著手指，然後往杯子裡倒更多酒，連最後的甜點也吃得乾淨溜溜。明顯感受到屋裡洋溢的歡樂氣氛。我為這個空間帶來了歡樂，為我的客人留下了溫暖的回憶。放眼看去，我滿心驕傲。我瞥見人在另一邊的約翰和艾瑪，只見他們手中拿著飲料，望著穀倉的眼神閃著驕傲，因為他們的穀倉，他們稱之為家的地方，此時此刻為這麼多人帶來了滿滿的喜悅。這是我這麼久以來第一次覺得自己成功了，也證明自己挺過了想方設法要摧毀我的狂風暴雨。而我腦中只有一個念頭：看好了，我回來了！以後我會過得比之前更好。

第五部

自由

Freedom

27. 三葉草

我繼續努力前進，奮力穿越離婚官司掀起的風風雨雨，一次到一個偏遠地區辦晚餐會，逐漸重拾力量，重建生活，試圖在法庭上證明我是個可靠的女人，有充分的資格奪回我兒子的監護權。傑姆今年已經十二歲。雖已不再使用藥物，我卻永遠無法擺脫藥物帶給我的汙名。一次脫軌所犯的錯剝奪了我覺得自己活在這世上的最大目的——成為一個母親。我忙著籌備晚餐、做菜、整理露營車，同樣的過程一再重複，但永遠甩不掉內心的恐懼：我永遠失去他了嗎？答案可能是肯定的，想到這裡我就心情沉重，驚駭不已，心裡像破了一個大洞，因此除了繼續爭奪監護權別無他法。這時候要是停下來，我一定會垮掉。

夏天的腳步未曾停歇，我也一樣，繼續在穀倉、農場、蘋果園的樹蔭下、開闊的原野舉辦一場又一場精心準備的晚餐。拖車上的輪子讓我繼續轉動。不用下廚的日子則要去心理治療、跟律師開會，以及出庭。我要向他們證明我已經戒掉藥物，有能力工作，而且正在為更健全的新生活鋪路。最後，法院終於否決湯姆的提議，允許我一個禮拜跟傑姆相處兩天，而且不需有人在旁監督，但我們難分難解的離婚官司還是繼續拖著。

傑姆也失去了很多東西，從擁抱中我就感覺得到。他抱我抱得更緊，牽我的手牽得更久，而且黏著我不放。這件事同樣對他造成了傷害，而我們被剝奪的相處時光從此一去不回。想到湯姆從我身上奪走的一切，我不由得愈想愈恨。我知道那在我心裡留下了多深的傷痕，更害怕那對傑姆造成了多大的創傷，只希望難看的離婚官司不會徹底摧毀他可愛善良的心靈。他是無辜的，完全不關他的事，卻成為這場戰爭的受害者。儘管如此，還是有美好的東西等著我們去發掘。我們有未來可以期待；前面的風景或許不同以往，卻提醒我們要把握機會用力地愛對方，能夠相聚的寶貴時間不再被視為理所當然。我們去海裡游泳，買冰淇淋甜筒吃，找風景優美的地方吃炸雞薯條，帶芬妮沿著黃土路散步，或是為了看海，坐渡輪到維諾哈芬當天來回。我們去走羅克蘭的花崗岩防波堤，或去貓頭鷹頭參觀交通博物館，其實主要是去老雜貨店買超多汁漢堡吃。

但再怎麼充分利用相聚的時間，終究必須道別。每次轉換心情和面對離別，對我跟傑姆都是一大折磨。他會抓著我，拚了命地抱住我，可以的話永遠都不想放手。我不得不假裝很高興他要回到湯姆身邊，不得不忍住眼淚，避免自己崩潰，即使他哭得很傷心也一樣。有時交接時我控制不了淚水，他就會抱我抱得更緊。湯姆在一旁恨恨地斜眼瞪我，說我太情緒化，甚至失控。我忍不住覺得他其實在暗自竊喜，因為他對表露情感的看法跟我爸差不多，他們都覺得表露情感就等於軟弱沒用。他可能跑去跟律師說我哭了，在法庭上用我的眼淚攻擊我，證明我不夠穩定，這樣就能增加自己保住監護權的機率。有時候湯姆會直接把傑姆拉開，即使他拚了命巴著媽媽不放，就算在公共停車場、加油站或任何一個顯眼的交接地點也一樣。那種感覺很不對勁，我擔心那對傑姆和他心靈造成的傷害，擔心對他的影響永難磨滅。我看著他用《Minecraft》來逃避這一切。虛擬世界變成他可以暫時逃離、遺忘真實人生，從頭建立新世界，聽著簡單的旋律平撫心情的地方。但無論在遊戲中挖得多深、蓋得多高，終究都有限制，遊戲還是會結束，他又得回到被我們打破的世界，重新面對現實。這一切都是我們造成的。都是我們的錯。我的無助感伴隨著自責和自我厭惡而來，但我極力抵抗那種感覺，就怕再度墜入深淵，再次失去他。我利用每週一次的心理治療宣洩傑姆被湯姆帶走對我造成的痛苦，也漸漸體悟我得用不一樣的方式內化跟兒子告別的過程，才能避免再度崩潰。

傑姆不在身邊時，我必須好好利用時間，規劃下一次的工作。不能永遠居無定所，必須找個地方安頓下來，從頭打造新生活，為了傑姆，也為了我自己。找一個我跟傑姆都覺得能被接納和理解，也能忠於自己並好好活下來的地方。我們需要一間能稱之為家的房子。要過得幸福，我們需要的不多，簡簡單單就能如願。閉上眼睛我就能看見：一棟木板搭成的古老農舍，油漆剝落，夏天開關紗門就會發出嘎吱嘎吱的聲音。我腦中浮現北美喬松木鋪成的地板，我可以把它重新打磨之後再上一層亮光漆，把它變得煥然一新，但踩上去還是會吱嘎作響，提醒我們地板已經超過百年歷史。或許還能養幾隻雞，任由牠們在院子裡亂跑亂跳，自由活動，從草地裡挖小蟲填飽肚子。沒錯，我看得到，感覺得到，心裡也知道總有一天我們會願望成真。

我開著爸的笨重貨車，後面拖著露營車，載著傑姆和坐在我們中間的芬妮前往四季農場（Four Season Farm）。位於港邊村的四季農場，是園藝達人艾略特．柯曼和芭芭拉．達姆羅許的家。我很開心他們答應讓我借用，在八月的某個週末舉辦幾場快閃晚餐，更開心的是這次能帶傑姆一起來。我們開過一條松林道，經過一片片迎風搖曳的秋麒麟草，繞過遍布岩石的海灣，穿過高低起伏的藍莓荒野，終於來到通往這座知名農場的黃土車道。我把車停在一大片不規則的義大利羽衣甘藍菜田旁，解開掛鏈，準備在這裡過夜，明天勢必會是辛苦的一天。在露營車上，我們鑽進睡袋睡得又香又甜，因為這趟冒險有彼此的陪伴而感到心安。

隔天早上醒來，我立刻開始準備晚上的盛宴，周圍的景致看得我心花怒放。我們得去鹿島的北四十四咖啡館拿新鮮咖啡豆（傑姆甚至還能幫忙烘咖啡），還得去巴加杜斯河拿大袋大袋裝的生蠔。回農場途中，接近昨天我們經過的馬蹄鐵形的美麗海灣時，我放慢速度。我看見岸邊長了一排深紅色的海玫瑰，心想或許可以找些「野味」來為我在腦中構思的料理增色。我停下車，傑姆牽著我往海邊走。芬妮蹦蹦跳跳走在前面，開心地濺起冰冷的海水。我們東挖西找，想看看會不會幸運挖到蛤蜊（結果沒有），然後撿起扁平的石頭在早晨的平靜海面上打水漂。艾格莫琴海峽輕輕把浪打向砂石海灘，我們看見一艘小帆船在薄霧中飄蕩，隨著浪尖高低起伏。那就像印在明信片上的緬因州美景，或是我常在睡前讀給傑姆聽的羅勃．麥羅斯基繪本《緬因州的一個早晨》（*One Morning in Maine*）裡的畫面。如同夢境一般。我深呼吸一口氣，想把這一刻吸進體內，烙印在記憶中，永不忘記望著傑姆開心挖沙、芬妮濺起浪花那一幕我感到的自由自在和心滿意足。我們都好好的，幾乎回到正軌，度過了危機，甚至感到快樂，彷彿籠罩我們已久的陰霾已經像匆匆飄過的霧氣一般散去。雖然離戰爭結束還很久，但一起踏上這個小小的探險使我們覺得暫時擺脫了戰爭。我在滿潮線採了些沙拉用的野生黃金四季豆，不由欣喜若狂。另外還有雞尾酒或許可用的海石南，以及可以做成風味果醬用來搭配豬排的野玫瑰果。我把這些寶藏放進籃子，看見路邊有些紫色野薊，擺在大花瓶裡應該很適合。接著，我從眼角瞥見上面掛著萊姆綠小球的細長枝條，是我沒看過的植物，但有種獨特的美感，用來搭配野薊剛剛好。我撥開草叢，從刺藤間推擠而過，拿出後口袋的園藝剪刀割下半打綠金色的長莖。我舉起長莖掛在肩上，再度深吸一口氣，閃亮的葉子貼著我的脖子也心甘情願，看見傑姆和芬妮在水邊玩你丟我撿的遊戲，心裡一陣暖意。此時此刻宛如天堂。

回到農場我馬上用這些新發現來發揮創意。把摘來的野薊和不知名的長莖插進透明大花瓶裡，細心地修剪，足足玩了十分鐘，傑姆坐在我旁邊看書。我希望一切都盡善盡美，就像之前我們一起度過的時光。插完花之後，天空開始飄雨。起初我不以為意，因為本來就計畫在農場上的一間番茄溫室舉辦晚餐，也想像過餐桌擺放在番茄叢間被藤蔓的清新草香圍繞的浪漫畫面。然而，溫室把雨聲放大，打在透明塑膠板上的雨聲大得像打靶聲，不像滴滴答答的雨聲。白天一直下大雨；下得愈多，廚房和溫室之間的小徑就愈泥濘。趕來幫我忙的媽媽兩邊跑來跑去，已經渾身濕透。我把全副心力投入準備工作，傑姆在一旁漸漸失去耐心，我感受到的壓力也愈來愈大，很怕會功虧一簣。原本風景如畫的完美一天，變成潮濕泥濘又吵鬧的混亂場面。

我看了一眼傑姆和我媽，兩人都渾身濕透，臉色難看，當下我就知道把他們送回自由鎮的家才是明智的做法。跟傑姆分開雖然難受，因為我們相處的時間少得可憐，但這樣的夜晚小孩需要洗個熱水澡，看部好電影邊吃爆米花。我抱抱傑姆跟他告別，後來我的支援團隊及時趕到。一群能幹的朋友不辭辛勞特地跑來幫忙，替我完成準備工作，擺設餐桌，在最後一刻處理各種瑣碎雜事。賓客抵達時開心地互相攀談，似乎完全不受外頭的毛毛細雨影響（溫室裡聽起來傾盆大雨）。他們小口品嚐當地生產的起司和麵包，輕啜加了農場現摘的小黃瓜和我找到的海玫瑰花瓣的琴通寧，著迷地看著現場誇張惹眼的花朵擺飾。

我的朋友安托著銀盤端給客人開胃小菜，嚷嚷著：「這盆花不得了！是你故意開的玩笑嗎？」

「玩笑？什麼意思？」

「艾琳，那是毒漆藤！」

什麼？不可能啊！這不可能是我從小就認識、表面光澤覆滿林地的「三葉草，快快跑」。小時候奶奶和媽媽都教我要遠離這種毒草。還是小女孩時我光著腳在森林裡奔跑，就是它害我的腿和腳踝起紅疹和水泡。還有一次我穿著背心裙在田野上跌倒，腿跟屁股也因此起了一片紅疹。那不可能是同一種植物！是嗎？

「它在這裡長得不太一樣。」安解釋。她說了她跟家人到佩諾布斯科郡的某個崎嶇沿岸露營的往事。那天他們把帳篷搭好，火也升好，準備圍坐在營火邊放鬆同歡。安去森林邊撿小樹枝，想拿來做適合夏天烤棉花糖用的竹籤。她一心想把這件事做好，特地找來粗細剛好的小樹枝，再用大摺刀把尾端削尖。接著拿一個蓬鬆的白色棉花糖插進削尖的小樹枝，放在燒得火紅的炭火上烤，慢慢轉動樹枝，假裝眼前是一臺自動旋轉烤肉架，與柴火木炭一起合作，把這道甜點烤成完美的金黃色，外皮酥脆，內部香甜柔軟，微微融化。她把又膨又黏的棉花糖夾進全麥餅乾和一片牛奶巧克力中間，暗自在心裡讚嘆這可能是她本季最成功的棉花糖餅乾。每一口她都細細品嚐，享受柴燒煙燻的特殊香氣。隔天早上醒來，她發現自己的臉和喉嚨都又紅又腫，因為她用來串棉花糖的小樹枝竟然是毒漆藤！

而我竟然用該死的毒漆藤插了一大瓶花。我把它扛在肩上貼著脖子搬上車，修剪時也沒戴手套，手上沾滿有毒的樹脂，明天早上鐵定會起紅疹。想到這裡我馬上全身發癢。傷害已經造成，現在也只能繼續把晚餐辦完，鎮定地勸阻賓客別靠近那瓶美麗又壯觀的花，之後孤伶伶在露營車睡一覺等明天再說。脖子和手臂愈來愈癢的同時，我想要安頓下來、找一個真正屬於自己的家與一個能精進廚藝的廚房，這樣的渴望也愈來愈強烈。毒漆藤提醒了我，這場奮戰還沒結束，前方還有一大段路要走。

那天晚上雖然倒退一大步，我卻又比想像中走得更遠。整夜聽著雨叮叮咚咚打在鋁皮車殼上，我一邊在腦中列出目前為止我完成的事，免得一直去想皮膚好癢。

今年夏天我：

學會怎麼成功生火，同時保持良好的通風，在緬因州的寒冷清晨保持溫暖。

第一次使用桌鋸機，用回收的木板做了八張桌子。有木頭碎片為證，十根手指頭安然無恙。

親手把一輛一九六五年出廠的Airstream露營車的內部全部打掉，改造成活動廚房。

學會怎麼用一臺笨重的貨車拉動一輛二十四呎長的拖車。

在穀倉、蘋果園，及大雨滂沱的溫室裡掏心掏肺為人下廚。為一些人露出微笑、另一些人帶來喜悅。

戒掉藥癮。發誓再也不碰贊安諾或利福全，跟所有興奮劑或鎮定劑說拜拜（這輩子第一次吃大麻布朗尼嗨到不行，下不為例）。

領養一隻狗。至今納悶是誰救了誰。

赤腳穿過田野，到海裡游泳，找回自己。

把兒子搶回來。

28. 接納

在小鎮要得到第二次機會似乎很難，甚至連第一次機會都得碰運氣，但自由鎮卻一次又一次重新接納了我。小時候我在這裡無憂無慮成長，赤著腳到處亂跑，長大之後也在這裡學習、工作和探索新知。它讓我有家可回，讓我在這裡生下兒子，在最艱困的時刻給了我們最需要的簡單安穩的生活。後來它又再一次給了我恢復健康、從裡到外自我重建的機會。自由鎮是我的家，每當我需要時它總會對我伸出援手。如今我明白了，我的心一直在這裡，在這個偏遠小鎮也可以把生活過得很好。自由鎮給過我無數次機會，我卻從來沒有給過它機會。

我不是這裡唯一破碎又孤單的靈魂。那座老磨坊也跟我一樣。以前每年七月四日國慶日，我跟妹妹都會穿上去年表演穿的舞衣上街遊行，經過那座磨坊。那座荒廢的淒涼建築危險地斜向一邊，金屬屋頂因為年久失修而生鏽變形，彷彿風一吹就會倒塌或沖進旁邊的山迪溪。直到它得到第二次的機會。

這棟陰森森的建築被遺忘已久，破爛不堪，任誰想到要讓它起死回生都會卻步。重建是個令人生畏的大工程，少說也要花好幾年，有人甚至覺得光有這個念頭都很瘋狂。那棟搖搖欲墜的木造建築不適合膽子小的人，或是想藉由投資快速致富的人。它只適合眼光異於常人，能見人所不能見，內心的聲音淩駕理性的人。這樣的人希望自己留在世上的東西比當初他們發現時更好一些，並相信誰都應該有第二次的機會。那個人就是湯尼．格蘭西。

老磨坊整修重建的流言悄悄在鎮上傳開，跟當年關於我的流言一樣。我還在貝爾法斯特經營餐廳時就聽說過這件大工程。有天早上，我的農夫朋友寶莉送貨過來給我時，隨口提起了那座磨坊，說他有個親戚打算為那裡注入新生命。寶莉跟丈夫普林提斯一起經營的村邊農場位在山迪湖的後方，緊鄰著搖搖欲墜的老磨坊所在的那塊土地。她把一袋袋嫩葉萵苣菜心和其他小菜苗交給我冰進冰箱，然後說：「你有沒有認識可能會感興趣的人？他們正在找租戶。」家鄉市中心被冷落已久的老建築終於獲得青睞，我聽了很高興。那個地方雖然陰森森，高踞在磨坊街制高點的花崗岩基座上，我卻一直深受它吸引。小時候大人不准我們接近那棟房子，因為它看上去隨時都會倒塌。但它旁邊就是直瀉而下的自由瀑布，在我心裡總帶有那麼一點浪漫氣息。寶莉接著告訴我，到時候她的親戚將帶領一群歷史學家、建築師和承包商展開重建工作，目的是打造一個大家可以聚在一起的空間。他把我視為可能的人選讓我受寵若驚。或許再開一家餐廳？聽起來像個美夢。但我告訴她，我在這裡已經安頓下來，有這間自己從零打造的餐廳就心滿意足。其實也沒錯。只是我沒告訴她，當時我的婚姻已經瀕臨破裂；我一天工作十八個小時，拚命吞藥灌酒好讓自己撐住。當時我已經自身難保，不可能再開第二家餐廳。

如今一年過去。我的人生發生了翻天覆地的變化。我的餐廳沒了，婚姻也沒了。我又搬回芬妮路，身無分文，失去一切，但也表示我再也沒有東西可以失去了。

這一年磨坊也經歷了很多改變。它跟我一樣浴火重生，拆到只剩下骨幹，破損的瓦片一律拆除，露出的腐爛結構全部打掉，前後動用了一整個村子的木構造師傅、石匠、木匠和工程師才還原它本來的面貌。當木屋又恢復原貌時，它彷彿鬆了一口氣。因為房子的核心構造夠堅固，加上有花崗岩基座支撐，才屹立至今。湯尼看出這股力量和其中的可能性，看出它能為這個死氣沉沉的小鎮注入新生命並扶持本地的農業，把人留住，往下扎根。他太太莎莉在背後支持他，從未曾質疑過丈夫的瘋狂構想。

那個夏末的傍晚，磨坊一片寧靜。工班回家休息去了。潺潺流水發出白噪音，周圍瀰漫著雪松和新木瓦發出的松木香。房子雖然還在整修，但已完成大半。前門沒鎖，微微開啟，我進門時地上的木屑隨風揚起，除此之外空空如也。當我踏進從小大人禁止我們闖入的空間時，一股暖意襲來。破破爛爛的窗戶、亂七八糟的噴漆，還有尿臊味和啤酒味都不見了。只見空房間一排共六扇窗，窗格全部換新，柔和的光線從窗戶灑下。用回收的穀倉木板鋪成的牆壁和地板，使整個房間充滿切割木頭的香氣。這地方已重獲新生。那一刻我就知道，我為祕境餐廳找到了新家。

一幅幅畫面在腦中浮現。我看見餐桌散立在每個靠窗的角落，因此在溫暖的夏夜能感覺到微風拂面，看見溫暖的燭火襯著橘色暮光搖曳。廚房設在中間，我可以像在自己家裡一樣邊做菜邊跟客人互動。前面還有一張檯面和幾張高腳椅，方便朋友坐在上面看我做菜。我可以在餐桌之間穿梭，把剛烤好的小點心端給客人。輕柔的音樂跟外頭的溪水聲融合，在天花板上從磨坊時期遺留至今的古老滑輪上飄蕩。當然也少不了花。滿滿的鮮花！桌上有細口小花瓶，檯面上是我用採集來的野花組成的大型花卉擺飾。我還會展出我收藏的食譜，在月光微弱時以小燈作補充照明。我想像著可以把農場的大鑄鐵琺瑯水槽擺在哪裡，旁邊搭配一臺復古冰箱。它們看上去好像一直在那裡，片刻未曾被遺棄或遺忘。此刻，有生以來我第一次全心全意想像著這麼一天，彷彿自由鎮就是屬於我的地方。

在一個人口不到八百的偏遠小鎮開一家餐廳，這個想法瘋狂至極。會有人為了吃頓晚餐特地開車來自由鎮嗎？我不知道，一旦停下來思考，我怕會開始懷疑自己。繼續前進就對了，女孩，我告訴自己。全心全意投入，你就會知道該怎麼做，自然會有強烈的感應。這是我長久以來對自己說過最棒的話，我也打從心裡如此相信。

然而，光說服自己還不夠。我知道我的勝算不高，各種流言仍像惱人的黑蠅團團繞著我飛。我聽說她瘋了！我聽說她拋下餐廳和孩子！我聽說她挖出自己的眼睛！我聽說她割斷自己的喉嚨！有天下午，一群人聚集在快完工的磨坊裡，坐在角落的折疊椅上。在場有我、湯尼和莎莉，我旁邊坐著大維和艾薇，他們來當我的支柱，也向湯尼和莉莎證明關於我的流言並非事實。確實，如果頭腦清楚又能幹的朋友都願意站在我這邊，無論我要提出的構想有多瘋狂，對方都會當一回事。於是我開始為他們描繪我腦中的畫面。有幾個片刻，聽著自己的聲音，不禁納悶我是不是瘋了，但怦怦狂跳的心鞭策我推動這個宏偉大膽的計畫。說完之後我頓了頓，緊張地笑了笑。他們點頭微笑，要我多給他們一點時間考慮。我們約好一週後再見，到時他們會做出決定。我看不出他們在想什麼，兩人都很客氣有禮，耐心地聽我口沫橫飛暢談夢想。是成是敗已注定。無論結果如何，之後我每天數著日子等答案揭曉。

理智是夢想的墳墓。看來湯尼和莎莉偏愛夢想……以及從頭來過。我們終於握手成交。他們給了一個剛出勒戒中心、正在奮力爭取監護權、如今一貧如洗的女孩第二次機會；我則給了一個推翻我所有認知的地方重獲新生的機會。我們把所有理智推到一邊，在全新機會和夢想上下賭注，讓祕境餐廳、老磨坊和我在自由鎮重新開始。

29. 重新開始

一切從頭開始。從零打造一間位在偏遠小鎮的新餐廳，光想就令人卻步。這一行由男性主導，而我是女性，不但沒上過廚藝學校，還有段至今尚未完全脫離的坎坷過去。即使已經過了一年，我的離婚官司仍繼續拖著，看不到盡頭，把原本就有難度的任務變得更加棘手。之前的經驗讓這次不再那麼手足無措，然而我還是得打造一間廚房，自製餐桌，挑選椅子並上漆，搞定執照和許可證，取得設備，更別提還得煩惱怎麼付清全部費用。還要招兵買馬，規劃菜單，列出一堆我需要但根本買不起的東西。我需要打造一臺大型冰箱，買一部昂貴的商用洗碗機、一套三格水槽、一個堅固耐用的瓦斯爐搭配通風良好的抽油煙機，還有強制規定要有的（並不便宜）滅火器，以及其他較小件但加起來也挺可觀的各式各樣小器具。湯姆換鎖之後，我就失去了餐廳裡的所有鍋碗瓢盆。我或許沒有開一家餐廳需要的錢，但現在還不打算讓現實粉碎我的夢想。別忘了我是土生土長的緬因州人，身上流著北方人那種爭強好勝、節儉持家的血液。我想盡辦法找到便宜貨，籌錢添購無法減省的東西。我去向在我身上看見一絲希望的親友借錢求助，承諾會用豐盛的料理回報他們。我接收別人不要或不再需要的鍋盆和桌上型攪拌機。我爸甚至捐給我一臺坑坑疤疤的食物處理機，按的時候要一定的角度才會轉動，因為太危險，我得提醒自己使用時要遠離刀片。我跑遍方圓五十哩內的每個跳蚤市場和古董店，蒐集古老的餐盤和大淺盤、茶杯和茶碟、一臺堅固的果汁機和一組銅瀝水籃，暗自希望湯姆把我奶奶的碗盤都拿去當鋪賣掉，這樣我就能再把它們買回來。結果並沒有，但我找到了一件一元的復古餐具，稍微擦洗一下就能恢復光澤，還在分類廣告上找到農家用的古老陶瓷雙格水槽，底下有腳架的那種，以及五〇年代的富及第冰箱，而且還運轉自如。我發現只要手上有些白花花的現金，就比較能跟賣家討價還價，用更低的價格買到。我找到一個破破爛爛的Hoosier烘焙櫥櫃，這種最適合殺價。到手之後先把漆刮掉，重新打磨和上黑色漆，然後安裝陶瓷手把跟琺瑯頂部相配。我已能想像閃亮的玻璃器皿排在架上的畫面。

有個流言在自由鎮上傳開，聽說我的高中數學老師打算拆掉自家穀倉。他家距離這裡才三哩遠，我決定開車去瞧個究竟。把車停到前院，我就知道傳聞不假。整修老建築要砸很多錢，所以他決定放手。這就表示木板會一片一片拆下來改作他用。厚實的地板延伸十四呎長，用來做放在餐廳中間的長桌正適合，仔細看還能看到木頭裡的蹄印。我可以想像客人在燭光下，聚在這張樸實的桌子周圍談笑互動，啜飲紅酒，享用一道又一道餐點。在這張桌子上，陌生人也能變成朋友。

比較薄、損傷較嚴重的牆板可以改造成我想像的家庭式廚房的中島，檯面鋪混凝土，變得既實用又舒適，上面堆放碗盤，用來為周圍的客人上菜。一場成功的派對，最後大家不免都會聚集到廚房。廚房是每個家庭的心臟。我希望我的廚房給人這樣的感覺，就像家一樣。我希望我的爐子位在餐廳正中間，大家都能看得到，感受得到。我希望為客人上菜上湯或沙拉時，能跟他們聊天互動。我希望他們聽到熱油嘶嘶響的聲音，瞥見爐臺上的火焰，聞到我正在料理的食材散發的香氣在空中飄送。我想看到他們品嚐每一口食物臉上的喜悅，因為目睹那份喜悅填補了我空虛的心，和心裡的破洞。我希望能夠感受到餐廳裡的活力，判斷哪些細微的改變能使這個夜晚更加完美，例如在適當的時候稍微把音樂調大聲、日落時把燈光調暗，或在溫暖的夜晚打開一、兩個風扇。我不只想要下廚，也想服務客人。我想款待前來用餐的人。我想迎接陌生人走進門，用化為餐點的愛餵飽他們。身為女性，照顧他人帶給我的喜悅宛如天生。對我來說自然而然，也是我內心的渴望。

我曾經從頭打造過一間餐廳，但這一次感覺有更多事等著我去證明。有些人喜歡我的事提供的八卦話題，也喜歡看我摔得鼻青臉腫——他們難道不會想聽更多八卦？湯姆看來等不及要挖更深的洞讓我跳。他似乎設法要放大我犯的錯，希望傳達給鎮上每個他認為可能支持我或相信我會東山再起的人。然而，如果我能達成一件幾乎不可能完成的事，成功創業，在自由鎮把日子過好，就沒有法官、法庭或即將走入歷史的混蛋前夫能證明我沒能力扶養自己的親生兒子。無論如何，我的人生就看這一次了。所以我要奮戰到底，我要挺身應戰，我要向他、向全世界，最重要的是向我自己證明我有多少能耐。我要讓湯姆知道，我的人生沒有他會更快樂，更健康，更強韌，比過去更好。

我不是主廚，只是個簡單平凡的廚師。我可以像爺爺那樣把一塊魚跟馬鈴薯一起煎得美味可口，可以用大黃和香濃的卡士達醬做出讓我想起奶奶的老派奶油蛋糕。我的刀工普通，也不知道什麼是mise-en-place（備料之意）或garde-manger（冷檯廚師之意）。但我認識奶油，我認識鹽，我知道怎麼為沙拉淋上剛剛好的油醋醬，怎麼把奶油打發到光滑尖挺，放在奶油布丁或派上就會又澎又軟。我做的料理使我想起媽和爸，感覺離爺爺奶奶更近，即使他們兩人幾年前都已過世。我還能感覺到奶奶的擁抱，還能聽到爺爺吹的口哨，還有味道辛辣的旱金蓮、撒上醋的甜菜葉、加上奶油鹽和胡椒的馬鈴薯泥，以及配上一匙糖和一點濃稠鮮奶油的成熟新鮮草莓——只要嚐一口，我就還能感受到他們的存在。我對他們的記憶存留在每一口食物中。我記得爺爺唱的歌，奶奶的笑聲和感染力十足的笑容，兩人眼角的魚尾紋。他們的溫暖和愛，與他們親手做的溫暖且撫慰人心的料理留給我的記憶和感受。那就是簡單的美味具有的力量。那就是我想做的料理，也是我希望別人從我的料理中得到的感受：懷念過去，同時感受到被愛。沒有舒肥法，沒有把食物打成細緻的泡沫，或硬把什麼跟什麼湊在一起，拚了命要得獎拿第一。沒有走在時代的尖端，餐點沒撒上金箔，或用鑷子細細妝點，但咬一口就能擄獲你的心，使你憶起童年、某個你深愛的人，跟他們共享過的難忘（或少數或無數）的開心時光。跟迷你馬鈴薯一樣樸實無華，炎熱的七月初剛從土裡被挖出來，香甜滑潤，皮又軟又嫩，吃的時候你只想撒撮粗鹽和一小塊奶油在上面等它融化，高級一點或許再撒些新鮮的蒔蘿。還有番茄，成熟柔軟香甜，因為這種水果就是這樣，剛從藤蔓上摘下來，還留著夏季晨光的餘溫，只需要些許橄欖油、一撮鹽和一些切碎的新鮮羅勒調味。美味的起司放在剛烤好的脆皮麵包上，搭配滑潤的蜂蜜或香甜的莓果醬。一道料理之所以能令人幾天、幾個月、幾年難忘，是因為吃的時候在你心裡激起的感受。對我來說，料理不是比賽看誰能做出最完美的餐點。食物最大的力量，是把味道轉化成永恆的記憶。小時候我從我爸身上學到，美食可以是一種容器，一種表達愛的方式，即使你不知道如何用言語說出愛。我打從心底知道，這就是我現在要做的事，但問題仍是：如果我打造出這樣的地方，有人會來嗎？

餐廳在七月四日正式開張。為了自由（鎮）的獨立紀念日，感覺很呼應。二十五年前的這一天，我跟妹妹在自由鎮戶外教學日的遊行隊伍上穿著康康舞舞衣，經過同一個地點，抬頭看見那棟搖搖欲墜的老磨坊。怎麼也想不到有一天我會站在這棟如今已經脫胎換骨的老建築裡，提出在這裡開一間餐廳的瘋狂構想，而且即將要展開一趟未知的旅程。我不知道這個計畫會成功還是失敗，我能做的就是真心誠意把每一道菜做好，看看會激盪出什麼樣的火花。我會把所有的愛放進每一道料理中，再撒上少許可食用花朵添色。簡單，真誠，充滿女性風韻，非常像我。那天晚上餐廳全滿，來了好多我第一家餐廳和之前晚餐俱樂部的熟面孔，都是渴望再次回味我做的菜，不惜大老遠（有些要開百哩路）開車到偏遠小鎮品嚐的人。一切都跟我的想像一樣，但真實世界更美好。歡聲笑語跟外頭的瀑布聲互相交織，微風吹進敞開的窗戶，燭火隨之顫動。空氣中飄散的味道，有如早上我趕在七月豔陽太過炙人之前趕緊摘下的成熟草莓。草莓此刻就放在側邊檯面上的古董大碗裡。我手上還有鮮豔的粉紅色汁液留下的痕跡。當我站在開心用餐的客人面前舉起酒杯，在上湯之前用古老的奶油刀敲敲酒杯，引起大家的注意時，我的心怦怦跳。看著一張張笑臉，我又緊張又感到無比驕傲。我告訴客人我為大家安排的菜單背後的故事，也坦承我對湯料理的恐懼，但今晚的湯棒透了。湯對我來說很複雜，高湯要花上幾個小時熬製，材料要細心挑選才能創造出深刻細膩的味道，與豐富的層次（我沒說這個過程每次都讓我有點徬徨失措，因為我從來不相信自己能夠完成）。我告訴他們今晚用的有機雞肉，是其中一名服務生養的雞。她名叫維多莉亞，她的養雞場離這裡才幾哩。我用月桂葉和杜松子把雞肉醃了一夜。最後的甜點是草莓奶油蛋糕，這就是那些芬芳的草莓最後的歸宿。我舉起酒杯跟大家乾杯。大家也跟著我舉杯，對著天花板上的老舊木頭和滑輪。我們為今晚在自由鎮找到自己而乾杯。一天一天，這個偏僻小鎮漸漸成為我的世界的中心。

30. 沃爾多郡的娘子軍

我很快就發現，曾開過一家餐廳不代表這次就會比較簡單。要搞定各種系統，解決疑難雜症，還得雇用人力。洗碗工會請病假，機器會故障，農產品會延遲送達。它就是一部移動中的船艦，像一艘帆船，我必須靈活應變，視風速風向隨時調整船帆，直到風漲滿帆為止。有時風平浪靜，有時會捲起驚濤駭浪，像要把我整個人吞沒。很多細節都得顧到，無論是用心用愛做出不斷變化的菜單上的每一道料理，或是開店之前的準備工作都不能馬虎。要確保蠟燭燒整夜也不會熄滅、放的音樂適合餐廳的氣氛、花朵擺飾清新有活力，還有晚上開始營業時廁所的衛生紙都已折成三角形。無止境的細節，一樣都不能遺漏。每個禮拜三到禮拜六的五點，餐前大門就會打開，布幕升起，戲即將上場，無論我們有沒有準備好都一樣。我的心從下午四點就開始怦怦跳，知道一個小時內大批客人就會在門外排隊。因為我們打造了這個地方，而且真的有人來捧場——一車又一車的人。每天晚上，只有八桌座位的小餐廳都會被訂滿。大家都說不可能的事不但成真，還大大成功。

＊＊＊

我幾乎是一夕之間重新回到過去的生活，一天工作十六到十八個小時，睡很少，吃得更少。除此之外還得忍受各種批評。這些人用完餐回到家，坐在電腦前寫下網路評論，告訴全世界他們對我的真正看法。我會仔細看那些評論，有時流下一、兩滴淚（或是更多，有時躺在床上痛恨自己不夠好）。既然是開放式廚房，我就等於把自己放在公開平臺上。而食物畢竟帶有感情的成分，用餐過程中激起人的各種感受和想法也很自然。為人準備食物感覺上是一件私密又親近的事，當我覺得自己出了差錯，讓走進餐廳用餐的人大失所望，內心也會跟著難過，看到網路評論把這件事公諸於世，更是痛苦不堪。有時候我甚至會不可自拔地感到羞恥。如果不想被活活吞沒，就得學會別整個人陷進去。我必須克制自己回應網路評論，因為我知道餵養仇恨只會使它們更強大。我努力對外保持沉默，其實內心波濤洶湧。我必須從這些不可避免的負評和對我的攻擊中學習，把它們當作深切反省的工具，捫心自問：我能不能從他們的意見中學到什麼？能不能藉由他們的意見把自己變得更強、更好？假如裡頭有一絲我能學習的實話或教訓，我要虛心接受，加以嘗試，用它來改進之前搞砸的事。但如果有人只是胡亂批評一通呢？不要餵養酸民，他們會反過來咬你一口。擺脫他們，別理他們，繼續前進就對了。

這次跟上一次有什麼不同？什麼能阻止我配著酒吞下抗焦慮藥，撫平回來找我的壓力，和這些壓力帶來的焦慮不安？這次不行。這次不一樣。我已經重新做人，也擺脫了恐怖前夫。如今我已經知道在生活中取得平衡有多麼重要。我把全副心思都放在重新建立更美好、更健康、更幸福的生活。而且這一次，我有一整個村子支持我，陪伴我度過考驗。

村裡的女性自然而然加入了我的行列。我們不是姊妹，沒有血緣關係，但各自因為不同的理由並經由不同的路走向在偏僻小鎮開一家餐廳的瘋狂構想。我們會相遇彷彿是因緣湊巧，但其實冥冥中自有安排。大家聚在一起就像老朋友，有些本來不認識，有些是朋友的朋友，或是同樣住在沃爾多郡鄉下的鄰居。有些本來就認識我，過去相信過我，至今仍然不變。有些才剛認識我，但對我過去的傳聞沒有先入為主的成見。我們的共同點是，都在這個看似前不著村、後不著店的偏僻小鎮開創自己的生活，並知道自己不是唯一願意給予他人撫慰力量的人。我們是母親，姊妹，妻子，農人，製造者，老師。每個人都在尋找一點點不同的可能性，去打造，去分享，去讚頌，去付出熱情。因為我們之中沒有人是專業服務生、侍酒師或讀過廚藝學校，因此各自為餐廳帶來了不同的力量。住在緬因州可能給人孤立艱辛之感，粗重的勞力工作和嚴酷的天氣更加深了這種感覺。稍不注意，這種感覺就會吞噬你，將你擊垮。我們需要——甚至渴望——一整個村子作我們的後盾，無論我們是否意識到這點。一個能夠安身立命的中心。因此祕境餐廳開張後，我們很快發現那不只是工作的地方，也是一種美好的生活方式。我們從中找到了溫暖的姊妹情誼，也得到把自己燃燒得更燦爛耀眼的勇氣。

安是其中一位，她帶來一桶桶早熟的油菜花和香菜為晚上的料理增色，用敏銳機智的笑話逗得大家捧腹大笑，提醒我們隨時放輕鬆，別太鑽牛角尖，偶爾也提醒我之前用毒漆藤來插花的天兵事件。還有金姬，她會在結束一天辛苦的農場工作後出現，身上有種平穩人心的力量，總能使晚上繁忙的營業時間放鬆一些。她擺盤的沙拉輕盈優雅，看起來就像從雲端飄落的葉片。

吉娜白天在她的養殖場宰鴨，晚上過來幫忙把油封鴨腿煎得酥酥脆脆。她認真又盡責，滿身刺青的強悍外表下有一顆溫暖熱誠的心；有她在，我就感到安心。弗林姊妹在餐廳裡翩然來去，全身上下散發著美麗和優雅。兩人從小在緬因州長大，招待客人的技術一流。呵，因為她們跟我一樣從小就開始端盤子，多年前我們就是這樣認識的。還有艾希莉，她從神祕的晚餐俱樂部時期來幫我忙，雖然後來我們都變忙碌了，但感情還是一樣好。白天她在自己的農場上種花，晚上來當服務生，桌上小花瓶裡的花就是她從種子栽培到大的鮮花，那些花飾讓我們兩個超級自豪。

再來是克莉絲塔，原來要來幫忙招待客人，但她對農產品很熟悉又什麼都肯學，不進廚房實在太可惜。她的農場提供我們源源不絕的食用花朵。每天傍晚來值班她都會帶來一個木箱，裡頭裝滿一盆盆美麗的花。我們用這些花來裝飾我們一起組合的料理。還有海瑟，當初走進餐廳時她對食物抱著巨大的恐懼，食物簡直就像她的敵人。一碰到麩質，她的皮膚就起紅疹；吃到乳製品，腸胃就會絞痛。偏偏她的任務是進廚房工作，每天處理食物，與恐懼正面對決。以前她從沒剝過牡蠣殼，後來卻成了剝殼高手，在海鮮吧後面要去掉任何貝類的殼，對她都不是問題。她從此不再恐懼食物。

南西有天早上捧著一籃她種的高叢藍莓和飽滿的鵝莓進來兜售，來得正是時候，那些水果用來做晚上的甜點正適合，而我剛好急著找額外的人手幫忙白天的雜事。她滿懷熱情一口答應，為我們的小廚房提供各種所需的支援，無論是熨燙餐巾或圍裙、切碎香草、準備餅乾麵糰，甚至用親切的微笑和當晚的菜單招呼抵達的客人，樣樣都難不倒她。還有貼心的凱薩琳，白天她跟我一起在廚房進行準備工作，做事永遠不疾不徐；晚上她也幫忙招呼客人，帶他們到酒窖選一、兩瓶酒搭配晚上的料理。

海倫種的番茄是你能想像得到最美麗的原種番茄。有粉紅的、黃的、綠的，還有濃豔到接近巧克力色的紅番茄。每天早上她來輪班時都會搬來好多箱當季番茄，當作晚餐的食材。有時她會塞給我一塊糕餅或一份溫熱的雞蛋三明治，讓我補充體力迎戰漫長的一天。她善於傾聽，有時會把早上的準備工作變得像我們兩人的免費心理治療：切菜，傾聽，給彼此良心的建議，必要時也會在切紅蔥時大哭一場。

維多莉亞用有機方式養雞，還自己種番茄、胡椒和各種品種的羅勒。她到處散播愛，永遠在關心他人，確保大家都受到照顧。有她在，我們的水壺一定是滿的，需要時酒杯也是，一定不會渴到，晚班團隊因此幫她取了「酒女維姬」這綽號。再來是羅倫，剛開始她在我的第一家餐廳幫忙前置作業，後來轉去招待客人，最後在酒窖做出樂趣，也幫忙端端盤子。軟嫩可口的菲力牛排和羊排是她的心頭好，菜單上如果出現這兩道菜，她會期待輪班結束能嚐上幾口。每次我都會滿足她的願望，順便引誘她說幾個冷笑話，逗得大家整晚笑不停。另一個開心果是瑪雅，她會在營業前邊擦玻璃杯邊說八卦給大家聽。她從未有過服務客人的經驗，但那又怎樣？反正可以慢慢學怎麼在餐廳裡放輕腳步、正確擺放餐具、從左側上菜從右側收盤，我們不也都還在學。溫暖的八月天，她會帶來大箱大箱她從隔壁蒙特維爾鎮的荒野採收的成熟野生藍莓。她親切寬厚，會跟客人閒聊他們從哪裡來、彼此有什麼共同點，讓他們感覺舒服自在，就像在朋友家用餐並認識了新朋友，這種時候全屋子都能感受到她散發的暖意。

我們之中，高級餐飲服務技術最厲害的是艾莉克絲。她在沿岸餐廳工作時學會了這套功夫，但她能在餐廳嶄露鋒芒，靠的是自然而然由內散發的優雅氣質。她把她會的高級餐廳服務技巧全都教給我們。在餐廳裡她像芭蕾舞者翩然來去，腳步輕巧，笑容親切，擺放乾淨餐具或置換玻璃水瓶時動作輕柔得連桌上的燭火都未曾擾動，全程從容自若。凱莉曾在一些知名餐廳工作過，有豐富的高級料理經驗，刀工比我們所有人加起來還厲害，她教了我們一些厲害的廚師行話和高級餐廳禮儀。

我爸的妹妹蘿達姑姑負責管辦公室、付帳單、發薪水、更新執照和搞定保險。我的朋友大維常從旁協助，無論是試算表、會計或稅務建議都難不倒他。大維之前在ＩＢＭ工作，是電腦高手，他引進的系統讓我們的後勤部門動了起來；隨時隨地問他技術性問題，他都會不厭其煩地回答。

以上所有偉大的女人背後都有個了不起的男人，那就是T. J.。他是我們這支樂隊的鼓手，維持著樂隊的節奏。當初他大膽接下洗碗的工作，前來解救我們。他跟當老師的太太和兩個女兒就住在老磨坊對面的街上。白天被女人團團圍繞，晚上也沒兩樣。總之他人超好，被娘子軍圍繞也絲毫不以為意。

我妹妹妮娜來幫我處理預約和接電話，個性活潑又擅長交際的她很適合跟客人交涉。我們雖然是有血緣關係的親姊妹，長久以來卻很淡漠。如果有選擇，我們大概都不會選彼此當姊妹。事實上，打從出生我們就跟白天和黑夜一樣截然不同。我媽說我是個磨娘精，難帶愛哭又黏人，吸奶時間長又睡很少（我媽睡更少），常需要人陪，一下要抱，一下要哄，還得念書給我聽。後來發現唸什麼都沒差，她就在廚房把我抱在懷裡輕輕搖晃，一邊唸食譜給我聽。也難怪我會走路之後老愛去開冰箱，她怎麼也阻止不了，後來只好用膠帶把冰箱門黏起來。

妮娜在我之後二十一個月出生。她從小就很好帶，簡直像天使，雖然後來證明那跟她青春期的樣子剛好相反。從醫院回家那天她就一覺到天亮，之後每天晚上都是。她從不哭鬧，甚至很少哭，我媽還得每四個小時叫醒她喝奶和換尿布，之後她就又睡著。她不吃奶嘴，只愛吸大拇指，直到八歲才戒掉這個習慣（因此門牙留下縫隙）。

我們被同一個媽養大，卻天差地別。我媽盡力了。她下定決心要平等對待我們，給我們一樣多的機會，一樣多的愛，有時甚至是一樣的衣服。她會幫我們買姊妹裝，這樣我們就不會為了誰穿哪件而爭吵；每年還會點清聖誕樹下的禮物，確保沒有誰拿到的比較多或比較少。我們同時間去剪頭髮，連裝牙套也是，即使我根本不需要——為了公平。妮娜又高又瘦，雖然小我快兩歲但小時候多半跟我一樣高。我們都一頭金色短髮又穿姊妹裝，兩個人站在一起時，常有人誤認我們是雙胞胎。但我們其實一點都不像，甚至不是朋友。我們很少能和睦共處，兩人之間的差異無可否認，因此常發生衝突、爭吵，偶爾還會互拉頭髮。我們在一起是很糟糕的組合，就像花生醬鮪魚三明治。小時候只是姊妹之間打打鬧鬧，但漸漸長大之後，我們的不合和差異愈來愈明顯，無論我媽多努力對我們一視同仁都沒用。我個性內向、嚴肅、獨立、自信、好奇、愛操心、想得多，是埋頭苦幹型的人。妮娜個性外向、風趣幽默、喜歡引人注意，她聰明、熱情，感情豐富但缺乏自信。

小時候妮娜喜歡成為大家矚目的焦點。她會在家裡蹦蹦跳跳，有時一天換四、五次衣服，愛唱《真善美》（*The Sound of Music*）裡的歌或放聲高唱惠妮·休斯頓的歌。她的嗓音好得沒話說。有段時間我甚至偷偷想，或許這女孩能靠嗓音脫離這個地方——那就太幸運了。經過後來的風風雨雨，經歷過人生一夕崩毀之後，我才體悟到當年我應該大方稱讚她，對她說出其他閃過我腦海的話。後來我才發現她渴望得到我的注意，我卻沒能體認到身為姊姊的責任。

我妹跟我爸的關係不同於我跟我爸的關係。從我的角度來看，他們的關係感覺上更穩固、更溫暖、更自在。或許是因為妮娜比較像他，骨子裡都有種「狂野不羈」的特質。爸對她的期望似乎也沒有像對我那麼高。他從不會不好意思說出他對妮娜和她的未來真正的看法，甚至還覺得很有趣。

他曾經不只一次說：「妮娜以後大概會變脫衣舞孃。」她每次都一臉無所謂。不像拘謹的我，妮娜對身體很放得開。她的確喜歡站在臺上，成為大家矚目的焦點，而且似乎很喜歡營造那種震撼效果。

「但最好不是米利諾基特的那種破破爛爛的脫衣舞夜總會。我只能說，那裡最好有不鏽鋼小便池。」我很好奇他怎麼知道高級的脫衣舞夜總會有不鏽鋼小便池，但很快甩開腦海閃過的畫面，告訴自己這個男人或許有很多我不知道（可能也不想知道）的事。

妮娜從未抓住用好歌喉踏上星途的機會，但她逃離自由鎮很長一段時間，嚐到了外面世界的滋味。但繞了一圈之後還是回到緬因州鄉下，在離自由鎮不遠的幾家本地餐廳當酒保或服務生。終究我們還是回到這裡。從小時候踏進那間餐館的那天起，我們的未來彷彿已經注定，再也逃不出它的手掌心，因為它就在我們的血液裡流動。無論再怎麼堅持我們之間除了一頭金髮之外毫無共同點，對這個地方的感情和服務他人的渴望早已寫進我們的基因，變成我們的一部分。到磨坊重開餐廳之前，我們一直在不同地方做著同樣的事，但就是不知道怎麼一起共事，直到她來祕境餐廳工作為止。那對我們來說是重新修補關係的難得機會，而且地點就在我們出生的小鎮。我不知道這樣的關係會持續多久，或者能不能持續下去，但能夠一起工作、以自己做的事為傲、再次練習當姊妹都使我重燃希望。或許我們的關係有可能展開新的一頁。

這個村子裡的女人來到這裡時並不完美，也沒有一技之長。但無論我們欠缺什麼，之後都以愛來補足。每天大家都滿懷熱誠走進餐廳。我們不只是同事，不只是鄰居，現在也是一家人。一起合作，互相扶持，為彼此加油，使我們力量更強大。一個禮拜有四天，我們一起踩著輕快流暢的腳步共舞，把愛分享給其他人。

31. 一個女人的覺醒

在所有女性當中，有個人超乎我想像地重獲新生。我看著她一路走來的改變，像一朵花熬過了緬因州的漫長寒冬，終於在春天重新綻放。

從小她就跟其他六個兄弟姊妹不太一樣。他們多半是淡黃或金黃髮色，因此她的一頭深褐帶點赤褐色的頭髮顯得格外突出。她一直也知道自己有點不同。她在學校從來就不受歡迎，從來沒融入過小圈圈，但她曾經有過一個知心朋友，名叫雪比。兩人之間的關係可愛又純真，但雪比十一歲那年死於白血病。之後她就不曾再打入過其他小團體。她人緣還不錯，因為她溫和、善良又正直，沒什麼討人厭的地方，但這也使她變成那些不像她那麼溫和、善良又正直的人欺負的明顯目標。她默默承受偶爾發生在她身上的霸凌，從不挺身反抗或揭露他們的惡行。每次有人占她便宜她都認命地接受，把委屈往肚裡吞，覺得是自己活該。她父親從不擁抱她或說他愛她，但她猜想這樣期待太過自私，畢竟家裡小孩很多，哪來的時間把愛分給每個人。

但她用自己的方法找到了愛。一九七八年的夏天，週末到緬因州出遊時她認識了未來的丈夫。他很迷人，頻頻對她獻殷勤。受到這樣的關注她不太習慣卻很開心。他有一頭金色長髮，唇上的鬍子掩不住露出一口白牙的燦爛微笑。之前她去過貝塞這個慵懶的避暑小鎮找過朋友，借住在朋友家的海邊小屋，對這個地方的崎嶇地形和險峻多岩石的海岸線一直有浪漫的想像，甚至滿懷渴望。她從小在波士頓以南的平凡小鎮長大，跟這裡形成強烈的對比。那個週末她原本要去避暑，卻反而發現內心在沸騰。她跟這個充滿魅力又隨和的男人在海邊喝啤酒時，對方向她求愛，但她絲毫不覺得不自在。

她愈來愈頻繁北上。她喜歡他的家人，還有他恭維她的方式。她不在乎他住在爸媽農場上一輛挖空的退役校車上。對他來說，她很特別，是異地來的女孩，跟他交往過的本地女生很不一樣。他想趕在其他人搶走她之前把她變成他的人。她是個好對象。

認識不到一年，兩人就在海邊結婚。那是一九七九年的夏天，一個溫暖晴朗的八月天，就像他們相遇的那一天。迪娜的夢想成真了。她找到了愛；最重要的是，她終於能在緬因州住下來，不必再離開。她迫不及待要在這裡扎根然後往外延伸，買棟小農舍，生幾個小孩，造一個院子，甚至養幾頭綿羊。後來兩人在離岸十六哩的內陸，坑坑洞洞僻徑上的一棟古老農舍建立家庭，生了兩個髮色跟父親一樣金黃的女兒。他們在農場裡種花種菜，暑假不用到鄰近小學教特教班她就會親手照料。她丈夫後來自己創業，在離家不遠的地方開了一家餐館。他一直都想自己開店，但從沒想過那要付出什麼代價，之後會如何改變他的性格、耗損他多少心力。

她丈夫不再像過去那麼隨和。或許是因為一天工作長達十六個小時，或許是童年的創傷回來糾纏他。無論是什麼，都把他變得暴躁易怒。他無法克制自己的痛苦，也無法用正確的方法處理它，因為他已經長成典型的緬因州人——固執己見，認為心理治療是弱者才做的事。他轉而依賴酒精，開始動不動就發怒，氣得臉紅脖子粗。她再度受到欺負，也再度默默承受。丈夫管她很嚴，規定她只能穿哪些衣服或剪哪種髮型，還命令她幫他鋪床，自己一根手指頭都不動。他喜歡床單經常清洗，而且要吊起來晾乾。他在親朋好友和陌生人（也就是所有人）面前貶低她，把她說得很笨，加深她的自卑。他不准她跟朋友出去，她只要出門他就問東問西。她一直夢想能自己養羊，但他不准。她從來不知道原因，唯一想到的可能是保有控制她的權力。她總覺得不能抱怨，畢竟她丈夫很賣力工作，賺的錢比她多，雖然不會與她分享。兩人各賺各的，各花各的，但他期望她分擔每個月一半的帳單。他高興的時候會買新車給她，把車開到她平常停車的地方，趁她出門上班時給她驚喜。但一向都是簡單樸素、不會引來太多目光的車，不可能是她會為自己挑選的車。有時她會納悶自己怎麼會跟一個與自己天差地別的男人在一起。但光有抱怨的念頭她都覺得自己很自私，所以她把話藏在心裡。

祕境餐廳開業後五年，我媽迪娜跟我爸正式離婚，結束超過三十五年的婚姻。離開我爸後，她終於走出禁錮她多年的殼。她幾乎像個孩子一樣，彷彿一直住在清楚可見卻無人知曉的地下碉堡裡。重獲自由之後，她開始探索自我，我也得以重新認識她。當我在自我改造的同時，我媽也歷經了自己的轉變。看到我挺身奮戰，重新爬起來，憑著自己的力量度過難關並活下來，她受到啟發也得到鼓舞。她跟我說出這些內心話時，我一時之間覺得不可思議。從中我看到一場悲劇，但也看到希望。我們會一起一點一點累積勇氣和動力，變成比過去更堅強的女人。我們有彼此可以依靠，有祕境餐廳推著我們往前走，有周圍的姊妹支持我們。我們從頭打造了屬於自己的村子。

成立祕境餐廳時，我萬萬沒想到古老過時的禁酒令還存在（而且還發生在「自由鎮」更是諷刺）。但仔細想想，何必要改呢，畢竟鎮上從沒開過酒行、酒吧或餐廳。因為如此，我們不能在餐廳提供酒精飲料，但如果在這裡開另一家「小店」就可以賣酒——以及為客人提供酒杯。我們從各方面考量過這個問題，後來發現可以把閒置的地下室拿來利用。那是個狹小、簡陋、凹凸不平的洞穴，空間自然而然被花崗岩地基擠壓，只夠沿牆擺放我們親手挑選的啤酒和葡萄酒。地下室原就涼爽，正適合存放酒精飲料，而且入口離餐廳門不遠，可以先帶客人去挑酒，順便借他們開瓶器，之後再前往餐廳用餐。我們喜歡這個構想，因為比起擔心服務生強迫你點貴得離譜的酒，或監視你的杯子剩下多少酒，這樣比較輕鬆自在，更像是去參加一場隨性的晚宴，腋下夾著一瓶酒走進門，邊享用食物邊為朋友倒酒。雖然有地方也有計畫，我卻還想不清楚要怎麼實現它。我們不只要找個會選酒和管理這門生意的人，必要時還得為客人提供建議。這份工作非一個人莫屬，就是我媽。

她喜歡酒，但了解不多。她不知道黑皮諾和梅洛兩種葡萄的不同，不懂酒標或風土，也說不出何謂單寧。事實上，她對接下一份她自認為不夠資格的工作很惶恐，很怕失敗或辜負別人的期望。但她很有耐心，做事又有條理——當了三十五年老師，她靠的就是這兩種特質。而且她非常好學，學習的渴望無比強烈。記得我小時候，印象中沒有她做不來、修不好或想不通的東西。她把穀倉破掉的玻璃換新，用她在五金行找到的松木板做我們的房門。聖誕節她送我爸一臺桌鋸機，因為她想用穀倉的零碎木板做桌子之類的東西。她自己摸索用木瓦蓋屋頂，還推著除草機繞過她親手打造和栽種的花圃，修剪長得亂七八糟的草皮。她也自己釘木架和學會做沙發椅套，甚至會簡單的電工，這樣才能自己在家安裝燈具。她比她以為的還能幹，我相信接下這個挑戰就能向她證明這點。這次該我站在她前面告訴她：「你可以的。」

她開始大量閱讀跟酒有關的書，盡可能充實自己的知識，研究和熟悉各種以前她從沒聽過的釀酒葡萄，想到自己多年來以為世界上只有梅洛和卡本內蘇維濃兩種紅酒，不由得暗自發笑。她學會夏布利不是一種葡萄而是產區。當她發現如果是勃根地紅酒就可能是黑皮諾葡萄，如果是勃根地白酒就可能是夏多內葡萄時，宛如得到小小的天啟。從慕維得爾到法蘭吉娜、內比歐露到佩克里諾、佳美到仙梭等等釀酒葡萄，她從頭自學酒的各種知識，還跟經銷商和葡萄農見面，啜酒，品酒，考驗自己的味覺和嗅覺。她學會如何旋轉搖晃杯裡的酒和為什麼要這麼做（她很少把酒吐出來，幾乎沒有）。她不是侍酒師，不是自視甚高的葡萄酒達人，也不是你走進門就會讓你倍感壓力、忙著向你炫耀自己知識有多淵博的酒商。以上這些她都不是，她只是一個母親，但她知道怎麼挑選好酒。剛開始跟客人接觸時她還怕怕的，需要一點時間相信自己的能力。因為大半人生面對的都是學童和女兒，丈夫也不准她有太多社交生活，所以她不太知道如何跟人談笑風生，每次面對客人都會焦慮。最後她學會相信自己的直覺，推薦客人她真心喜歡的酒，例如蜜思嘉配生蠔、維蒙蒂諾配大比目魚，或者如果你真的很想來點紅酒，那就是奧勒岡黑皮諾。羊排則是配北隆河產區，或是教皇新堡或吉貢達產區的紅酒；巴羅洛也絕不會出錯。當然還有整天都適合的粉紅酒。

發現這些酒也讓她發現自己的聲音，以及更廣闊的世界。她仍然渴望簡單的生活，但現在她可以忠於自我，開自己想開的車，穿自己想穿的衣服，梳（她丈夫討厭的）老派包頭。她跟朋友一起吃午餐，還鼓起勇氣獨自出門吃晚餐。她出外旅行，終於去了夢寐以求的巴黎。她搬去隔壁的蒙特維爾鎮，在家開闢了一個小花園，四周圍繞著她親手用樹枝蓋的籬笆，還養了幾隻羊。

32. 草莓色的房子

七月的早晨，我正要去自由鎮某條鄉間小路上的草莓園採草莓。我的任務是把一箱又一箱當季第一批新鮮草莓搬上車，當作晚餐的食材。早上才六點半就熱得要命，但我不在乎。到田裡幹活能安靜片刻，我非常需要，因為之後還有忙碌的準備工作等著我，晚餐也得全力以赴。我漫不經心地在綠色紙盒裡裝滿溫熱的草莓，想像著晚上要用它們來做什麼甜點，很享受這種短暫的停頓。或許蛋奶凍搭配切片草莓和一匙鮮奶油。消消暑。我把有瑕疵的草莓塞進嘴裡（這可能是今天一整天唯一會進我肚子的食物），聽著周圍走道的本地居民嘰嘰喳喳聊天。

「今年草莓生很多，對吧？」

「是不少，可是去年的比較甜。」

「唉，要是春天多出太陽，一定比現在甜很多。」

我付了錢，把紅豔豔的香甜草莓放進後座，然後上車開幾哩路回餐廳。鄉間小路上車不少，大概是草莓季的關係。上一次我開上這條路時還是青少女。當時我開著那臺老福斯車在這條路上自學開車，差點把離合器燒掉。我在寧靜十字路口的停止標誌前停下車，想起那就是多年前的同一個標誌，不由得笑了。想到當年自己往後滑了至少二十呎遠才摸索出怎麼放掉離合器，緊張的感覺湧上心頭，但焦慮沒有隨之而來。接著，它抓住了我的目光——寧靜的十字路口前的斜坡上有棟老農舍。

經過多年風吹雨打，房子變得老舊黯淡，殘留的深紅色漆黏在護牆板上，這裡一片，那裡一片，顏色像草莓。雜草叢生，院子一片凌亂，看起來沒住人。有些人或許會覺得陰森森，我卻深深受它吸引。之前我跟治療師描述過一個夢境，夢中的我找到一間我可以付出所有讓他屬於我的老房子。但夢中的房子是白色的。

從外表看來，房子破舊不堪，或許中間還曾經遭人破壞。但看它在斜坡上昂然而立的模樣，我就知道房子內部想必很堅固。從窗戶看進去，可見裡頭的橫樑又大又粗。它已經屹立不搖將近兩百年，經過無數東北風暴的洗禮。所以即使很多地方日漸瓦解，門窗變形，地板很可能一踩就吱嘎作響，但還是值得再給它一次重新整修、重新被愛的機會。

只見院子裡散落著小孩的玩具，有塑膠提桶，裝了輔助輪的兒童腳踏車，車子的手把上掛著亮晶晶的彩帶。房子有人住。我心一沉，沒想到自己會這麼難過。第一眼看到它，腦中就跳出該怎麼整理它、把它變成我的房子的待辦清單。腦中的我已經在修剪草皮，整理院子，刷洗窗戶，重新上漆，甚至還用雪松木板釘屋頂，因為——嘿，那是我作的夢。能實際試試大小也不錯。

一年之後我還住在爸媽家的農場上。草莓季再度到來，這次那棟草莓色房子的前院豎起待售的牌子。好像一旦我打從心裡接納了自由鎮，它的愛便源源湧向我，一切事物也就水到渠成。剛開始我不敢帶傑姆去看，怕他覺得房子太破爛簡陋。房子需要整修，而且是大規模整修，隔壁的穀倉更是如此。但我不去管它，想之後再來操心，拒絕讓整修房子實際要花的心力把我壓垮。

我們站在古老階梯的頂端，傑姆臉上掛著真心的笑容對我說：「媽，我真的喜歡這裡。」我鬆了口氣，他的反應令我欣慰。他不是那種喜歡大變動的人，我卻帶他來看這棟搖搖欲墜的房子，甚至提議要把它變成我們的家。看他探進每間房間打量，猶豫著該選哪一間當他的房間時，我知道他是真心的。把這棟離餐廳一哩遠的房子變成我們的家，感覺像拼上最後一片缺少的拼圖。我們要把這棟房子變成我們的，再也沒有任何人事物能奪走屬於我們的地方。因為需要大整修，我們用很低的價格買下了它。光想到要讓這個地方能住人得花多少功夫，很多人就卻步，而我不但不怕，還躍躍欲試。這一次房契會寫上我的名字。我已經學到教訓。

我們在寒冷的十一天搬進這棟古老的農舍。前一天才剛下了一呎深的雪，因此要進前門更加困難。我第一次覺得幸好自己沒什麼家具，只有幾件借來的或破舊的，因此要越過雪堆搬進門的東西並不多。房子老舊，油槽也已無法使用。我用工具間剩下的一把木材在客廳中間的大鑄鐵爐生了火。火爐雖然通風良好，冷冰冰的屋子卻似乎過了很久才暖和起來。一瞬間我心想：我給大家找了什麼麻煩？我媽感覺到我的焦慮，也看到我忍不住滴下的淚水，趕緊轉身說：「我們來吸地吧！」我看著她與沖沖拿起吸塵器開始吸飯廳長椅後日積月累的老鼠屎。那畫面太荒謬，我忍不住噗嗤大笑。無論如何我都邁出了步伐，即使這裡一坨、那裡一坨屎。

冬去春來，我一頭栽進整修工作，一點一點把它從一棟普通的房子變成我們的家。我媽會過來幫我拆除一層又一層壁紙，新上一層底漆，或是磨光地板。我們把所有牆壁漆成白色，象徵全新的開始。有如一張乾淨的畫布。我們把地板打磨到重現原來的光澤。我猜對她來說，這就好像三十五年前她走進自由鎮的一棟老農舍，把它變成我們的家一樣興奮雀躍。一直以來，她也在對我和我的心靈做同樣的事——把我從懸崖邊拉回來。

每新上一層白漆，我就能感覺自己的心漸漸平靜並安頓下來，跟生活和解。經過一年半的交戰，我跟湯姆終於在一個冷冽的二月下午正式離婚；感覺上卻好像經歷了十場可能要拖一輩子的戰爭。開庭時我在證人席上坐了很久，公開承認我所有的缺點，同時也挺身捍衛我知道自己擁有的長處，證明我是一個值得信賴也能善盡母職的媽媽。那天在法院是我最後一次忍受湯姆的抨擊，而我知道只要過了這天，他就無法再掌控我，所以我心甘情願接受他的批評，知道這將是最後一次。幾天、幾個月過去，我的血液漸漸不再沸騰，緊繃的肌肉也逐漸放鬆。我脫離了他的掌控，但爭取監護權的戰爭尚未結束。法院判我們共同扶養傑姆，一人輪流照顧他一週。當初我帶著一個完整的孩子走進婚姻，離開婚姻時卻因為共同監護權而只剩下一半。我不得不學著接受傑姆只能隔週回家，跟我住在同一個屋簷下。雖然心痛，我們也從中找到一份禮物：比過去更珍惜在一起的時光，因為知道那有多麼寶貴，所以再也不會把每一天視為理所當然。我期盼著判決不再有意義的那一天，到時候我就不用被迫在隔週的禮拜一早上送走傑姆。傑姆跟湯姆的關係是強求來的。他是湯姆的財產，跟之前的我一樣，差別在於我可以藉由離婚擺脫湯姆，傑姆卻不行。即使我們已經正式離婚，湯姆還是不讓我們母子通電話，完全禁止我們在分開的那個禮拜聯絡。

傑姆一天天長大，我知道遲早有一天他的意見會有份量。那天一定會到來。隨著時間的流逝和年紀的增長，總有一天再也沒有人能否定他的意願。就在某個溫暖的七月天，這天終於到來。傑姆已經十六歲，已經長得比我和湯姆都高。他用不再稚氣的聲音說：「媽，明天我不想回去那裡。」我沒有阻止他，湯姆也阻止不了他。時間讓我們走到這一天，我終於達到一直以來我用痛苦換來的目標，而讓一切成真的不過就是時間。然而，我也知道，那些時間是我錯過跟孩子相處的時間，而他已經不再是孩子，我再也挽回不了那些時間。我一輩子都會為此遺憾。

這場戰爭摧毀了一切，重建過程緩慢又曲折，花了我們好多年。其中不可或缺的元素是時間，還有耐心——跟煮一鍋好湯很像。一天一天，一點一點，一格一格，我們終於回家，在這個給了我們第二次機會把日子過好的地方，將根扎得更深。

我也想要相信愛有第二次機會。遇見他的時候，我在他眼中看到一樣的痛苦。

他跟我一樣全身是傷，狼狽不堪，他八歲大的兒子也是。他也感受到緬因州的迷人力量，像磁鐵一樣吸引他返鄉。這裡的崎嶇海岸線、往四方蔓延的田地、遍布松樹和楓樹的濃密森林，引誘他從都市回到這裡。這裡的野性——甚至是蠻荒氣息——吸引他回到一個他彷彿早就知道的地方。

他看著我，不在意我傷痕累累的過去。我的皮膚布滿因為壓力而留下的痘疤；劉海因為有次不小心離火太近而燒焦；心多處淤傷；靈魂也受了重創。但我的骨頭還很強壯，而他從我的種種缺陷中看到了美與力量。我們在彼此周圍小心地移動，熟悉對方需要的溫柔呵護和關愛。

對他來說，我們的老農舍將成為愛和驕傲的指標，之後是我們的家，而我們各自的孩子將在這裡結為朋友和兄弟。我們在農舍旁的那間傾頹、眼神空洞的穀倉中看到自己和自己的過去，並合力使它恢復往日的活力。一磚接著一磚，一瓦接著一瓦，我們努力為它重新注入力量。某個八月的傍晚，四周圍繞著宛如我們的花崗岩地基的親朋好友，我們在穀倉的遮蔭下立下婚誓。誠懇，簡單，真摯。大家聚在後院，雞在腳邊跑來跑去，芬妮和兩個孩子在我們身邊，一籃藍炸蛤蜊填飽大伙兒的肚子，我們開心慶祝自己找到了美好真摯的愛。

33. 獨一無二的家

一週有四晚，我跟祕境餐廳的女孩們會打開我們從頭一起打造的餐廳大門，迎接一屋子迫不及待想看看這家餐廳是否名不虛傳的陌生人進門。每晚我都變換菜單，設計時令湯品、沙拉和幾樣開胃菜，以及四道讓客人看菜單挑選的主菜。禮拜六晚上則是套餐，而且是限量套餐，每道菜都是我自己想要品嚐的當季料理，藉此向往日的晚餐俱樂部致敬。推出之後立刻大受歡迎，有點令我不知所措。我怎麼也想不到每晚餐廳都被訂滿，星期六甚至幾週前就被預訂。到了第二年，甚至幾個月前就訂滿。第三年我捨棄了菜單點菜，改採固定套餐的方式。我們在四月一日開放新一季的電話預約，午夜剛過電話就響起，等我早上七點到辦公室時，語音信箱已經有二十六通留言。哇！我暗自訝異。之後電話響了一整天，直到一整季在一天之內全部被訂完為止。隔一年的四月一日那天，時鐘一敲下半夜十二點，我們的三線電話系統旋即湧進將近一萬通電話。由於清空語音信箱的速度不夠快，電話又源源不絕打進來，導致線路一直忙線中，我們的保全公司因為連續幾小時都撥不出去而啟動警報器，驚動了消防隊。祕境餐廳惹出的風波傳遍了整個小鎮，鄰居和我們的忠實顧客紛紛抱著剛烤好的點心（甚至香檳）跑來，餵飽忙著處理電話預約、努力從壓垮我們的電話暴風雪中掙脫而出的餐廳員工。那天，餐廳上下瀰漫著自豪的氣息，不只來自員工，還有所有好心跑來關心我們的支持者。那天晚上我有好幾次眼淚奪眶而出。一來是因為源源湧入的電話讓我大吃一驚又無力招架，二來是因為自豪而流下的淚水，不敢相信這間平凡的小餐廳竟會超乎想像地大受歡迎。預約爆滿，還有好多人訂不到位子，因為我們的空間實在太小。我連續三十六個小時沒睡，旁邊不斷有人來幫我處理電話和詢問。我累到整個人癱掉，當下決定明年絕對不能重蹈覆轍。也不能讓客人再經歷一次同樣的過程：一次又一次重新撥號，卻連續好幾個小時都忙線中，就算幸運轉進語音信箱卻發現訂位已經全滿。透過電話用紙筆訂位的簡單方法不再有用，非改變不可。我們非改變不可。

我們當然可以參照世界其他地方的做法，改用網路訂位。但問題還是沒解決，位子仍然一下就被訂滿，沒訂到的人還是會失望，因為餐廳能提供的座位就是有限。擴大規模難道是問題的答案？我內心知道那樣可能會斷送我們拚了命為這地方打造的魔力。我打從心底知道面對這個瘋狂的提議，我要做的可能只是好好保護它，維持它小巧簡單的模樣，避免它走樣。所以我不打算擴大規模，不打算再開第二家餐廳。

解決方法其實簡單到不能再簡單。跟拿筆寫字、舔郵票，或四月一日在一張明信片蓋上郵戳寄到名叫自由的偏僻小鎮一樣直截了當。我們公開新的訂位方式，打算把寄來的明信片和信件都丟進箱子，然後像摸彩一樣抽出得獎者，之後再用電話通知他們這季是否訂到位子。不用狂打電話，不用搶快，不用累死自己。那種感覺既真誠又溫馨，還有振興自由鎮郵局的附加好處，因為這裡的郵局一向冷清，一副要倒不倒的樣子。

於是，新的訂位方式正式上路。四月一日早上走進郵局時，我渾然不知會發生什麼事。看到我站在櫃檯，郵差喬衝著我咯咯笑，我就知道事有蹊蹺。「你的車有多大？」他又笑。那天一落一落郵件堆得好高，信和明信片多到數不清。就算把自由鎮和蒙特維爾鎮都算進去，喬每日遞送路線的信件量也不過半箱。通常這份工作最令他興奮的是禮拜五外出送信，因為我爸會用免洗杯裝點威士忌放在信箱請他喝。之後幾天信件還是不斷湧入，這裡好像成了北極。前後總共有兩萬張明信片寄到這個偏遠小鎮，寄件人來自全美各州和其他二十二個國家，全只是為了吃頓晚餐。

我天來自由鎮享用晚餐，我只希望你在這裡享用的餐點和度過的時光能留下久久難忘的回憶。因為就像我媽告訴我的，人生是回憶組成的。在坑坑洞洞的停車場下車之後，步上碎石小徑穿過樹林，隨著柔和燈光的指引越過人行橋，經過自由瀑布。走出樹林，磨坊就會映入眼簾。它座落在宏偉的花崗岩基座上，湍急的河水從底下流過。繞過磨坊，沿著小徑走到酒窖門口。走下石頭階梯，從地基鑿出的一個小洞穴就會將你吞沒。裡頭從地板到天花板都擺滿來自偏遠小葡萄園釀造的葡萄酒，每瓶都有它自己的故事，都是我媽親自挑選的。她會用溫暖的笑容和問候迎接你，拿給你今晚的菜單，幫你挑選適合搭配今晚餐點的葡萄酒，然後把你挑的酒放進手工編織籃，帶到樓上的餐廳。

艾希莉會在樓上耐心地等待您蒞臨。她跟我們一樣，穿著她最喜歡的黑色連身裙，腰際圍著我媽親手縫的圍裙。她會帶你穿過鋪上穀倉木板的餐廳，來到專程為你準備的餐桌——手工縫製的亞麻餐巾，藍色柳樹系列的經典麵包盤，二手拍賣挖來的零散餐具，法式水杯，裝滿冰水的牛奶罐，一支蠟燭，一個插滿艾希莉自己農場種的花卉的細口小花瓶。請在我跟我媽塗成石板黑、類似溫莎椅的椅子上入座。開酒之後，艾莉克絲會在桌上放置適合的高腳杯。碰杯慶祝，輕啜美酒，放鬆坐姿，聽聽旁邊窗戶傳來的嘩嘩瀑布聲。至於桌上的餐點，我想跟大家分享盛在大理石板上的本地起司、少許打發奶油、烤麵包、醃菜和辣蘿蔔。這是我在自己家裡招待客人時會準備的小點。我希望你有來我家作客的感覺，我想要熱情地招待你，跟你聊天，讓你體驗一個充滿美食、燭光、笑聲和貼心陪伴的溫暖夜晚。

讓我為你上一道冰鎮生蠔，放在冰凍的海灘岩石上，石頭是我從附近的貝爾法斯特蒐集來的，另外用剛採的苔蘚裝飾。底下的復古大淺盤印著淺咖啡色的花朵圖案，凱莉花了很多心思擺盤，呈現它們在野外自然質樸的模樣。外殼已經剝得乾乾淨淨，加上少許酸酸甜甜的醃紅蔥醬，還有當天我拿到的新鮮香草。等殼裡的鮮甜海味都被吸得一乾二淨，我們就會上另一道我在開放式小廚房手作的小點。乳白色玻璃蛋糕基座上放著一塊迷你三明治，外型可愛，看似甜點，用來獻給我的餐館歲月。這是用我的朋友約翰和艾瑪養的豬做成的迷你豬肉漢堡，搭配我養的雞下的蛋做成的美乃滋、海倫今天早上做的醃酸黃瓜，與一片本地的優質起司，全都夾進撒上罌粟籽的新鮮小圓麵包裡。都是你認得出也說得出口的食物，是你可以雙手抓著、手肘靠在桌上（我親手釘的桌子）吃的食物。中間還會送上一盤泡過玫瑰水的冰涼毛巾，南西用麻繩在上面綁了一小束克莉絲塔種的薰衣草。涼爽提神，當你打開濕毛巾深吸一口時，滿室都是玫瑰香。

接著是一球雪酪，放在玻璃製的迷你母雞碗裡，是我奶奶復活節會拿來裝長得像雞蛋的粉嫩甜點的小碗。吃上一口你會清涼又暢快，只想再多來幾口這款茶香藍莓雪酪；藍莓是今天早上瑪雅在她家後面的原野採收的。接著是新鮮芹菜加焦化奶油和蟹肉下去熬成的湯，用些許香菜和鮮黃芥菜花裝飾。嫩葉奶油萵苣沙拉，今天早上還在隔壁寶莉和普林提斯的田裡，今晚就出現在你的盤子上，配上本地的藍紋起司，芬芳的茴香，和夾在生菜裡的當地培根，上面淋點紅蔥香醋和自製的酪乳沙拉醬，最上面撒點紫羅蘭就算大功告成。本地捕獲的鱈魚，白色魚肉一片片，皮朝下用鑄鐵鍋煎到金褐酥脆，再淋上奶油放進烤箱，擺盤時置於玉米糊上，旁邊是你看過最小的迷你馬鈴薯、一些爽脆的有機甘藍菜、幾顆鹹橄欖和大量新鮮香草，上面再擠些檸檬，外加一朵辣辣的金蓮花。金蓮花總讓我想起奶奶和她的笑容。

最後一道是冰涼滑潤的蛋奶凍，加上一點自製的杏仁脆糖，一大匙打發鮮奶油和一把新鮮黑莓。結束之前只要再做一個選擇：喝茶還是咖啡？門口的古董梳妝檯上擺了一盤剛烤好的石磨玉米粉櫻桃餅乾，可以來一片溫熱的餅乾再走回人行橋，此時已經暮色四合，底下流水潺潺，肚子和心都滿載而歸。

這個地方具有的神奇魔力和受到的歡迎，至今有時還是令我困惑。一間位在偏遠小鎮、全由沒受過正式訓練的女人（外加一個好男人）經營的餐廳，怎麼可能存活下來，而且還門庭若市？只有一個解釋說得通：愛。我們熱愛這份工作，因為在這裡工作得到滿滿的喜悅。我們在廚房和餐廳之間優遊來去，靈活穿梭，用不著大呼小叫、怒氣沖沖或惡言相向。我們是女人，做著我們最擅長的事：照顧他人，而且是用食物和溫暖來照顧他人。在廚房裡，我在爐火和工作檯之間來來去去，把小鑄鐵鍋放上藍色火焰，隨著喇叭送出的音樂擺動，捏起一大撮粗鹽往厚厚的魚片撒下剛剛好的份量，再把魚一片接一片、魚皮朝下放進熱鍋，閃閃發亮的橄欖油冒出煙，我的移動自成一種節奏。一個一個翻動鍋子裡的柔軟魚片，動作輕巧但信念堅定，把魚皮煎到金褐酥脆再往每個鍋裡丟幾塊奶油。待奶油嘶嘶融化，我拿起鍋子輕輕轉圈，然後送進早已預熱好的烤箱。我移動的方式像在跳舞，保持節奏，藉此幫烤箱裡的魚計時。過程不匆忙，也不辛苦，因為在這個被歡聲笑語、鮮花、燭光，還有從敞開的窗戶飄進來的微風圍繞的小廚房做菜，是我的一大喜悅。人生最悲慘的時候，我藉由做自己熱愛的事找到目標和希望。我做媽媽會做的菜，因為我就是一個媽媽。小時候我從我爸身上學到，美好的食物可以是一種容器，一種不需話語就能說「我愛你」的方式。

少數時候我會回顧這一切，思索我變成了什麼樣的人，本來又可能成為怎樣的人。通常站在廚房的大陶瓷水槽前搓洗手和手臂時，我會想這一切得來不易。站在水槽前刷洗手臂，讓我想起自己曾經作過醫生夢，曾經想追逐另一種生活。但等到我用抹布把手擦乾，我已經把這間開放式餐廳環視一圈，明瞭自己是誰，還有我真正去追逐的夢——我在自己後院捕捉到的夢。平靜而滿足的感受便會湧上心頭。

我並不孤單。我們一起找到了可以努力的目標。在這個地方、這個空間、這個偏遠小鎮的小餐廳裡，我們一起變得更強大。我們組成了自己的村子，互相加油打氣，互相關愛。我們一起度過了離婚、和解、分手、外遇、心愛的人過世，還有晚期流產。我們一起慶祝生產、結婚、重要的日子，甚至新戀情（沒錯！真摯、健康、無窮盡、無條件的愛）。我們在這個世界裡找到屬於自己的地方，一起從事我們深深在乎的事。來到這裡，你會感受到我們的喜悅。通往這個地方的路很曲折，卻把我帶回家。我在這個名叫自由的地方，在大家說什麼都不可能的小鎮找到了美好的生活，還有我自己的一小片天堂。

少數時候我爸會順路來餐廳看一看。有時是白天我們還在準備時帶一、兩個朋友來逛逛，從大冰箱大剌剌摸走幾罐啤酒，啪一聲打開酒，煞有介事地開始帶大家參觀，從頭到尾無視我的存在。他還是沒辦法用話語跟我說他以我為榮，但我從他跟朋友吹牛這可能是他此生最大成就時的淡淡笑容和恍惚眼神中感覺得到。除此之外，他還會在營業時間突然跑來，穿著只有去喪禮或賽馬場等特殊場合才會穿的西裝外套，跟他父親一樣。看到他心情大好又盛裝出席，這或許是他能力範圍內最接近「我以你為榮」的表達方式。我沒事的。畢竟我有一個村子把我餵飽，而且我也沒餓到誰。我的肚子裝滿了驕傲。我沒事的。

致謝

寫這本書是我做過最有挑戰性的事之一。那表示要回顧過去的痛苦時光，重新經歷一次，然後詳細描寫中間的經過，最後變成眼前的這本書。但願我的文字能為其他人的生命帶來一些希望和力量，我一直如此盼望。沒有我大膽無畏的編輯Deb Futter，這本書不可能完成，她願意為我賭賭看也相信我的故事。Deb，我永遠感激你和Celadon的全體團隊接納我，帶領我走完整個過程。我等不及要親手為你們做一桌好菜，表達我深深的感謝。

我的經紀人Janis Donnaud是這一行最強悍的女孩。打從多年前剛認識你，我就知道你會用各種我無法反駁的方法挑戰我，督促我爬得更高、變得更強大。你成功了，我打從心底感謝你。往後請你繼續督促我。

向Rachel Holzman獻上我的愛和感謝。一路走來她都握著我的手，給我無限的支持。即使我對自己的作品感到懷疑，你也持續給我安全感和自信心。因為你，我變得更堅強。你為這個計畫投入的心血，還有我們之間長存的友誼，都讓我感激不已。

本書（美國版）的封面孕育自Cig Harvey的神奇腦袋。我很難表達我有多麼感激能跟你一起捕捉這個畫面。每次看到這張照片，我就會想起沒有地方像家一樣，還有一開始把我們湊在一起的Mary。這張照片獻給她，表達對她深切的懷念，我想她應該會很喜歡。

要對我的家人致上最深的感謝。謝謝他們在我把自己的故事化為文字期間對我的愛和支持以及諒解。我丈夫Michael善解人意，對我有無限的耐心。我知道自己的心情和情緒有時會跟著筆下的往日歲月高低起伏，而你永遠都會用愛和理解拉我一把。我全心全意愛你，也感謝你如此真誠地回報我的愛。每天我都很感謝我們能在茫茫人海中找到彼此，還有與你一起建立的美好生活。

給傑姆：能當你母親是我這一生得到最棒的禮物。你慢慢找到了自己的路，看到你的轉變，我深深以你為榮。我愛你。

給我媽：你跟我一起走過這趟旅程，陪我重溫記憶和挖出以前的照片。謝謝你在自由鎮的那條黃土路上把我養大，還有相信我所有大膽不羈的夢想。

給我爸：或許你永遠不會讀到這段文字，但沒有你，我不確定自己會變成什麼樣的人。謝謝你帶我走進廚房的世界。我之所以能在爐火前找到一生的熱愛，全都是因為你。

Essential　YY0930

下廚找回自由：
「祕境餐廳」主廚的人生故事
Finding Freedom:
A Cook's Story; Remaking a Life from Scratch

作者
艾琳．法蘭奇　Erin French
美國緬因州人，「祕境餐廳」的老闆兼主廚。
她所開設的「祕境餐廳」餐廳位於緬因州自由鎮，曾獲選《時代》二〇一八年「世界最佳餐廳」，及《彭博社》二〇一七年「全世界值得專程前往的地方」，並獲得《紐約時報》《瑪莎．史都華生活雜誌》《華爾街日報》《波士頓環球報》和《美食與美酒》等多家媒體報導。
法蘭奇也受邀到美國全國公共廣播電台（NPR）、哥倫比亞電視網（CBS）節目平臺分享她的故事。
另著有《祕境餐廳食譜》（*The Lost Kitchen Cookbook*），入選《華盛頓郵報》、《Vogue》和Remodelista網站的年度最佳食譜。

譯者
謝佩妏
清大外文所畢，專職譯者。

封面設計　林秦華
封面攝影　Meredith Brockington
內頁排版　立全排版
責任編輯　陳彥廷
行銷企劃　楊若榆、黃蕾玲
版權負責　陳柏昌
副總編輯　梁心愉

初版一刷　二〇二二年十一月二十八日
定價　新台幣三八〇元

ThinKingDom 新經典文化
發行人　葉美瑤
出版　新經典圖文傳播有限公司
地址　10045臺北市中正區重慶南路一段五七號十一樓之四
電話　886-2-2331-1830　傳真　886-2-2331-1831
讀者服務信箱　thinkingdomtw@gmail.com
臉書專頁　http://www.facebook.com/thinkingdom/

總經銷　高寶書版集團
地址　11493臺北市內湖區洲子街八八號三樓
電話　886-2-2799-2788　傳真　886-2-2799-0909
海外總經銷　時報文化出版企業股份有限公司
地址　桃園市龜山區萬壽路二段三五一號
電話　886-2-2306-6842　傳真　886-2-2304-9301

Printed in Taiwan

下廚找回自由：「祕境餐廳」主廚的人生故事 / 艾琳.法蘭奇(Erin French)作；謝佩妏譯. -- 初版. -- 臺北市：新經典圖文傳播有限公司, 2022.11
302面；14.8*21公分. -- (Essential；YY0930)
譯自：Finding Freedom : a cook's story remaking a life from scratch
ISBN 978-626-7061-45-9(平裝)

1.CST: 法蘭奇(French, Erin) 2.CST: 傳記

785.28　　111016708